수업
코칭

수업 친구와 함께하는 수업 나눔

수업 코칭

이규철 지음

맘에드림

수업 코칭

수업 친구와 함께하는 수업 나눔

발행일	2016년 10월 14일 초판 1쇄 발행
	2022년 05월 30일 초판 3쇄 발행
지은이	이규철
발행인	방득일
편 집	박현주, 허현정, 한해원
디자인	강수경
마케팅	김지훈

발행처	맘에드림
주 소	서울시 도봉구 노해로 379 대성빌딩 902호
전 화	02-2269-0425
팩 스	02-2269-0426
e-mail	nurio1@naver.com

ISBN 978-89-97206-46-9 03370

훌륭한 가르침은 1/4이 준비 과정,
3/4은 현장에서 이루어진다.

- 게일 고드윈(Gail Godwin) -

저자의 말

"꼭 요란한 사건만이 인생의 방향을 바꾸는
결정적 순간이 되는 것은 아니다.
실제로 운명이 결정되는 드라마틱한 순간은 믿을 수 없
을 만큼 사소할 수 있다."

영화 '리스본행 야간열차'에서 고전문헌학 교사였던 그레고리
우스가 마법 같은 도시 리스본의 야경이 펼쳐진 가운데서 책을
읽는다. 한 사람의 인생을 우연히 따라가는 여행에서 선물처럼
자신의 삶과 마주친다. 아주 소박한 일상의 삶에서 생긴 사소한
사건 하나가, 자신을 만나는 결정적인 순간이 된다. 우리의 삶도
시끌벅적한 사건들이 생겨서 인생의 항로가 갑작스럽게 변화되
는 것은 아니다. 수업 또한 그렇지 않은가. 어느 날, 세상을 깜짝
놀라게 할 교수방법을 가지고, 수업을 해서 학생들에게 깨달음을
주고, 눈물어린 감동을 줘서 평생에 잊지 못할 수업을 한 적이 몇
번이나 있었던가. 나에게 묻는다. 부끄럽지만, 나의 핵심기억에
남은 것은, 빈 광주리에 남아 있는 몇 개의 보잘 것 없는 수업에

대한 추억의 찌꺼기뿐이다. 그것이 나 자신이고, 나의 수업이었다.

고백하건대, 나는 수업에서 요란함을 추구했던 것 같다. 9회 말 투아웃 만루 상황에서 등장하여 결정적인 홈런 한 방을 날리고 싶었다. 뭔가 있어 보이는 교사가 되고 싶었다. 수업은 드라마틱한 영화의 한 장면처럼 감동이 있고, 화려한 뮤지컬처럼 음악과 동영상이 난무하며, 설득 있는 어조로 학생들을 사로잡는, 한 방의 수업을 그렸다. 그러나 그 한 방은 나에게 오지 않았고, 나는 좀비처럼 나를 쳐다보는 학생들과 지루한 수업을 견뎌내는 일상을 보냈다. 지금 돌아보면, 왜 그렇게 요란한 사건이 결정적인 순간이 될 것이라고 생각하며, 날마다 날마다 나에게 주어진 수업을 소중하게 생각하지 않고 흘려보냈는지 안타깝고, 학생들에게 미안함을 느낀다.

이런 나에게 넌지시 다가와 말을 건네는 노래가 있다. 한웅재 씨가 부르는 〈누구나 삶의 시작은 작구나〉였다.

"누구나 삶의 시작은 작구나/ 작은 시작은 그 소리조차 없구나/ 소리 없는 삶을 몰라하는 이들/그들도 삶의 시작은 작구나/높이 떴을 때 더욱 작아지는 해처럼/깊이 잠길 때 더욱 소리 없는 바다처럼/작은 친구야 소리 없는 벗들아/높게 살자 깊게 사랑하자/누구나 삶의 시작은 작구나/지금도 우리 시작은 작구나/작은 외침을 듣는 이들도 적구나/적은 무리 됨을 기뻐하는 이들/그들과 우리 시작은 작구나"

그랬던 것이다. 그렇게 닮고 싶었던 문 선생님의 수업도 작은 것에서 시작을 했다. 학생들과 눈을 맞추고, 생각을 할 수 있는 작은 공간을 열어주고, 학생들 생각 하나 하나에 담긴 글을 읽고, 그 글에 담긴 학생들의 삶을 읽어 주고, 화려한 수업 기술이 보이지 않지만, 시원한 한 여름 동치미 국수 같이 수업 갈증을 풀어주는 것이다. 하지만, 그 선생님에게도 앙상한 가지만 남은 '수업의 겨울'이 있었다.

한때는 유명한 논술 수업으로 중앙일간지에 유명세를 치르며, 온 몸에 조명을 받으며 수업의 봄을 마음껏 누렸다. 하지만 학교를 옮긴 후 서릿발 칼날진 수업 현장에 서서 한 발 재겨 디딜 곳조차 없는 차디찬 수업 현실에 놓인다. 그리고 나를 부른다. 수업 친구로 초대를 한다. 누구나 알고 있는 고3 국어 문제집 수업. 나는 그곳으로 갔다. 그리고 그동안 알고 있던, 그분의 모습이 아닌, 배움에서 도주하는 학생들을 포기하지 않고, 그들의 입맛에 맞춰서 준비한 아주 평범한 '엄마 표' 수업을 본다. 나는 일 년에 한 번 먹을 수 있는 화려한 특식 수업이 아니라, 시골 밥상의 담백함이 풍기는 일상의 수업을 만났다. 그리고 그분의 수업에 대한 고민과 아픔을 듣고, 함께 고민하며, 그동안 애쓰면서 걸어온 선생님의 수업에서 의미를 재발견해주고, 수업에 꽃을 달아준다. 그리고 수업 나눔 후 나에게 "샘 덕분에 정년퇴임을 할 수 있겠다는 자신감이 생겼다"고 문자를 보내왔다. 수업을 공개하는 고민으로 밤을 새하얗게 지새우며, 이제 본인도 곧 교사를 그만둘 때가 되었구나 하고 바닥을 치고 있을 때, "선생님은 선생님의 자리에서 선생님답게 충분히 그 역할을 하고 있어요"라는 한마디가 선생님을 다시 일어서게 한 것이다. 그리고 그동안 함께 근무했던 선생님들을 초대해서 하루 종일 수업 나눔을 하면서 작은 수업축제를 했다. 지금도 가끔 만나면 그때 격려의 한마디가 여전히 감동으로 남아서 지금, 여기를 버티는 힘이 된다고 한다. 그때 수업 기부의 큰 용기 하나가 작은 시작을 만든 것이다. 물론 지금도 여전히 나처럼 수업에서 그분도 흔들리는 존재이다.

어쩌면 그 분처럼 교사로서 삶을 하루 하루를 버티면서 살아내는 우리의 수업 친구 선생님들에게 보내는 나의 마음이다.

친구야 너는 아니

이해인

꽃이 필 때 꽃이 질 때 사실은 참 아픈 거래
나무가 꽃을 피우고 열매를 달아줄 때
사실은 참 아픈 거래

친구야 봄비처럼 아파도 웃으면서

너에게 가고픈 내 맘 아니

향기 속에 숨겨진 내 눈물이 한 송이

꽃이 되는 걸 너는 아니

우리 눈에 다 보이진 않지만

우리 귀에 다 들리진 않지만

이 세상엔 아픈 것들이 너무 많다고

아름답기 위해선 눈물이 필요하다고

엄마가 혼잣말로 하시던 얘기가

자꾸 생각이 나는 날

이 세상엔 아픈 것들이 너무 많다고

아름답기 위해선 눈물이 필요하다고

교사들은 수업에서 아프다. 그 아픈 상처를 우리는 하나쯤 가지고 있다. 바닥까지 내려가서 혼자 마음의 골방에 들어가 앉아 가슴앓이 하며 지독한 독감에 걸렸던 꺼내 놓고 싶은 나만의 경험이 있다.

이런 마음을 나눌 수 있는 대상이 바로 수업 친구이고, 그 수업 친구와 아픈 마음을 나누는 것이 수업 나눔이다. 수업은 나눔의 대상이지, 평가나 비판의 대상이 아니다. 왜냐하면 수업은 삶이기 때문이다. 한 사람의 삶의 풍경이 오롯이 수업에 녹아 있다.

인생의 사계처럼 수업 봄, 수업 여름, 수업 가을, 수업 겨울이 스며들어 있다. 그래서 수업은 평가의 현미경으로 보아서는 안 되고, 현상학적 분석으로 관찰을 해서는 안 되는 비밀스러운 생태계이다. 수업의 은닉성이 있기 때문이다.

길가의 꽃들을 보라. 칠흑 같은 어둡고 딱딱한 흙덩이를 뚫고 새싹을 틔우고, 찬란한 꽃을 피운다. 이 신비한 비밀을 담아내는 과정을 보면 길가에 핀 풀 한 포기도 하찮은 존재가 아니라는 것이다. 수업도 신비함이 있다. 어떤 수업이든지, 무슨 수업이든지, 이유가 있다. 모든 인생이 이유가 있는 삶이듯, 수업도 이유가 있다. 그래서 그 이유를 알아차려야 한다. 선생님의 수업의 의도가 무엇인지? 왜 그 아이에게 다가 가지 못했는지? 그리고 그렇게 수업을 한 이유를 알아차리고, 교사를 한 사람, 한 존재로 만나야 한다.

수업을 나눈다는 것은 한 사람의 인생을 나누는 것이고, 한 사람의 인생에 머무는 것이다. 깨진 마음, 상처 입은 마음, 서릿발 처럼 칼날 진 마음, 무심한 마음, 섭섭한 마음, 인정받고 싶은 마음, 도전하고 싶은 마음을 나누는 것이다.

그리고 이런 마음을 나눌 제3의 공간이 있어야 한다. 먹을거리도 있고, 수다도 떨고, 격식 따위를 던져버린, 들고 나감이 편안한 제3의 공간에서 두런두런 마음을 나눌 수 있어야 한다. 인간이 가장 행복을 누리는 공간에서 수업을 나눠야 한다.

그러기 위해서는 마음을 모아야 한다. 흩어진 마음, 분주한 마음, 치인 마음을 모아야 한다. 혼자가 아니라 여럿이 마음을 모아야 한다. 작은 마음이지만 그 마음이 켜켜이 쌓이면 세상을 바꿀 에너지를 만들 수 있다. 세상을 바꾸지 못한다고 하더라고, 나의 마음에 잔잔한 파동을 일으키는 경험은 할 수 있을 것이다.

부서진 작은 마음을 모으자. 흩어진 상한 마음을 모으자. 그리고 그 마음을 가지고, 나의 수업 친구에게 가자.

있는 그대로……

그게 나였다고……

말해주자.

그리고 말없이 안아주자.

이 책에 담아 있는 내용이다. 그런데, 이론적인 내용을 앞부분에 배치하여, 수업 코칭이 무엇인지, 수업 코칭의 특징은 무엇인지를 살펴보려 한다. 사상누각에 집을 짓지 않기 위해서, 기초공사를 튼튼하고자 하는 마음에서 쓴다. 그리고 수업, 교사, 변화를 바라보는 시선에서 대해서도 이야기한다. 수업 코칭의 철학을 만날 수 있을 것이다. 실천에서 나온 이론이고, 경험을 중심으로 만든 체계이다. 그래서 완전함보다는 온전함을 추구한다. 훗날 이 책을 징검다리 삼아서 좋은교사 수업코칭연구소 이론연구팀이 내용을 더욱 정돈하기를 기대한다.

책을 읽는 독자들은 '비평적인 관점'이 아니라 '아우라 독법'으로 읽기를 권한다. 특히 8장의 수업 나눔 사례를 읽을 때, 그때 그 순간, 그 선생님들의 마음으로 읽어야 한다. 배우려고 하지 말고, 비교하지 말자. 충분히 그 상황에 머물면서, 수업자의 마음 안으로 감정이입을 하면 들어가서 만날 수 있다.

이 책은 한 사람의 힘으로 된 것이 아니라, 좋은교사 수업코칭 연구소의 자산이다. 그동안 수업의 민낯을 보여주며, 거룩한 용기를 가지고 수업 기부를 해준 수많은 수업 친구들의 삶의 흔적들이 스며들어 있다. 인생의 사계. 사람들은 가슴에 남모르는 아픔 한 자락 덮고 살아가고 있다. 그 아픔이 언제 걷힐지 아무도 모른다. 그러나 그 아픔 때문에 괴로워 하다가 결국은 그 아픔을 통해 치유의 빛을 발견하는 사람이 된다. 그래서 그 아픔의 그늘에 앉아 다른 사람의 눈물을 닦아 주는 상처 입은 치유자의 길을 뚜벅뚜벅 가는, 봄 길 같은 존재. 어떤 경우에는 이 세상 앞에서 그저 한 사람에 불과하지만, 어떤 경우에는 어느 한 사람에게 세상의 전부로 남는 그런 존재로 남아 있으면 좋겠다. 이 책이 여러분에게 그런 길을 인도해주는 길동무처럼 곁을 지켜주는 수업 친구가 되길 소망한다.

여러분의 격려와 지지자 이규철 씀

차 례

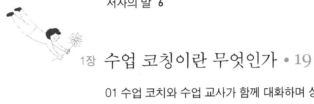

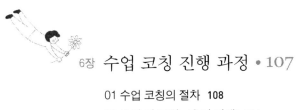

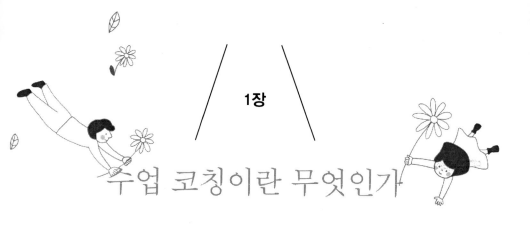

1장

수업 코칭이란 무엇인가

이번 장에서는 수업 코칭의 의미를 중심으로 수업 코칭에 대해 알아본다. 수업 코칭은 수업 교사의 외면이 아니라 내면에 관심을 둔다. 수업 교사 스스로 성찰하고 내면의 힘으로 주체성을 갖고 질적인 변화를 이끌어 내도록 격려하며 대화하는 과정이다. 그래서 수업 코치와 수업 교사가 함께 대화하며 성찰하는 과정, 동료적 관점에서 수업 고민을 공감하는 과정, 수업 교사의 내면 성찰을 탐색하는 과정, 수업 코치와 수업 교사가 내면의 평화를 이루는 과정으로 수업 코칭의 정의를 내려본다.

수업 코칭을 바라보는 관점은 다양하다. 이번 장에서는 대화적 관계, 동료성, 성찰, 내면의 평화를 핵심 키워드로 정해서 수업 코칭의 의미를 살펴보고자 한다.

01

수업 코치와 수업 교사가
함께 대화하며 성찰하는 과정

코칭(coaching)이란 개인이 가지고 있는 능력을 최대한 개발하고 향상할 수 있도록 격려하여 어떤 일을 성취할 수 있도록 도와주는 행위이다. 이를 수업 영역에 적용한 것이 바로 '수업 코칭'이라고 할 수 있다. 또한 수업 코칭은 교사가 성장을 넘어 '내면적 성숙의 단계'로 나아가도록 수업 코치와 수업 교사가 함께 대화하며 성찰하는 과정이다.[1]

내면적 성숙의 단계로 나아 가려면 변화해야 한다. 그리고 이 변화란 성숙을 의미한다. 수업 교사의 변화하지 않는 모습도 성숙을 위한 과정이다. 따라서 수업 교사를 변화시켜야 한다는 수업 코치의 내면적 고민에서 벗어나게 해 줄 수 있다.

내면적 성숙은 자극과 반응 사이에서 자기 성찰의 공간을 만드는 여유를 의미한다. 외부적인 상황에 따른 여러 가지 자극에 대해 곧바로 반응하는 것이 아니라, 반걸음 여유로운 공간을 만들고 기다리며 반성적 사고의 시간에 머물 수 있는 내면의 힘이다.

이러한 바탕 위에 수업 코치가 수업 교사가 당면한 문제 상황과 내면적 상태를 진단하고, 수업 교사의 시선으로 경청, 질문, 대화하면서 수업 교사 스스로 문제를 성찰하도록 돕는 과정이 수업 코칭이다. 이렇게 수업 코칭은 코칭을 받는 교사들이 자신의 수업을 스스로 개선하도록 돕는 것이다. 여기에서는 교사들이 이미 가지고 있는 지식과 전문성에 대한 신뢰가 전제되어야 한다. 수업 코칭의 관점에서 교사는 당면한 여러 가지 상황을 극복할 수 있는 존재이다.

즉 수업 코칭은 교사들이 가지고 있는 지식이나 능력의 원천을 교사 내부에서 찾아내고, 이것을 수업 중에 제대로 발휘할 수 있도록 도와줌으로써 전문성을 향상해 나가도록 돕는 것이다.

하그리브스(Hargreaves)와 풀란(Fullan)은 학교 공동체를 변화시키는 힘으로써 인적 자본과 사회적 자본, 의사 결정적 자본을 포함하는 전문 자본을 제시하였다. 특히 교사 개개인의 질을 의미하는 인적 자본보다는 교사들의 협력을 의미하는 사회적 자본과 이를 매개로 한 의사 결정적 자본을 강조하고 있다. 교육에서 높은 성과를 내는 전략들은 그것들을 지속적으로 정련하고 해석하는 팀 속에서 개발되고 사용될 때 점점 더 정교해진다는 것이다.[2]

따라서 이러한 수업 코칭에서는 수업 코치와 코칭을 받는 교사 간 대화적 관계가 강조된다.

판 니우에뷔르흐(Van Nieuwerburgh)는 코칭을, 코치가 지지해 주고 격려해 주는 분위기에서 질문하고 적극적 경청 및 적절한 도전을 통해 코칭을 받는 사람의 자기 주도 학습을 촉진하여 자기 지각과 개인적 책임감을 증진시킴으로써 학습과 발전 향상에 초점을 두는 일대일 대화라고 정의했다.[3]

이상에서 살펴보면, 수업 코칭은 외부 전문가가 문제점을 분석하여 그 해결 방안을 제시해 주는 것이 아니라, 교사 스스로 자신의 수업을 반성적으로 성찰하여 문제점을 도출하고, 이를 해결하기 위한 방안을 수업 코치와의 협력적인 의사소통을 통해서 찾아가는 과정이라고 할 수 있다. 결국 수업 코칭의 핵심은 자신의 수업에 대한 개방적인 태도와 반성적 성찰, 공동체 속에서 교사들 간의 지속적인 의사소통 관계에 있음을 알 수 있다.

02

동료적 관점에서 수업 고민을 공감하는 과정

수업 코칭은 공동체 안에서 이루어질 때 더욱 효과적이며 장기적으로 수행될 수 있다. '좋은교사 수업코칭연구소'에서는 수업의 고민을 나누는 수업자를 '수업 친구'[4]라고 명명했다. 수업 친구는 정서적 관계성과 의지적인 결속이 있는 작은 수업 공동체이다. 이렇게 교사들이 학교를 기반으로 한 수업 공동체를 만들어 수업에 대해 탐구하고 교사들끼리 수업 코칭이 이루어질 경우 이들 교사들의 관계는 수평적이다. 이는 관례에 따라 수직적으로 이루어지는 장학이나 관리 감독과 비교된다. 수업 코치와 교사의 수평적 관계가 유지되지 못하면 수업 코칭은 이루어지기 힘들며, 기존의 교사 평가 등으로 전락할 수도 있다.[5] 외부의 전문가로부터 도움을 받을 수도 있지만, 학교 안에서 교사들이 전문적인 탐구 공동체[6]를 구축하고 그 안에서 수업 코칭이 체계적으로 이루어질 수 있도록 하는 것이 필요하다. 학교 생태계의 맥락을 공유하고 이해할 수 있는 동료 교사들끼리 전문적인 탐구 공동체를 형성하는 것은 교사들의 수업 전문성 향상에 매우 중요한 부분이라고 할 수 있다.

학교 현장에서 수업 코칭을 하기 위해서는 먼저 수업하는 교사와 수업 코치 사이에 친밀한 정서적 교류와 함께 협력할 수 있는 동료[7] 관계로 서로 다가갈 수 있어야 한다. 수업 코칭은 수평적인 관계를 바탕으로 해서 이루어지는 대화적 관계이므로 자신의 수업을 자발적으로 공개할 수 있는 정서적인 신뢰가 필요하다. 일대일 또는 일대다 형태에서 진행되는 수업 코칭은 쌍방향 의사소통의 장이 되어야 한다.

수업 코칭은 수업하는 교사와 수업 코치의 만남이기 전에 '사람과 사람의 만남'이다. 수업을 진행하는 입장에서는, 낯선 이가 자신의 수업에 들어와 있다는 것이 심리적으로 불편할 수 있다. 수업 참관 교사들이 감시자로 느껴지기도 하고, 관찰자로서 충고하고 조언하는 역할을 하는 자로서 인식되기 때문에 언제나 불편할 수 있다. 그래서 수업 교사와 수업 코치로 구분지어 만나는 것이 아니라, 동일한 수업 고민을 하는 동료로서 만나 친밀함을 쌓아나가는 것이 먼저다.

수업 고민을 절실하게 이해할 수 있는 사람은 함께 현장에서 견디는 동료 교사들이다. 따라서 서로를 척박한 환경을 견디며 날마다 수업을 고민하는 존재로서 바라보는 관점이 무엇보다 중요하다.

03

수업 교사의 내면 성찰을 탐색하는 과정

수업 코칭은 외부로 드러난 교사의 행위에 초점을 맞추지 않고, 내면을 탐색하는 활동에서 근본적인 원인을 찾아내 문제를 해결하도록 돕는다. 이를 위해선 먼저 성찰이 필요하다.

성찰은 자기의 마음을 반성하고 살핀다는 뜻이다. 쉰(Donald Alan, Schön)이 주창한 '성찰(省察, reflection)'의 눈으로 볼 때 수업을 보는 주체는 외부자가 아닌 수업을 하는 교사다. 또한 수업 현장의 맥락이 중시되며 결과보다 과정에 초점을 두게 된다.[8] 따라서 수업을 성찰한다는 것은 수업을 하는 교사가 자신의 수업을 반성적으로 들여다보는 행위다. 또한 성찰은 교사의 내면을 살펴보는 과정이기도 하다. 이때의 내면은 정서적인 면만을 의미하는 것이 아니라 인지적인 측면도 모두 포함한다. 수업이라는 현상 자체가 정서적이고 인지적인 측면을 모두 포함하는 복합적인 성격을 가지고 있으며 다층적 의미를 지니기 때문이다.

이러한 내면의 성찰에는 수업 교사가 자신에 대해 '직면

(confrontation)'하는 과정이 필요하다. 이를 위해서 수업 코치는 수업 교사와 대화를 하면서 언어와 행동의 불일치, 가르침과 배움이 다르게 나타나는 '수업 상황'을 직시해 수업 교사가 그동안 간과하고 있을지도 모를 사실을 발견하도록 도와주어야 한다.[9]

김주영은 국어 수업에서 교사들이 겪는 어려움을 '드러난 어려움', '잠재된 어려움', '감춰진 어려움', '미지의 어려움'으로 유형화했다.[10] 수업에서 코칭의 과정은 교사들이 직면한 다양한 어려움을 드러내고, 숨겨져 있거나 미처 '알아차리지 못했던 어려움'을 인식하도록 도와주고, 이를 통해 어려움을 해소할 수 있는 방안을 탐색할 수 있게 해 준다. 수업 성찰은 수평적으로 관계를 맺고 있는 동료 교사들 간의 성찰 대화를 통해서 교사 스스로 자신의 수업을 반성적으로 되돌아보게 한다는 점에서 더욱 주체적인 의지가 요구되는 활동이다.

경험이 많은 수업 코치들은 전통적인 방법으로 피드백을 제공하거나 교사들에게 무엇을 해야 한다고 말하지 않는다. 그 대신 수업을 관찰하고 얻은 자료를 가지고 편안하게 피드백을 제공하며, 교사들에게 항상 개방적 태도를 취한다.[11] 수업 코치는 교사들의 이야기에 공감하고 이를 경청해야 한다. 공감은 감정의 교류이며, 상대방의 감정이나 생각을 읽어 낼 수 있는 능력이다. 감정에 대한 판단이나 해석, 자기 경험에 기반한 해설이나 평가를 해 주는 것이 아니라, 수업을 한 교사의 감정, 요구를 적절하게 지각하고 반응하는 과정이다.[12] 수업 코치는 가르치지 않는다. 지시적인 대화를 하지 않고, 공감해 주고 들어 주는 것이다. 상대방의 마음으로 들어가 그 안에 머무는 것이다.

이러한 과정을 거치면서 수업 교사는 수업 코치가 알 수 없는 자신만의 숨겨진 고민들을 드러낸다. 수업 교사만이 알고 있는 감춰진 고민을 수면 위로 떠올려 수업 코치와 이야기를 한다. 수면 밖에 있던, 현상적인 고민 이외에 수면 밑에 있는 내면의 감춰진 고민이 대화의 장으로 옮겨지면서 핵심 대화 과제로 떠오른다.

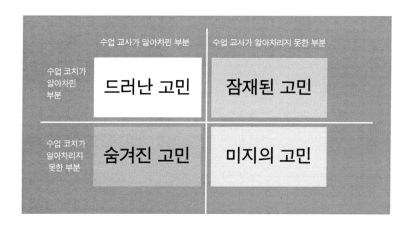

수면 위로 부상한 고민을 수업 코치와 수업 교사가 대화를 통해 탐색한다. 이 과정에서 수업 교사는 자신의 진짜 고민을 드러내고, 피상적인 대화에서 탈피해 내면의 깊은 성찰이 담긴 대화를 나눌 수 있게 된다. 수업 교사가 자신의 진짜 고민을 탐색하게 되면 수업 코치는 자연스레 잠재된 고민의 세계로 초대받게 된다. 수업 코치는 의문의 방에 머물면서, 여러 가지 상황을 질문으로 풀어 낸다. 이 과정에서 수업 코치와 수업 교사는 진짜 고민 앞에 직면하게 된다. 함께 신뢰할 수 있는 관계에서 수업 교사는 주체성을 갖고 미지의 고민에 도전을 하게 된다.

04

수업 코치와 수업 교사가
내면의 평화를 이루는 과정

　수업 코칭은 수업 교사의 내부에서 최대한 자원을 이끌어 내서 교사 스스로 바라는 지점까지 성장하도록 돕는 데 그 목적이 있다. 교사는 수업을 통해 성장한다. 수업은 교사를 성장시키는 플랫폼이기 때문이다. 하지만 수업은 교사에게 역경이기도 하다. 플랫폼을 지켜 내야 하는 고독이 뒤따른다. 플랫폼을 지키는 고독 속에서 교사는 성장한다.

　그리고 그 수업에는 학습하는 사람으로서 학생이 있다. 학생은 교사를 교사로 세워 주는 존재다. 수업 공동체의 일원인 학생은 교사가 좋은 교사로 성장해 나가도록 도와주는 동행자이다. 함께 길을 가다 보면 서로 도움을 주고받기도 하지만, 관계의 불편함도 따른다. 예측하지 못한 난감한 상황이 닥치면, 교사 역시 어려움을 겪는다. 그러므로 수업을 하는 교사와 이를 듣는 학생 사이의 어려움을 어떻게 볼 것이며, 어떤 관계성을 세워 갈지 고민하도록 돕는 역할 역시 수업 코칭의 일환이다.

교사의 성장을 돕는 다른 한 축은 동료 교사다. 동료 교사는 격려자와 지지자다. 교사는 동료애를 통해서 성장한다. 수업 친구의 수업을 보고 배우면서 성장하기 때문이다. 인접한 공간에 있기 때문에 수업 친구의 수업에 잠재적인 영향을 받는다. 따라서 정서적으로 수업의 희로애락을 나누고, 수업을 위한 동료적 관계를 형성해야 한다. 하지만 심리적인 안전지대로서 필요충분조건이 갖추어지지 않으면 피상적인 관계성에 머물 수밖에 없다. 그래서 환대와 비형식적인 빈번한 접촉을 통해 정서적인 안전지대를 만들 수 있도록 곁을 내어 주고, 곁에 머물면서 지켜 줄 수 있도록 마음의 빈 방을 만들어야 한다. 그 마음의 빈 방에 수업 친구가 머물 수 있는 내면의 여유를 갖도록 하는 것이 수업 코칭이다.

교사는 수업과 동료 교사, 학생을 통해 성장한다. 이들과 관련된 고민을 탐색해서 만나게 하고, 화해를 통해 수업, 동료 교사, 학생들과 평화를 이루는 상태에 이르도록 돕는 역할을 하는 것이 수업 코칭이다. 내면의 평화는 외부적인 환경에 휘둘리지 않고, 자기를 탐색하고, 자기를 이해, 수용하여, 스스로 격려할 수 있는 힘이 자신의 내부에서 생겼음을 의미한다. 수업, 동료 교사, 학생들을 이기려고 하지 않고, 온전히 수용해 주는 내면의 근육이 만들어진 것이 곧 내면의 성장이다. 치열한 자기 싸움의 결과이며, 이는 자기와 직면해서 얻어 낸 열매이다. 내면이 아름다우면 외적 상황에 흔들렸다가도 다시 제자리로 돌아올 수 있는 복원력이 생긴다. 이러한 혜택은 수업 코치와 수업 교사가 함께 받는다.

2장

수업 코칭의
특징

수업 코칭의 특징은 수업 교사의 내면을 세워 주는 데 있다. 내면을 세워 주면, 자신의 수업을 돌아볼 수 있는 성찰 능력이 생기고, 그렇게 되면 교사 스스로 자신만의 수업을 찾아갈 수 있는 내면의 힘이 생겨 수업을 개선할 수 있다는 취지이다. 이때 수업 교사의 시선에 초점을 맞추는 것이 중요하다.

또한 수업 코칭의 특징을 수업 컨설팅, 수업 상담과 비교하여 찾는다. 학교 현장에서 주류인 수업 컨설팅과 공통점, 차이점을 찾고, 수업 상담과 어떤 지점이 같고 다른지도 살펴본다.

01

내면 성찰 중심의
수업 코칭과 수업 보기

'수업 코칭' 운동은 수업은 외부적인 장치로 변화되지 않으며, 교사가 무너진 내면을 세우고자 내면을 성찰하는 힘에 의해 수업이 바뀐다는 관점에서 출발한다. 수업을 보는 관점은 비평, 배움 중심 수업 보기와 더불어 교사의 내적 영역, 즉 정서를 포함하고 있다. 수업 코치와 수업 교사 사이의 소통 관계의 중요성을 강조하여 '관계 중심' 또는 '내면 성찰 중심'의 수업 코칭이라 명명한다. 수업 코치와 수업 교사가 수직적이 아닌 동등한 관계 속에서 코칭이 이루어지며, 수업 코치가 해결책을 처방하기보다 교사가 자신의 수업을 개선하기 위해 스스로 성찰하도록 격려하며 대화하는 과정을 통해 이루어진다. 수업 관찰보다 수업 나눔에 무게 중심을 두며 수업 친구 만들기 운동, 수업 동아리를 통해 학교 수업 문화를 개선하기 위해 노력을 하고 있다.

신념을 가지고 수업을 하고, 학생들의 배움을 고려해 수업을 디자인할 수 있는 교사도 많지만, 온갖 상처로 내면이 무너진 교사도 많다. 수업으로 고통 받는 교사들의 눈물을 닦아 주고, 수업을 다시 시작할 수 있는 내면의 힘을 주기 위한 새로운 수업 개선 프로그램이 필요하다. 수업 코칭은 교사의 내면을 세워 주고 교사 스스로 자신만의 수업을 찾아갈 수 있는, 내면의 힘을 길러 줄 수 있는 대안적인 수업 개선 프로그램이라 할 수 있다.

수업 나눔의 구체적인 프로세스는 7장에서 다룰 예정이고, 여기서는 수업 코칭의 관점에서 수업을 보는 관점의 차별성을 살펴보겠다.

'수업 코칭'의 관점에서 수업 보기는 수업 보기 자체에 의미가 있기보다 수업의 성찰을 돕는 데 있다. 그러므로 '수업 코칭'의 관점에서 수업 보기는 '수업하는 교사의 시선'에 초점을 맞춘다. 예를 들어 교사는 아이들과의 관계에 대한 고민이 깊은데 수업 코치가 수업 디자인 중심으로 수업을 본다면, 수업 후 수업 나눔에서 깊이 있는 대화는 나눌 수 없을 것이다. 이렇게 수업 코치가 수업 교사와 수업 고민을 보는 온도 차를 줄이고 온전히 수업 교사의 시선에 머물 때만 수업 코칭은 의미를 갖는다. 수업 교사의 시선은 수업의 타자성을 극복하고, 수업 교사의 수업으로 동일시하는 과정이다. 수업 교사의 시선은

'수업 현상적 분석'에서 '**수업 나눔의 관계**'로
'가르침의 욕구'에서 '**이해의 공간**'으로
'나의 궁금함 해결'에서 '**너에 대한 궁금함**'으로

'당위적인 대상'에서 **'있는 그대로의 존재'**로
'외면적인 수업 기술'에서 **'수업 교사의 내면 이해'**에
머물며 수업을 보는 것이다.

그런데 수업하는 교사의 시선으로 수업을 본다는 것은 세 가지 측면에서 어려운 점이 있다.

첫째, 수업 관찰자 자신의 시선을 내려놓는 것에 대한 어려움이다. 물론 수업 관찰자의 시선을 온전히 내려놓고 수업을 관찰할 수는 없다. 수업을 보면서 느낌과 판단, 해석이 자연스럽게 작동하기 때문이다. 또한 타자의 수업, 수업 관찰자의 경험과 비교하려는 욕구가 올라온다. 이때는 의도적으로 수업 관찰자의 느낌, 판단, 해석은 잠정적으로 유보하고, 최대한 수업을 하고 있는 교사가 관심 있어 하는 부분을 먼저 보려고 해야 한다. 수업 관찰자가 외부자 시점으로 자신이 익숙한 방식으로 수업을 보는 것이 아니라 내부자 시점으로 수업을 보는 훈련이 필요하다.

둘째, 수업 교사의 시선을 얼마나 알 수 있느냐 하는 문제다. 이를 위해 수업 전 인터뷰도 하고, 성찰지를 받아서 수업 교사의 생각을 최대한 많이 아는 것이 중요하다. 수업 전 인터뷰는 수업 교사와 신뢰 관계를 쌓는 작업이기도 하다. 또 수업 교사를 이해하려는 수업 코치의 의지적인 실천이기도 하다. 수업 교사의 마음의 빗장을 여는 열쇠이자 요즘 학교 생활은 어떤지, 수업에서 어떤 고민을 하고 있는지 근황을 살피는 과정이다. "요즘 어떠세

요?" 이 한마디가 필요한 단계다. 그리고 〈수업 전 성찰지〉에는 수업의 흐름, 수업 의도, 학급 상황, 주의 깊게 봐야 할 학생, 수업을 하면서 고민되는 지점, 수업 나눔에서 해결하고 싶은 부분 등을 쓰게 한다. 이런 경로로 알게 된 수업 교사의 시선을 중심으로 수업을 보면 된다.

셋째, 수업 교사의 고민이 뚜렷하지 않은 경우이다. 〈수업 전 성찰지〉나 사전 인터뷰를 통해서도 수업 교사의 고민이 잘 안 드러날 수 있다. 그리고 수업 나눔을 해 보면 그때서야 수업 고민을 알아차릴 수 있다. 처음 수업 교사가 말한 수업 고민과 수업 나눔을 하면서 발견하게 된 수업 고민이 다를 수 있다. 그렇기 때문에 수업 관찰자는 수업 교사의 시선을 중심으로 관찰하되, 종합적으로 수업을 볼 필요가 있다. 종합적인 수업 보기는 교사의 신념 중심으로 수업 보기, 학생의 배움 중심으로 수업 보기, 교사의 정서 중심으로 수업 보기 등을 포함해 수업의 외면이 아닌 내면을 보는 것이다. 즉 겉으로 보이는 외면보다 속살인 내면을 살펴보는 것을 의미한다. 그렇다면 '내면 중심으로 수업을 본다'는 것은 구체적으로 무엇을 본다는 것일까?

수업을 코칭하기 위해서는 수업이라는 실체가 무엇인지를 파악해야 한다. 수업이 성립하려면 필요한 조건이 있다. 수업은 학습과 달리 혼자서 하는 것이 아니라 교사와 학생이 필요하다. 최근 가르침 중심의 수업에 대한 반성과 함께 학습자 배움을 중심으로 하는 수업을 지향하는 여러 수업 운동이 확산하고 있다. 하지만 우리가 간과해서는 안 되는 것은 학습자 중심 수업의 경우에도 그 수업을 디자인하고 실행하는 주체는 결국 교사라는 것이다. 수업 코칭은 무엇을 변화시키는 것을 의미하는데, 그것은 무엇이 되어야 할까? 이에 따라 우리가 수업을 보는 관점이 달라질 수 있다.

수업을 볼 때 어디에 관점을 두고 볼 것인가? 인간적인 면에 둘 것인가? 물리적인 기능에 둘 것인가? 인간적인 면에 초점을 둔다면 분명히 교사에게 둘 것이고, 물리적인 기능에 둔다면 수업 기술의 현상에 두게 된다. 결론은 둘 다 필요하다. 그동안 우리는 주로 수업 기술의 현상만을 보아 왔다. 수업목표를 어떻게 설정하고 제시하는지, 동기부여는 어떻게 하는지, 수업 활동은 어떤 방법으로 전개하는지, 수업 자료는 어떻게 활용하며 어떤 발문으로 학생들의 학습을 촉진하는지, 평가는 어떤 식으로 이루어지는지 등 외면적인 부분에 초점을 맞추고 수업을 보고 그것을 피드백하면 수업의 변화를 이끌 수 있다고 생각했다.

하지만 수업을 이끄는 교사의 신념, 감정, 태도 등이 변화하지 않는다면, 수업 기술만으로 수업의 변화를 이끌어 내는 것은 쉽지 않다. 결국 수업을 하는 것은 교사이기 때문이다. 수업을 하는 교사의 문제의식과 마음에 깊이 연결되지 않는 수업의 외면적인 현상에 대한 피드백은 지적으로만 느껴지고, 수업을 개선하는 데 도움이 되지 않을 가능성이 크다. 교사가 수업 현상과 자기 내면의 문제의식을 연결하고, 그 원인과 배경을 깊이 알아차릴 때,

그것을 변화시킬 수 있는 에너지를 스스로 동원할 수 있는 것이다.

수업에서 풀밭이 움직이고 나뭇가지가 소리를 내는 외면적인 현상만을 보는 것이 아니라, 그것을 일으키는 바람을 볼 수 있어야 한다. 그 바람은 수업을 진행하는 교사와 학생의 내면일 것이다. 여기서 내면은 교사와 학생의 감정만을 의미하지 않는다. 교사의 주관적인 신념, 사고 과정, 감정의 변화 등과 학생 내면의 사고 과정, 감정, 관계성 등, 눈으로 바로 주시되는 수업의 전경, 눈으로 볼 수 없는 이면의 배경을 모두 포함한다.

이상의 논의를 종합하면, 수업을 볼 때 기존의 기술적인 현상을 보던 외면적인 시선에서 교사의 신념, 태도, 인식, 감정 등 사람에 초점을 두는 내면적인 시선이 중요함을 알 수 있다.

02

수업 컨설팅, 수업 상담과 차별성

아직도 학교 현장에서는 교육청이 중심이 되는 수업 컨설팅이 주류이다. 그래서 수업 컨설팅과 수업 코칭의 차별성에 대해서 살펴본다. 또한 수업 코칭 중 가장 빈번하게 나오는 질문의 하나가 수업 교사가 수업 상담을 받는 것인지 수업 코칭을 받는 것인지 헷갈린다는 의견이 있어서, 조심스럽지만 수업 상담과의 차별성에 대해서도 알아보기로 한다.

먼저 수업 컨설팅과의 차별성에 대해서 살펴보자. 수업 컨설팅이나 수업 멘토링이 직접적인 조언이나 구체적 방법을 전수하는 데에 초점을 둔다면, 수업 코칭이 수업 컨설팅이나 수업 멘토링과 구분되는 가장 큰 특징은, 교사 스스로 자신의 수업을 되돌아보고, 발견된 문제점을 스스로 개선할 수 있도록 도와주는 데 있다.

수업 코칭을 수업 장학이나 수업 컨설팅 등과 비교하면 목적이나 관계, 전문성 향상을 위한 방향 등에서 많은 차이가 있음을 알 수 있다. 〈표1〉에서 보듯 수업 컨설팅은 직접적 피드백을 통해 수업을 개선하는 데 목적을 둔다. 즉 전문적 지식을 가진 사람이 상담과 자문을 통해 해법을 제시하는 일방적 성격을 가질 수 있다. 따라서 수업 컨설팅에서 컨설턴트는 교사들이 겪는 수업의 어려움을 총체적으로 이해하기보다 의뢰 교사가 제공하는 단편적인 정보에 의존해 처방을 내리는 경우가 종종 있다.

그래서 수업 컨설턴트는 문제 해결자의 위치에서 의뢰자의 문제를 해결해야 하는 당위성을 가질 수밖에 없다. 무엇인가를 해결해 줘야 하는 압박감을 스스로에게 준다.

반면에 수업 코칭에서는 수업 성찰의 과정을 통해 수업 공개 교사가 자신의 문제점을 인식하고 스스로 성장할 수 있도록 돕는 데 목적을 둔다. 수업 코칭은 교사에 의한, 교사의, 교사를 위한 것이기 때문에 수업 코치는 문제를 해결하는 데 당위적이지 않아도 된다. 한 걸음 물러서서[1] 격려와 지지로 교사가 선택한 길을 존중하고, 그 길에 함께 머물면서 교사가 어떻게 고민을 바라보고 해결하는지 돕는 역할을 한다.

수업 코칭은 순서에 따라 수업 교사가 자신의 고민을 다루거나 극복하거나 물러서지 않는 비선형적인 방법을 따른다. 때로는 직관적 질문에 따른 통찰이 일어나기도 한다. 그리고 내용을 중심으로 한 수업 컨설팅과는 다르게 경험과 과정을 중요시한다. 그래서 국어 교사이지만 수학 교과, 과학 교과, 영어 교과, 음악 교과, 도덕 교과와 함께 고민을 탐색하고 만나는 수업 코치를 할 수 있다. 물론 같은 교과 수업 코칭이 정합성 측면에서 맞을 수도 있지만, 수업 교사가 당면한 딜레마[2]는 다양함 속에 일정한 패턴을 갖출 수 있다. 그러므로 수업 코치는 그 패턴에 대한 전문적인 지각 능력이 필요하다.

물론 단기적인 처방이 필요한 경우도 있다. 수업 컨설팅은 마치 감기가 걸리면 병원에 가서 주사를 한 대 맞으면 낫는 효과를 얻는 것과 같다. 그러나 주사는 감기를 이기는 근본적인 해결책이 아니다. 일상생활에서 운동을 해서 몸의 면역 체계를 견고히 하는 작업이 선행되면 감기를 이기는 힘이 자생적으로 생긴다. 이처럼 수업 컨설팅이 주사적 처방이라면 수업 코칭은 몸의 면역 체계를 일상에서 강화하는 작업이다. 그래서 수업 코칭은 수업 컨설팅처럼 일시적, 단기적, 처방적, 즉각적이지 않다. 연속적, 장기적, 성찰적이다.

〈표1〉 수업 컨설팅과 수업 코칭의 비교

	수업 컨설팅	수업 코칭
목적	컨설팅을 요청한 교사의 문제를 해결	수업 교사가 스스로 수업을 성찰하고, 문제를 해결하여 내면적 성숙으로 나아감
방법	컨설턴트가 요청받은 문제를 중심으로 의뢰인 교사에게 조언함	수업 코치의 안내를 통해 코칭받는 교사가 스스로 수업을 개선하게 함
역할	컨설턴트→문제 해결자	수업 코치 → 탐험가, 안내자, 동행자
관계	컨설턴트-컨설턴티 (강한 수직적 관계)	수업 코치 – 수업 교사 (수평적인 관계)
횟수	일회성 컨설팅	연속성 코칭
방향	내용 중심	과정 중심 + 내용 중심

장점	단기적으로 요청한 문제를 즉각적 진단과 처방으로 해결할 수 있음	체계화된 코칭 프로그램을 통해 수업 교사에게 자기 성찰의 기회를 주어 수업 복원력이 생김
단점	일시적인 문제 해결은 할 수 있지만 컨설턴트에 대한 강한 의존성	수업 코칭 전문가의 부족, 장기적인 코칭 과정 필요

출처: 이규철, 〈수업 코칭, 교사의 회복 성장 도전기〉, 《교육시선, 오늘》, 경기도교육연구원, 2014

이제 수업 상담과 수업 코칭의 차이점을 보자. 수업 코칭은 상담과 줄곧 비교 대상이 됐다. 수업 교사의 이야기인즉, 자신이 수업 상담을 받고 있는지 수업 코칭을 하고 있는지 헷갈린다는 의견이다. 수업 코칭인지 수업 상담인지 차이를 구별하기 어렵다는 반응이다. 이러한 이유는 수업 코칭에서 사용하는 용어가 상담에서 활용하고 있는 단어들과 비슷한 측면이 있기 때문이다. 수업 코칭에서 사용하는 '직면', '공감', '통찰', '지금 여기', '있는 그대로 보기' 등의 용어들은 상담이나 심리학에서 빈번하게 사용되는 용어들이다. 다음 〈표2〉는 수업 코칭과 수업 상담을 비교 정리한 내용이다.

	수업 코칭	수업 상담
목적	수업 교사가 스스로 수업을 성찰하고, 문제를 해결하여 내면적 성숙으로 나아감	상담자가 내담자를 지시적 또는 비지시적으로 문제를 해결하는 과정
방법	코치의 안내를 통해 코칭받는 교사가 스스로 수업을 개선	상담자의 안내를 받으면서 내담자가 자신의 문제에 직면해 장애 요소를 극복
역할	코치→탐험가, 안내자, 동행자	상담자 → 치료자, 해결자, 처방자
관계	수업 코치 - 수업 교사 (수평적 관계)	상담자 - 내담자 (약한 수직적 관계)
초점	현재, 미래 가능성, 꿈을 현실로 바꾸는 것에 초점	과거에 일어난 문제의 원인을 치유하고 안정을 주는 데 초점
심리학	긍정 심리학	부정 심리학
장점	체계화된 코칭 프로그램을 통해 수업 교사에게 자기 성찰의 기회를 주어 수업 복원력이 생김	전문적인 상담 프로그램을 통해 내담자에게 자기 문제를 해결할 수 있는 기회를 제공함
단점	- 코칭의 이론적 배경에 대한 연구가 미비한 편이며, 코칭 전문가 양성 과정이 부족한 상황 - 용어의 유행성에 따라 코칭이 코칭 컨설팅, 코칭 장학의 형태로 결합될 수 있음	- 수업의 문제 상황과 자신의 내면에서 생기는 문제가 불일치할 수 있음 - 수업 상황이 아닌 개인의 생활 문제에 집중하는 경향이 있을 수 있음

출처: 게리 콜린스, 《코칭 바이블》, 양현주 · 이규창 옮김, IVP, 2014, 30쪽 참고해 재구성

〈표2〉에서 보듯이 수업 상담은 내담자가 심리적 안정을 찾을 수 있도록 과거의 사건을 들어 주며 조언하는 과거 지향적인 특성이 있다. 따라서 수업 상담은 과거 시제를 지향한다. 현재의 문제를 해결하기 위해 과거의 문제를 끄집어 내고, 문제를 직면해서 해결하도록 한다. 하지만 수업 코칭은 현재에서 출발해 미래

시제를 지향한다. 수업 상담은 상담자가 내담자를 안내해 문제를 직면하게 하여 해결한다. 물론 수업 코칭도 과거의 문제를 다룬다. 하지만 이것은 오직 현재의 고민을 다루기 위한 조치일 뿐이다.

상담자는 고도의 훈련받은 전문가이다. 상담자는 일정한 자격 요건을 갖춰야 한다. 보통 상담 과정의 석사학위를 취득하려면 1회기 50분 분량의 상담을 50회기 정도는 해야 하며, 정신분석가로서 활동을 하려면 수련 과정을 거치면서 800시간 이상 상담 사례 경험을 쌓아야 한다. 이와 달리 수업 코치는 모두에게 개방된 자리이다. 전문적인 훈련³을 받으면 누구든지 수업 코치로서 활동할 수 있다. 학문적인 전문성보다는 공감적 이해, 경청, 질문, 수업 이해 능력 등의 실천적인 요소를 중요하게 생각한다.

수업 상담은 전문적인 상담자로부터 진단을 받고 처방을 받아 치료적인 관점에서 문제에 접근한다. 상담자와 내담자가 수직적 관계를 형성할 수밖에 없는 구조다. 이와 달리 수업 코칭은 수업 코치와 교사가 수평적 관계로 만나며, 교사가 스스로 문제를 발견하고 해답을 찾아가도록 대화하며 해결책을 발견하는 쌍방향적 성격이 강하다.⁴

수업 코칭은 수업을 하는 교사의 잠재적인 자원을 발견해서 스스로 답을 찾도록 의미를 찾아 주고, 성찰적 질문을 통해 내면의 성장을 돕는 역할을 한다. 그래서 수업 코치는 동행자, 탐험가, 안내자 역할을 한다. 이에 비해 수업 상담은 문제 상황을 해결하는 데 초점을 두고 방해 요소를 제거하는 치료적 접근을 한다. 그러므로 치료자, 해결자, 처방자의 입장에 서 있다.

그런데 수업 상담이 수업 코칭과 연결되는 지점이 있다. 비지시적인 상담, 인간 중심의 수업 상담은 수업 코칭의 개념과 교집합을 보인다. 그래서 수업 상담과 수업 코칭은 여집합을 찾는 것보다는 교집합을 찾아야 한다. 상담 훈련을 성실히 받은 분들이 수업 코칭 중 자신의 역량을 드러낼 수 있는 여지가 크기 때문이다. 그럼에도 수업 상담과 수업 코칭을 구분한다면, 수업 상담은 현재의 불완전한 상태를 이전의 온전한 상황으로 회복하려는 의도가 있지만, 수업 코칭은 현재의 상태에서 앞으로 온전함이 형성되는 성장에 가치를 두고 있다.

3장

수업 코칭의 시선

수업 코칭을 이해하려면 과학기술적인 시각에서 벗어나야 한다. 수업 코칭은 문제해결 방법을 이야기하는 것이 아니기 때문이다. 본질적인 시선을 이해해야만 수업 코칭의 의미를 제대로 들여다볼 수 있다. 그러기 위해서는 수업을 보는 시선, 교사를 보는 시선, 변화를 보는 시선이 어떤 것인지 살펴볼 필요가 있다. 이 세 가지 시선을 통해 수업 코칭이 왜 내면의 성찰을 중요시하는지, 왜 교사와 대화적 관계를 만드는 과정이 필요한지, 왜 수업은 나눔의 대상이 되어야 하며, 수업 코치와 교사가 '존재'로서 만나야 하는 이유는 무엇인지, 왜 수업이 지적과 평가의 대상이 아닌지, 이제는 '무엇'을 '어떻게'에서 '누가'로 우리의 시선이 이동해야 하는지 논의를 해 볼 것이다. 수업 코칭의 시선을 이해하는 것이 수업 코칭의 알파이고 오메가이다.

01

수업을 보는 시선:
이해로서 수업

올해 초 한 교사가 수업을 블록으로 만들어서 할 계획을 세우고, 일과계 선생님에게 두 시간을 붙여서 시간표를 만들어 달라고 요청했다. 그리고 두 시간을 연결해, 주제 중심의 프로젝트 수업을 구안했다. 그런데 수업을 실행하는 과정에서 문제가 발생했다. 수업을 두 시간으로 하다 보니 학교 일정 때문에 빠지는 일이 많고, 결국 본인이 추구하던 프로젝트 모둠별 수업은 무늬만 남고 설명식 수업으로 되어 버렸다. 몇 개의 주제를 만들어서 비슷한 내용을 담은 단원을 이리저리 맞춰서 수업을 했는데, 이것도 학기 초에는 안착을 했다 싶었지만, 바쁜 학교의 일정 때문에 교과서 순서대로 되돌아갔다.

왜 이 교사는 블록으로 수업을 만들어서 주제별 프로젝트 수업을 하려고 계획을 했는가? 잠시 지난해로 돌아가 보자. 이 교사는 학생들과 함께 고민하고, 협력하는 수업을 하고 싶어 했다. 교사의 일방적인 가르침이 배움을 일으키는 데 도움은커녕 방해가 될 수도 있다는 생각을 했고, 어렵지만 둘이나 셋이 협력하여 문제를 발견하고, 문제를 해결하는 과정에서 진정한 배움이 일어난다는 신념을 가지고 있었기 때문이다.

이 교사가 수업을 공개했을 때, 참관한 교사들로부터 일반 교실 상황과 비슷하고, 별다른 의미 있는 지점을 발견하지 못했으며, 오히려 시끄럽고 산만한 분위기가 느껴져서 학습 집중도가 떨어졌다는 반응이 나왔다. '노력한 만큼의 결과가 없고', '오히려 나빠졌다'는 현상적인 진단만 남았던 것이다. 이로 인해 수업을 한 교사와 수업을 참관했던 교사들 간 심리적인 거리가 생성되었다. 이 '거리'는 곧 수업하는 교사와 참관하는 교사를 분리하는 역할을 한다.

여기서는 이 둘을 '수업 교사/관찰 교사'로 구분 짓는다. 이때 관찰 교사는 차가운 시선을 가지고 분석적 입장을 대변하는 용어를 사용한다. '내가' 하는 수업이 아니라 '네가' 하는 수업으로만 보면 타자화된 수업만 남는다. 구분 짓기에 따른 역할만 남는다. 냉정한 판단, 준엄한 충고, 피상적 평가에만 머문다. 수업 코칭에서는 이렇게 평가의 대상으로 수업을 보는 관점에서 '이해의 대상'으로 수업을 보는 관점의 변화가 필요하다.

수업의 주인공은 학생이다. 학생이 무엇을 배우는지, 어떻게 배우는지 보는 것이 수업 참관의 핵심 요소다. 하지만 수업은 학생과 수업 교사가 함께 만들어 가는 것이다. 학생의 배움을 주목하는 만큼, 가르침을 준비한 교사의 내면을 이해하는 시선도 필요한 것이다.

수업을 이해의 대상으로 보는 관점에서는 수업이 진행되는 동안 보이는 교사의 외면이 아니라 과거의 경험으로서 개인사와 내면의 문제를 들여다보는 것이다. 교사는 수업을 고민하고 수업에서 고통을 견디는 인간으로 고려되어야 한다. 교사가 왜 그 단원을 선택했는지, 이번 수업을 하면서 학생들에게 어떤 배움이 일어나기를 바라는지, 학생들을 어떻게 생각하는지, 그리고 배움이 일어난다는 의미는 교사에게 무엇을 생각하게 하는지 등에 대해 알고 싶은 마음이 필요하다.

교사의 삶은 수업의 실존적 배경이다. 한 사람의 인생관, 세계관, 철학관이 모두 수업에 묻어나기 때문이다. 교사가 선택하는 수업의 자료를 한 번 생각해 보자. 교사인 나는 인디 음악을 좋아한다. 요즘 내게 가장 관심 있는 사항이 무엇이냐고 질문한다면 위로가 되는 음악, 쾌활한 분위기를 만드는 음악, 성찰이 일어나는 음악, 고독한 기분을 만끽하도록 머물게 도움을 주는 음악 듣기다. 이런 음악 취향은 학생들에게도 반영되어서 수업을 할 때 배경 음악으로 즐겨 사용한다. 그것은 내가 멜로디와 가사 내용이 좋은 인디 음악을 즐겨 듣기 때문이다. 교과서 내용이 동일하다고 해도 똑같은 수업을 하는 교사는 없다. 설명하는 방법도 다르고, 예시를 드는 내용도 다르다. 왜냐하면 수업을 하는 교사의 삶이 제각각 다르기 때문이고, 그런 삶의 양식이 수업에 배어 나오기 때문이다. 삶은 이해의 대상이지 평가의 대상이 될 수 없듯이, 수업도 이해의 대상이지 평가의 대상이 될 수 없다.

올곧게 뻗은 소나무와 휘어 자란 소나무가 있을 때, 어떤 것이 더 멋있게 보이는가? 많은 사람이 똑바로 흘러가는 물줄기보다 굽어진 물줄기가 더 멋있다고 말한다. 일직선의 곧은 길보다 산 따라 물따라 가는 길이 아름답다고 이야기를 한다. 우리가 사는 인생이란 그런 것이다. 쭈욱 뻗은 길을 부러워하지 않고, 곧은 길만이 길이 아님을 알기에, 굽이굽이 돌아가는 길이 멀고 험하고 쓰라릴지라도 오히려 삶은 더 깊어지고 환해질 수 있는 것이다. 그렇기에 수업을 볼 때 다른 것과 비교하지 않고, 그 사람만의 걸어갔던 길이 어떤 길인지 더 궁금해지는 것이다.

다음의 〈표3〉은 수업을 참관하기 위해서 온 수업 친구들이 어떤 시선으로 수업을 보아야 하는지 안내하고 있다. 왜, 무엇이, 어떻게의 시선에서 '누가' 하고 있는지에 관심을 갖는 것이다. 그 '누가'를 있는 그대로 바라보며 이해하는 '시선'이 수업 참관의 길잡이이다.

〈표3〉 수업 코칭 참관 안내지

시선 수업에서 나는 수업 교사의 무엇을, 어떻게 이해하려고 하였는가?

- '너'의 수업이 아니라 '교사'의 시선으로 수업을 보았습니까?

- 수업에서 수업 교사의 의도는 무엇입니까?

- 수업 후 수업 교사의 고민에 공감하고, 경청하며, 격려와 지지를 충분히 하는 수업의 의미 찾기 활동에 집중합니다.

- 수업 후 반영하기 대화에서 성찰적 질문으로 수업 교사 스스로 수업을 성찰하게 도와줍니다.

- 수업 전·중·후 수업 교사를 '객관적 관찰자의 시선'으로 바라보는 것이 아니라, 수업의 여러 가지 상황을 해결하려고 노력하는 '수업 고민자'의 입장에 머물도록 합니다.

출처: 좋은교사 수업코칭연구소

개인 각자의 삶이 고유성을 지니고 있듯이, 수업 역시 고유하다. 그런 관점에서 수업을 이해하려고 노력해야 한다. 한 사람이 내게 온다는 것이 어마어마한 일이듯, 한 수업이 내게 온다는 것은 매우 특별한 선물이다. 그것은 반복적인 개념이 아닌, 학습자와 함께 만들어 낸 그 시공간에서만 일어날 수 있는 창조물이기 때문이다.

그러므로 잘한 수업, 못한 수업이 있는 것이 아니라 이해받는 수업, 이해받지 못한 수업이 있을 뿐이다. 수업이 하나의 생태계이듯이 그 안에서 복잡하게 얽히고설킨 실타래를 푸는 것은 이해의 관점 외에는 존재하지 않는다. 너의 수업이 아니라 나의 수업이며, 나아가 우리의 수업이라는 수업 관점이 요구되는 시점이다. 이렇게 될 때, 수업을 하는 교사는 이해를 받는 대상이 돼서 심리적인 안전지대가 형성되어 자신의 수업을 평안한 마음으로 다른 이에게 보여 줄 수 있는 마음의 여유를 지니게 된다.

02

교사를 보는 시선:
존재로서 교사

학기 초가 되면 학교에서는 교사들에게 학업성적 관리 지침에 따른 평가 계획서 제출을 요구하고, 교사는 국가 수준 교육과정에 따라 과목별로 평가 계획서를 작성한다. 교과의 목적, 내용, 교수 - 학습 방법, 평가까지 일목요연하게 정해진 원칙에 따라서 'Ctrl+C'를 누르고 다시 'Ctrl+V'를 누른다. 그리고 성취기준에 맞춰 지필 평가와 수행평가 계획서를 만든다.

또한 교사는 교과서를 들고 수업을 한다. 수업을 할 때마다 진도가 걱정이다. 다른 반 교과 선생님과 진도 협의도 한다. 무엇을 가르치는가 보다 어떤 내용을 더 가르쳤는지, 덜 가르쳤는지에 관심이 더 간다. 그리고 반마다 어떤 내용을 어디까지 가르쳤는지 내용을 점검한다. 교사에게는 학생들도 두렵다. 학생들 사이에 옆 반 선생님은 진도를 많이 나가서 시험을 준비하는 기간이 넉넉한데 우리 반 진도는 느려서 불안하고 불편하다고 볼멘소리가 나오는 것도 불편하다.

시험이 끝나면 더 두렵다. 반마다 점수 차이가 크게 나면, 자신이 잘못 가르쳐서 그렇게 된 듯 자책한다. 점수가 낮게 나온 반 담임 선생님에게 죄송한 마음이 들고, 학생들에게도 미안한 마음이 든다. 그래서 교사는 수업하는 것이 두렵고, 진도 맞추는 것이 힘들고, 평가가 무섭다. 이런 상황에서 교사 자신이 무엇인지 질문한다. 물론 보편적인 학교의 상황이 아닐 수도 있다. 하지만 대부분 학교 급에서 일어날 수 있는 상황이다.

이런 상황이 일어나는 이유는 무엇인가. 첫째, 교사를 대상화시켰기 때문이다. 주어진 목표에 정확히 도달하기 위해서는 일정 부분 성과를 내야 하는 객체화된 대상물로 보는 것이다. 기계적이고 기능적인 역할을 수행하는 거대한 조직의 생산품 하급 관리자로 보는 것이다. 투입-산출을 잘 관리할 수 있느냐 없느냐로 평가한다. 이런 관점에는 타율성, 수동성, 피동성, 의존적, 객체, 변화의 대상, 개혁의 대상, 평가의 대상이라는 것이 암묵적으로 전제되어 있다. 이렇게 과학기술적 합리성이 배경에 깔려 있다. 우리의 의식을 지배하는 관점이다. 그래서 수업도 이렇게 해야 한다. 주어진 교육과정을 익히고, 던져 준 교과서를 진도대로 나가는, 틀에 맞춰 살라고 한다.

과연 교사는 이런 대상인가? 수업 코칭에서 바라보는 교사는 이와는 다르다. 교사는 수업을 위해 고민하고, 노력하고, 고통스러워한다. 대한민국 교사는 날마다 수업의 광야에 내몰린다. 수업을 하는 195일이 매번 광야와 같은 세상이다. 학생들은 배움에서 도주하고, 때로는 배움을 거부하기도 한다. 그런 학생들과 마주하면서 교사는 수업에 대해 고민할 수밖에 없다. 수업은 온상이 아니다. 예상하지 못한 상황이 벌어지고, 학생들마다 다른 반응이 나오고, 예측을 넘은 상황과 마주설 때마다 당황스럽고 두렵지만 교사는 그런 상황을 피할 수 없기 때문에 그곳에서 고민할 수밖에 없는 외로운 존재다.

이와 같이 교사는 광야와 같은 세상에서의 수업 상황에서 어디로 가야 하는지, 무엇을 해야 할지, 어떻게 하면 이 상황을 좀 더 개선할 수 있는지, 자신이 가르치는 것의 의미는 무엇이며, 학생들은 어떤 것을 배우는지 고민하는 자리에 서 있는 존재가 된다. 학생들과 어떻게 관계를 세우며, 도울지 고민하며 노력하고, 학생들에게 사랑받고 싶은 존재이다. 동일한 내용의 교과서를 들고, 어떻게 내용을 재구성해 학생들에게 유의미한 배움이 일어나도록 수업을 디자인하기 위해 고민하는 자가 교사이다. 그래서 수업 코칭을 할 때에는 교사를 수업의 전 맥락 안에서 고민하는 존재로 바라봐야 한다. 교사가 과연 무엇을 고민하고 있는지, 이번 수업에서 고민하는 지점은 무엇이며, 평소에 어떤 고민을 하고 있는지 알아차려야 한다.

둘째, 표준화된 교육과정, 동일한 교과서를 가지고도 새롭게 창조적으로 구성하는 예술적 감수성이 있는 '수업가'로서 교사이다. 수업 코칭에서는 교사를 예술적 창조성이 있는 존재로 본다. 수업은 교사의 창조적 감성이 표현된 작품이다. 그러므로 수업을 하는 교사는 '작가'다. 교사는 자신의 의도대로 미학적인 아름다움이 있는 수업 예술품을 만든다. 교사의 의도가 수업에 들어가 있다. 수업은 교사의 신념이 반영된 창조물이기 때문이다. 그래서 동일한 내용을 가지고 수업을 해도 교사마다 다른 수업을 하는 것이다. 교사의 개성이 수업에서 드러난다. 교사를 수업 창조자의 관점에서 바라보기 때문에 교사의 의도에 관심을 갖고, 무엇 때문에 교사가 그런 의도를 갖고 있는지 궁금해하고, 교사의 시선에 머물러야 한다.

셋째, 교사는 독립적이고 주체적인 존재이다. 수동적이거나 타율적이지 않다. 독립적인 교육기관이다. 교사 자신이 교과의 내용을 선택할 수 있고, 시험 범위를 정하며, 교육과정을 재구성해, 수업을 새롭게 디자인하여 평가할 수 있는 독립된 존재다. 이 모든 과정을 타인이 아닌 교사 스스로 선택하며, 책임을 지기 때문이다. 자신의 선택을 존중하며, 그에 따른 책임을 받아들이기 때문이다.

예컨대 '건축과 문학의 만남' 단원을 공부하고 수행평가를 할 때, 이 단원과 관련된 '수학과 문학의 데칼코마니', '과학과 문학의 데칼코마니'를 학생들이 협력적인 짝을 이뤄 과정 일지를 제작하고, 프레젠테이션으로 자기 생각을 발표해, 서술형 평가로 제시하는 것은 교사가 독립적인 기관이기 때문에 가능하다. 성취기준에 따라 목표를 정하고, 가르치는 내용을 재구성하고, 평가로 반영하는 교육과정-수업-평가의 일치를 할 수 있는 역량도 교사의 주체성을 반증하는 것이다. 교사는 이렇게 자신의 수업에 주체성을 가지고 있다. 주체성이란 타인의 의지가 아닌 수업을 진행하는 교사 스스로 선택할 수 있는 역량을 말한다. 그러므로 수업 코칭에서는 교사를 능동적으로 자신의 자원을 동원하여 자신의 상황을 성찰할 수 있는 존재로 바라본다.

수업 코칭에서 교사는 수업을 위해 고민하는 '수업 고민자', 수업을 창조적으로 만들고 예술적 감성을 디자인하는 '수업 작가', 수업을 주체적으로 선택하고 책임지는 '독립적인 기관'이다. 그리고 이 모든 것을 더한 '존재'로서의 교사이다. '행위적인 대상(doing)'으로 있는 것이 아니라 '존재(Being)' 자체로서 수업에 머물러 있는 것이다. 그러므로 오해의 공간에서 교사를 만나기보다 이해의 공간에서 교사라는 '존재' 자체로 만나야 한다.

03
변화를 보는 시선:
선택으로서 변화

변화(變化)는 세상에 존재하는 물체의 형상이나 성질 등의 특징이 달라지는 것을 말한다. 특징이 강해지거나 약해질 수도 있고, 새롭게 되는 것도 변화다. 수업 코칭은 수업 변화 운동이다. 이때 변화는 양적인 측면보다는 질적인 측면에서 일어난다. 질적인 측면에서의 변화란 외면에서 발생하는 것이 아니라 내면에서 발생해 외면에 영향을 준다. 이 문제는 〈수업 후 성찰지〉를 보면서 이야기해 보자.

나는 ○○이와의 문제 자체보다는 내 감정적 스트레스로 인해 무척 괴로운 시간을 보냈다. 매일 얼굴을 마주 대하는 제자에게(어찌 보면 내가 더 우위에 있는 사람인데) 미움 받고 무시당한다는 것은 웬만한 마음으로는 감당하기 힘든 일이다. 예전 같았으면 나는 계속해서 문제를 회피하며 스트레스만 받았을 것 같다. 또는 관계를 더욱 악화시키는 행동을 하여 걷잡을 수 없을 만큼 일이 커졌을지도 모른다. 하지만 이번에는 문제를 직시하며 부딪치기로 결심할 수 있었고 그에 따른 새로운 시도를 할 수 있었다. 아직도 문제가 완벽하게 해결된 것은 아니지만 내가 계속해서 진심어린 마음으로 다가간다면 ○○이도 언젠가는 마음을 열 수 있으리라 기대해 본다.(임○○ 선생님의 〈수업 후 성찰지〉)

교사는 학생과의 관계가 매우 불편해지자 회피 전략을 사용하지만, 오히려 스트레스를 받는 상황이다. 무시-회피가 충돌하면서 갈등을 초래할 수 있다는 불안감마저 있다. 그런데 수업 나눔 후 상황을 직면하는 용기를 드러낸다. 불편함을 주는 아이의 장점을 찾기도 하고, 그 장점을 가지고 학생에게 편지도 썼다. '새로운 시도'를 한 것이다. 시도는 행동을 낳았고, 그것은 관계 회복의 기대감으로 이어진다. 수업 코칭에서 변화는 외부적인 수업 상황만 달라지는 것이 아니라 내면적인 힘이 강화되는 과정이다. 지금 이곳의 상황이 완전하게 해결은 되지 않았지만, 내면에서 자기 격려의 자원을 이끌어 내 관계를 호전시키겠다는 의지적인 선택을 할 수 있는 힘이 생긴 것이다.

선택은 변화할 수 있는 가능성의 문을 여는 것과도 같다. 선택은 자유의지에 따른다. 자율적인 것이고, 자생적이다. 외부적인 동기에서 발생하는 것은 타율적 선택이지만, 내부적인 동기에 따른 것은 자발적 선택이기 때문에 지속적인 변화를 가져오는 에너지가 될 수 있다.

그렇다면 선택의 힘은 어떻게 생기는 것일까. 지금 여기에 머물러 있으면서 자신의 모습을 알아차리는 것이다. 나아가지 않고, 지금 여기에서 머물러 있는 것도 일종의 힘이다. 다음의 〈수업 후 성찰지〉를 보면서 이야기해 보자.

> 모둠 활동 때 제시되었던 읽기 자료(아이들이 읽고 이해하는 능력을 키우고 싶었다)를 보시고, 이규철 샘께서 이걸 역할극으로 해 볼 생각은 왜 하지 않았나라고 질문하셨다. 그때 나는 두렵다고 했다. 내가 그렇게 역할극 하는 것을 싫어하기 때문에, 아이들에게 그걸 시키고 싶지 않다고 했다. 그때 이규철 샘께서 "아이들을 믿지 못하는 건 아니냐?"라고 하셨다. 그땐 아니라고 대답을 했는데, 돌아와서 곰곰이 생각을 해 보니 그랬던 것 같다. '아이들이 좋아할까? 하고자 할까? 잘할까?'라는, 의심이 있었던 것 같다. 그래서 다음 날 모둠 발표를 하기 전에, 어제 내용을 상기하는 의미에서 "이걸 역할극으로 한 번 해 볼래?"라고 했더니 아이들의 반응이 완~~전 뜨거웠다.(김○○ 선생님의 〈수업 후 성찰지〉)

이 교사는 읽고 이해하는 능력 향상을 위한 활동지를 어떻게 학습시키면 좋을까를 고민하고 있었다. 글을 읽고 이해하는 공부는 교사가 아니라 학생들이 해야 하는 몫이다. 교사의 읽기 능력 향상이 아니라 학생들의 읽기 능력 향상이 일어나야 배움이 일어난다. 수업 교사는 수업 코치에게 역할극 수업에 대한 질문을 받자, 역할극 수업에 대해 두려움을 갖고 있다고 말했다. 교사 자신이 역할극을 싫어하기 때문에 학생들에게도 시키는 것이 싫다는 것이다. 내가 싫어하는 수업을 학생들에게 시키는 것은 부당하다는 메시지가 전해졌다. 과연 그럴까. "아이들을 믿지 못하는 것은 아닌가?"라는 수업 코치의 질문에 교사의 내면에서 성찰이 일어나고, 지금 여기에서 머물면서 아이들의 마음을 알아차리는 작업을 한다. 변화의 시작은 지금 여기에 머무는 작업에서 출발한다. 충분히 머물면서 내가 지금 어디에 있는지, 무엇을 하고 있는지, 그 상황이 나에게 어떤 의미로 다가오는지에 대해 성찰하는 여유를 가질 때 변화가 시작한다. 내가 가진 변화의 자원, 동력은 무엇이고, 지금 이것을 어떻게 쓸 수 있는지 알아차리는 것이 중요하다. 변화의 자원은 밖에 있지 않다. 수업 교사 자신 안에 있다.

내 수업 속 나를 만났다.

"선생님에게 긴장이 느껴져요." 수업 공개에 대한 긴장이 아닌 수업 자체에 대한 긴장감! 기본적으로 밝고 활동적인 수업을 좋아하는 성향 뒤로 긴장감을 감출 수 없었던 것이다. 맞는 말이다. 나는 수업에서 대부분 긴장을 한다. 그로 인해 경직되어 자연스러운 수업을 할 때 나올 수 있는 편안함과 창의성이 떨어지게 된다. 무엇보다 큰 문제점은 "왜 여기서 멈추셨어요? 왜 아이들에게로 더 들어가지 않았나요?"

여실히 드러난 아이들의 표정(하품, 어려움을 표하는 등)에 좌절감도 느꼈으나 거대한 장애물의 정체가 드러난 느낌이 더 컸다. 그 장애물을 문을 열고 통과해야 하는데 이제 더듬어 문고리를 잡고 열고 싶다는 생각을 코칭을 통해 하게 되었다.

나의 긴장으로 인해 아이들에게 더 들어가지 못했다. 그것은 어떤 두려움인가? '교실을 컨트롤해야 한다'라는 생각이 나를 지배했다. 아이들에게 깊게 들어가면 시간이 오래 소요되고 그러면 전체적인 통제력을 잃어버릴 것에 대한 두려움이 내면에 크게 있었던 것이다. 그래서 잠깐 눈앞에 있는 아이들이 활동하는 것을 좀 봐 주고 다음 구조로 넘어갔다. 아이들보다 구조가 앞서 있었던 것이다. 효율성에 아이들이 묻힌 것이다. 그렇다면 나의 긴장감의 정체는 어디에서 온 것인가?

과거 5~6학년을 맡으면서 리더십을 잃어버렸던 상처로 인해, 그래서 혹시 그 상태로 돌아갈까 늘 우려하고 있었던 것이다. 그 부분에서 회복이 필요했다. '내가 장악하지 않으면 아이들에게 장악된다'라는 불안감을 해소하는 것이 내게는 필요했다. 내면을 더 성찰해 보고 회복된 내면을 가지고 아이들을 만날 필요가 있는 것이다. (김○○ 선생님의 〈수업 후 성찰지〉)

진정한 변화는 '나'로부터 시작한다. 수업 교사의 변화는 수업에서 수업 교사 자신을 만나는 것이다. 익숙한 나-낯선 나, 현재의 나-과거의 나를 만나는 것부터 시작하여, 자신의 내면을 탐색하고, 본질적인 나의 모습을 직면하여 수용하고 인정해 주고 이해하는 과정을 거치며 자기 격려로 나아가야 한다. 이럴 때 질적으로 성숙해지는 변화가 일어난다.

4장

수업 코칭의
성격

수업 코칭의 성격을 '역사성', '비추기', '주체성', '피드백', '상호작용', '숙의' 측면에서 규정한다. 시제가 수업을 지배하는 관점에서 다루는 역사성, 수업 코치와 수업 교사, 수업하는 교사와 수업 친구가 공명하는 비추기, 스스로 문제를 탐색, 직면, 도전하려는 선택의 주체성, '수업의 고유성', '수업의 독특성'에 의미를 두는 피드백, 수업 코치와 수업자의 대화의 관계를 핵심적으로 보는 상호작용, 수업 공동체와 함께 고민하면서 풀어 가는 숙의. 이 장은 이러한 수업 코칭의 성격을 이해하는 시간이다. 수업 코칭은 연역적 방법이 아니라 귀납적인 흐름에서 정돈된다. 당위적인 것이 아니라 그럴 수도 있다는 탄력성에 있다. 그래서 본 장은 수업 코칭의 성격을 귀납적으로 정리하여 수업 코칭의 성격을 보다 잘 이해할 수 있도록 할 것이다.

01
역사성

　현재의 삶이 수업을 지배한다. 과거의 삶의 통제 속에 현재의 삶의 경험이 움직이고 있다. 과거의 목소리들이 현재의 수업을 지배하고 있다. 학생 시절 통제된 수업을 받았던 교사는 허용적인 분위기를 만들어 가려고 애쓴다. 수업의 공기를 바꿔 보려는 시도에서 나온 선택이다. 두려움에 떨던 수업에서 자유분방함이 넘치는 태도를 견지한다. 반대로 자유분방함 속에서 수업을 했던 교사는 엄격한 분위기를 조성하려고 노력한다. 교실은 현재 시제인데 과거의 목소리가 나를 지배하는 경우다.

　특히 내재된 과거의 두려움이 수면 밑에 깔려 있으면, 수면 위에 나와 현재의 교사를 통제한다. 그 쓴 뿌리를 알아차리지 않은 상태에서 수업을 진행하다 보니 여러 가지 상황에 직면했을 때 과거의 목소리에 의해 문제를 해결하려는 경향성을 보인다. 그런 상태에서 현재의 문제를 해결하려고 하고 현상에 집착한다. 결국 갈등의 골만 깊어가는 경우가 많아지는 것이다. 현재의 문제를 풀기 어려울 때는 과거로 돌아가라. 그곳에서 출발점을 다시 잡고 시작하라.

수업 코치 어떤 부분에서 울컥했나요? 궁금해졌어요.

수업 교사 선생님께서 본인 스타일과 비슷하다고 하시면서 공통적으로 아이들과의 관계를 말씀해 주실 때 울컥했어요. 평소에 그래도 아이들 얘기를 들어 주려고 했던 게, 솔직히 말하면 저는 회피동기라고 해야 할까요. 제가 어릴 때 답답했던 게 어른들이든 선생님이든 누구도 제 얘기를 안 들어 준다는 거였어요. 혼을 내더라도 얘기를 들어 줬으면 좋겠는데, 아버지도 엄격하시고 소통이 안 되는 느낌. 그래서 교단에 서면서 제 자신과 약속을 하나 했는데 '얘기를 듣자'였어요, 혼을 내든 칭찬을 하든 뭘 하든…. 그런 부분을 말씀해 주시고 그런 것 때문에 아이들과의 관계가 형성된 것 같다고 말씀해 주시니까 뭔가 보상받는 느낌도 들고요. 정말 진심으로 감사드립니다.

02

비추기

수업 코치는 수업을 하는 교사를 거울처럼 비춘다. 있는 그대로 인정해 주는 것이다. 비추기는 수업 코치와 교사, 교사와 교사가 공명하는 것이다. 서로의 울림판이 되어 주면, 작은 주파수가 서로 겹치면서 커다랗게 에너지 파동을 만들어 내듯, 비추기는 교사를 '행위적 대상'으로 보는 것이 아니라 '있는 그대로의 존재'로 '수용'하는 것이다.

수업 코치의 시선, 수업 교사의 시선 , 수업 친구의 시선, 이렇게 세 가지 시선으로 비추어 준다. 이럴 때 자기 성찰이 생기고, 격려와 지지가 생기며, 자기 이해와 타인에 대한 이해가 동시에 일어날 수 있다.

수업 교사 선생님이 보시기에는 괜찮은 것 같나요?
수업 코치 예. 일단 이 반과는 신뢰가 잘 쌓여 있어요. 마음 밭도 좋지만 선생님이 신뢰를 해 준다는 건 참 좋고. 그다음에 선생님이 긍정적인 에너지를 가지고 있다는 것을 애들이 눈치를 챘고, 그다음 선생님이 환한 미소로 아이들한테 가니까 친절하다는 느낌을 받는 겁니다. 애들이. 그래서 자기 얘기를 할 수 있었다고 봅니다. 그게 선생님의 매력이라고 볼 수 있어요. 그러니까 자기 매력을 자기가….

수업 교사 계속 살려야겠네요?

(중략)

수업 코치 가장 기억이 남았던 지점이 있다면?

수업 교사 애들에게 4개의 사진을 줬잖아요. 사진을 4개 주고 줄거리를 얘기하라고 그러면 다 비슷한 이야기가 나올 줄 알았어요. 그런데 좀 다르더라고요. 1, 2, 3, 4번 스토리가 달라요. 사진 배열은 똑같은데 스토리가 다른 게 좀 인상적이었어요.

03
주체성

　문제를 해결할 열쇠는 수업을 하는 교사가 지니고 있다. 수업 코치는 수업 교사가 스스로 자신의 문제나 고민을 해결하도록 돕는 동행자이자 안내자, 탐색가이다. 수업 코칭에서는 교사를 객체화 대상으로 보지 않는다. 주체적인 해결자, 능동적 고민자, 변화를 이끌어 내는 주체, 문제 해결의 자원을 소유한 역량자로서의 관점을 지지한다. 수업을 고민하는 교사로서, 타자의 힘에 의존하지 않고 스스로 문제를 탐색하고 직면하며 도전하려는 선택의 주체로서 보는 것이다.

　그러므로 당위적인 외부자의 시선으로 교사에게 변화를 요구하지 않는다. 변화는 타자의 시선에 의해서 수동적으로 일어나는 것이 아니라, 자발적인 자기 성찰을 통해서, 자기 질문이 내면의 역동을 일으킬 때 생겨날 수 있기 때문이다. 외재적인 동기가 아니라 내재적인 동기를 자극에 대한 핵심적인 반응으로 생각한다. 이런 과정에서 생긴 내면의 힘이 지속 가능한 목적의식을 만들어 내기 때문이다.

수업 코치 선생님 마음속에서 이해된 것은 어떤 거죠? 한두 문
장으로 뽑는다면?

수업 교사 사실 여기 있던 여러 가지, 궁금했던 것들의 본질은
마음속에 있는 게 아닌가, 나 스스로 용기를 내서 답을 찾는 거
지 그것을 남의 이야기를 듣고 하는 것은 어떻게 보면 속 편한
생각일 수도 있겠다는 생각이 들었어요. 남의 의견은 이런데
거기서 저울질하면서 이렇게 하고 싶어 하는 마음이 있지 않
았을까 라는 생각이 들고. 깊이 생각해 보니 저 스스로 못 찾을
고민은 아닌 것 같네요.

04

피드백

긍정하면 부정이 사라진다. 수업 코칭은 수업의 부정성이 아니라 긍정성에 초점을 맞춘다. 부정성을 부각해 바꾸려는 게 아니라, 긍정성을 부각해 부정성을 사라지게 한다. 비난, 평가, 비판 등의 차가운 시선으로 교사의 수업을 바라보지 않는다. 긍정과 의미, 격려와 지지 등의 따뜻한 시선으로 교사의 수업을 바라본다.

'긍정적인' 피드백은 단순한 칭찬과는 거리가 있다. 칭찬은 결과중심, 보상 중심에 초점을 둔다. 수업 코칭은 과정 중심, 존재 중심이다. 지적과 평가의 시선에서 격려와 지지로 패러다임을 바꾸려는 의지적인 실천이다. 수업은 삶이다. 모든 수업은 각자의 고유성이 존재한다. 동일한 수업 상황은 발생하지 않는다. 그래서 수업이 힘든 것이다. 동일한 내용을 가지고 수업을 해도 반마다, 교시마다, 학년마다 다르게 진행된다. 교사의 수업은 독립적 존재이다. 국가에서 제시한 성취기준을 가지고 수업을 해도 동일하게 수업을 할 수 없다. 수업은 삶이기 때문이다. 그 안에 수업을 하는 교사의 모든 것이 녹아 있다. 모든 교사가 걸어가는 삶은 동일하지 않다. 그것은 '수업의 고유성', '수업의 독특성' 때문이다. 수업은 복제품이 아니다. 그러므로 수업은 그 안에 담긴 의미성을 부각해서 긍정적인 피드백을 해야 한다.

수업 코치 제가 아이들에게 신경 쓰는 부분과 선생님이 신경 쓰는 부분이 굉장히 많이 겹친다는 느낌이었어요. 제가 수업을 하고 있는 듯한 느낌도 받았어요. 공개 수업에 대한 생각도 저하고 비슷한 부분이 많았어요. (중략) 저는 크게 세 가지 관점으로 봤는데 첫 번째는 선생님과 학생, 학생과 학생 사이의 관계예요. 정말 관계가 잘 이루어져 있다는 생각이 들었어요. 그게 잘 드러나 있는 부분이 처음부터 끝까지 선생님 표정이에요. 아까 시선에 대해 얘기하셨잖아요. 정말 따뜻한 시선으로 아이들을 바라보셨어요. 선생님께서는 중간에 놓친 아이들 때문에 자책을 하셨지만, 제가 봤을 때는 계속 한 아이도 놓치지 않으려고, 아이들과 가까이 접하려고 하다 보니 그렇게 되었다라고 생각해요. 아이들의 말을 아주 잘 경청하시는데, 평상시에도 경청을 잘한다는 느낌, 그리고 그렇게 아이들의 말을 놓치지 않고 경청하고 또 반응을 해 주고. 그래서 아이들이 선생님을 믿고 선생님은 우리 말을 다 들어 주신다, 내 대답이 좋든 안 좋든 뭐든…. 소중하고 가치가 있는 것들이라는 느낌의 메시지를 계속 아이들에게 주시는 것 같았어요.

05

상호작용

수업 코치와 수업 교사는 정서적이고 인지적인 관계를 중심으로 문제를 다룬다. 질문과 의문을 통한 내면 탐색의 상호작용을 한다. 수업 코칭은 일방향으로 흐르지 않고, 쌍방향을 지향한다. 수업 코치는 결코 교사를 가르치지 않는다. 수업 코칭은 가르침(teaching)이 아니라 경청(listening)이기 때문이다. 수업 코치와 교사는 관계 중심적이므로 상호작용을 한다. 상호작용은 희로애락의 정서를 나누기도 하고, 생각을 교환하기도 한다. 상호 교류적인 작업을 한다.

수업 코칭에서는 수업 코치와 수업 교사가 대화적 관계를 형성하기도 한다. 의사소통의 매개체로 언어적 표현, 비언어적 표현, 반언어적 표현이 사용된다. 이런 표현들은 수업 코치와 수업 교사가 상호작용을 하면서 일어난다.

수업 코치 우리가 같이 나누면서 좀 더 해결하고 싶다거나 함께 고민하고 싶은 이야기가 있다면 어떤 걸까요?

수업 교사 발표할 때 아이들이 잘 들어 주는 분위기라고 하셨
잖아요. 제 욕심일까요? 저는 아이들이 좀 더 잘 들어 주었으면
좋겠어요. 어떻게 하면 아이들이 서로의 발표를 잘 들을 수 있
을까, 방법론적으로도 알고 싶다는 생각이 있습니다.

수업 코치 아이들이 충분히 잘 들어 준다는 것은 어떤 건가요?

수업 교사 '눈으로 본다'라고 표현을 하던데요. 정말 그 친구가
말할 때는 선생님이 말하듯이 그 친구에게 빠져드는 거죠. 내
생각을 적고 그 친구의 생각을 듣고 마음을 여는 건데, 어느 정
도 현실적인 부분에서 어렵다는 것을 알면서도 '좀 들었으면 좋
겠다'는 생각을 많이 해요.

06

숙의

숙의는 깊이 생각하여 충분히 의논하는 것이다. 수업은 복잡하다. 현상과 본질이 동일하기도 하지만 불일치하기도 하다. 문제가 반복되기도 하지만, 변형되어 심화되거나 이질적인 형태로 나타나기도 한다. 이런 복합적이고, 복잡한 수업의 문제를 교사 개인이 당위적으로 풀어 낼 수 있는 것이 아니라, 수업 공동체와 함께 고민하면서 풀어 가야 한다. 깊게 생각하고 함께 충분히 자신의 고민이나 문제를 꺼내 놓고 의논할 수 있어야 한다.

우리는 그동안 동료 교사의 수업을 '너'의 수업으로 봤다. '너'의 고민이고, '너'의 문제였다. 그러므로 '너'가 해결해야 하는 것이다. 이런 흐름이 지배적인 관점이었다. 수업 코칭은 이런 흐름에서 '너'의 문제를 '우리'의 문제로 전환해서 보자고 이야기한다. '너'의 수업 속에서 '나'의 수업을 발견하고 '우리'의 수업으로 변화하는 시선을 가지게 될 때 '숙의'할 수 있는 마음의 여유를 가질 수 있다.

수업 친구1 지금 (수업하는) 선생님은 너무 멋있어요. "교실에서의 수업은 내 삶의 모습이다. 그러니까 굳이 그것을 깰 필요 없는, 내 삶의 모습이 그대로 그 안에 담겨져 있는"이라는 선생님이 멋있어요. 아이들을 품고 사랑하고, 아이들의 모습 그대로 받아들일 때. 그렇죠? 그것이 이렇게 두 개로 분리되는 게 아니라 하나 된 내 모습인 거죠.

수업 친구2 아이들의 삶까지 이렇게 같이 이야기하고 그것을 또 미술로 연결시키면 아이들에게는 정말 행복한 학교생활이 될 것 같아요. 또 선생님도 자신만의 틀을 가지고 있었는데 그것이 진짜 나의 삶과 만나면 교실 안에서 더 행복해지는 것 같아요.

수업 친구 3 아름다움을, 아름다움의 권리를 찾아 주는 수업, 그것이 진정한 수업이 아닐지요. 조물주가 창조하신 창조의 비밀 같아요. 아까 선생님이 "미술은 일상에서 항상 만날 수 있는, 어려운 것이 아니다."라는 말씀이 좋았어요. 늘 접하는 것, 그 아름다움들. 아이들이 그것을 향유하면 행복할 것 같아요. 그것을 언제든지 교실에서 또 만날 수 있게 해 주는 것, 그것이 선생님의 생각이라는 것이 인상적이었어요. 아이들도 아름다울 수 있구나 하고 아름다울 수 있는 권리를 주는 것이 중요하고요. 그런데 그동안 우리는 그렇지 못 했으니 고민하고 바꿔야 되겠다는 생각이 들더군요.

수업 코치 세상에 많은 비밀 중 하나가 사실 아름다움이죠. 숨겨진 아름다움들. 우리는 그 아름다움을 모르고 그냥 지나치는 것 같아요. 아이들도 바쁘게, 선생님들도 바쁘게. 그런데 그 아름다울 수 있는 권리를 찾아 주는 것. 그것이 교사가 꿈꿔야 되는 가장 궁극적인 수업의 목표, 목적이 아닌가라는 생각이 들었어요. 선생님이, 참 키워드를 찾는 게 힘든데, 찾았구나 하는 생각도 들고요. 그리고 앞으로 우리에게 아름다울 권리를, 행복할 수 있는, 또 아름다운 수업 코칭을 할 수 있는 그것을 좀 주신 것 같다는 생각이 들었어요.

5장

수업 코칭의
기예

'공감', '질문', '대화'는 수업을 이해하기 위한 '경험적인 기예'이다. 공감, 질문, 대화는 수업 코칭을 실행하는 과정에서 성장하기 위해 지속적으로 사용된다. 수업 코칭을 위해서는 이러한 기예를 사용할 수 있는 능력이 필요하다. 수업 코치는 개방적인 전문가다. 여기에서 전문가란 수업 코칭 기예를 자연스럽게 사용할 수 있는 수업 코치를 지칭한다. 이런 기예를 적절한 시기와 대화 맥락에서 사용하기 위해서는 훈련을 받아야 한다.

공감, 질문, 대화는 상호 보완적이며 서로 연결되어 작동한다. 역동적인 깨달음이 일어나도록 돕는다. 그래서 자신의 몸에 항상 지니고 다녀야 하며, 언제든지 꺼낼 수 있도록 민감성을 길러야 한다. 창조적인 기예로서 공감, 질문, 대화는 수업을 이해하고, 수업 교사가 내면의 성장을 할 수 있도록 돕는다. 그리고 자신을 깊이 만나고, 충분히 머물면서 자기를 이해하고 타인을 이해할 수 있게 한다. 그래서 수업 교사를 존재자로 만나게 해 준다.

01

공감

　수업 코칭은 공감으로부터 시작한다. 공감은 교사의 마음을 여는 메시지다. 수업 코치가 교사의 감정이나 요구를 적절하게 지각하고 반응하는 과정이다. 수업 촬영 영상을 함께 보면서 수업에서 교사에게 의미 있는 지점을 찾아 자존감을 높여 주고, 수업 속에서 어려워했던 지점을 알아차리고 이에 대해 질문을 한다. 수업 코치와 수업 교사의 관계 세우기는 바로 이 수업을 공감하는 것에서부터 이루어진다.

　공감이란 감정의 교류다. 상대방의 감정이나 생각을 읽어 낼 수 있는 능력을 말한다. 감정에 대한 판단이나 해석, 자기 경험에 의한 해설이나 평가를 해 주는 것이 아니다. 지금 여기[1]에서 일어나는 감정을 읽어 주는 것이다. 문제를 해결해 주려고 조언을 하는 것이 아니라 교사의 수업 장면에서 숨겨 둔 감정이 떠오르는 것을 알아차리는 것이다. 수업 코치의 현존을 이해하고, 감정의 허우적거림에서 벗어나서 교사에 대한 인정이 공감으로 나아가는 첫걸음이다.

① 수업 코치 자, 오늘 수업을 하셨는데, 소감을 한번 얘기해 보세요.

② 수업 교사 오늘 수업은 보시다시피 시와 노래 단원이에요. 이 수업을 준비하면서 고민을 많이 했어요. 이 단원은 시를 가지고 노래며 운율, 인상적인 표현 등을 가르쳐야 하죠. 지금 했던 이 반이 어제 블록 수업을 했어요. 〈오우가〉를 배우거든요.

③ 수업 코치 〈오우가〉요?

④ 수업 교사 예. 그래서 거기서 목표를 잡았던, 친구의 의미를 생각해 보고 인상적으로 표현해 보자. 그래서 제가 그 전날 새벽 5시 반까지 수업 연구를 했어요.

⑤ 수업 코치 오!

⑥ 수업 교사 예. '이 기회에 나도 한 번 새롭게, 수업을 디자인하는 능력을 길러 보자' 그랬는데, 제가 너무 욕심을 부린 거예요. 그 ○○○ 선생님 수업, '너를 섬겨라'라는 그런 부분도 활용하고 유안진의 〈지란지교를 꿈꾸며〉 뭐 그런 것까지 다 담으니까 애들이 너무 버거워하는 거예요. 2시간 블록 수업인데도. 90분 수업을 했는데 애들이 버거워하더라고요. 그래서 굉장히 허무했어요. 새벽 5시 반까지 준비하고 딱 1시간 반 자고 왔는데. 그래서 그다음에 3차시를 구성해야 하는데 구성할 의욕이 안 나는 거예요. 수업을 구성하는 것도 힘들고, 그리고 수업을 구성할 때 아이들에게 배움이 일어나도록 하는 그런 발문을 만드는 거. 그게 참 교사의 전문성인 것 같고, 또 그만큼 고민이 되는 부분이에요.

⑦ 수업 코치 ….

⑧ 수업 교사 그래서 어제는 '아. 이거 너무 버겁다. 이렇게 수

업을 꽉 차게 하는 건….' 그래서 허무해지면서 '하기 싫다!' 이런 생각이 들었어요. 우울해지기도 하고. (자신을 가리키며) 우울해요. 우울.[2]

수업 나눔에서 이루어진 대화를 보면, 교사는 시 단원을 교수-학습하는 방법에 대해 고민이 많지만 운율과 노래, 인상적인 표현 등에 대해 아이들과 이야기해 보려는 것을 수업목표로 삼았다. 그리고 자신이 수업목표로 설정한 '친구를 인상적으로 표현하기'에 대하여 새벽까지 수업 연구를 했다는 것을 강조하면서, 자신의 고민이 어느 정도까지 깊었는지 인식해 주기를 기대하고 있다. 그렇다면 왜 교사는 이런 부분까지 이야기했을까. 교사는 열심히 고민을 했지만 수업에서 아이들에게 배움이 일어나지 않고, 수업 내용을 버거워하는 것 같자 허무함을 느꼈다. 아이들에게 배움이 일어나는 질문 만들기와 수업 구성하기에서 어려움에 봉착하고, 수업의 분량을 어떻게 적절하게 조정할 것인가에 대해서도 고민이 많다. 이때 수업 코치가 교사의 마음을 이해하고 지지를 보내면 다음과 같은 수업 나눔의 단계로 나아갈 수 있게 된다. 협력적인 의사소통과 관계 맺기는 수업 코칭을 위해선 필수적이다.

⑨ 수업 코치 이 수업에서 선생님이 생각하는 강점이 뭐였던 것 같아요? (중략)
⑩ 수업 교사 어…. 아까도 말씀드렸듯이 아이들이 시를 자기의

삶과 연결해서 보기를 원했어요. (중략) 그래서 시를 감상하고 써 보고 이런 것들을 좀 자연스럽게 편하게 하면서, 또 이 세상을 보는 시각들이 그렇게 시를 보듯이, 시를 써 보듯이 보기를 원하는 그런 마음이었어요.

⑪ 수업 코치 그게 훌륭한 것 같아요.

⑫ 수업 교사 아, 어떤 면에서 훌륭하다고 생각하세요?

⑬ 수업 코치 그러니까 그러면 애들이 로그인이 된다고 생각하잖아요? 로그인이.

⑭ 수업 교사 예예.

⑮ 수업 코치 이렇게 딱 클릭해서?

⑯ 수업 교사 (고개를 끄덕인다.)

⑰ 수업 코치 제가 아이들과 얘기를 좀 많이 했어요. "시가 어렵니?", "어렵지 않아요.", "왜 안 어려웠어? 난 시가 어려운데. 나는 시가 어려운데 왜 애들은 안 어렵지?" 했던 게, 그동안 아이들을 시와 만나게 해 주는 여러 가지 진입로, 디딤돌이 있었기 때문에 시를 '쉽다'고 생각한 게 아닐까요.

⑱ 수업 교사 맞아요. 영상 자료라든지 읽기 자료 등을 아이들 입장에서 이해하기 쉽고 또 표현하기 쉽게 하는 것들을 계속 찾아내고 또 피드백을 하는 게 굉장히 중요하다고는 생각해요.

⑲ 수업 코치 그렇죠. 그런 의미에서 그 진입로를 한 번 살펴볼까요. 왜 시가 쉬웠을까? 선생님이 생각하는 (영상을 재생한다.) 그 배움의 진입로를 보면, (영상을 잠시 보다 멈추고) 아이들에게 어떤 배움이 있었는가, 선생님의 가르침과 배움이 어떻게 같이 일어나는가, 다르게 일어나는가, 그걸 중심으로 봐야 할 것 같아요. 지금은 애들의 활동을 중심으로 보지요. (영상을 재생한다.)

수업 교사는 ⑩의 수업 나눔에서 아이들이 시를 삶과 연결 지어서 보기를 원한다. 이것은 다음 수업 나눔에서 잘 나타나 있다. "시를 감상하고 써 보고 이런 것들을 좀 자연스럽게 편하게 하면서, 또 이 세상을 보는 시각들이 그렇게 시를 보듯이 시를 써 보듯이 보기를 원하는 그런 마음이었어요." 교사는 자신의 고민에 대한 공감을 원하고 있다. 수업을 위한 교사의 고민 지점이 어디인지 수업 코치가 알아 주라고 메시지를 전하고 있다. 이때 수업 코치는 ⑪ 수업 나눔에서 '훌륭하다'며 의미를 부여하는데, 교사는 추상적인 정서적 공감보다 구체적인 사실에 근거한 공감을 원한다. 수업 나눔 ⑫에서 "아, 어떤 면에서 훌륭하게 생각하세요?" 라고 수업 코치에게 되묻는 상황을 볼 수 있다. 단순히 '잘했어요' 라는 메시지로는 교사의 마음을 열지 못한다. 피상성에 머무는 공감은 교사의 마음을 불편하게 만들 뿐이다. 그렇기 때문에 수업 나눔 ⑰에서 "나는 시가 어려운데 왜 애들은 안 어렵지?" 했던 게 아이들을 시와 만나게 해 주는 여러 가지 진입로, 디딤돌이 있었기 때문에 시를 '쉽다'고 생각한 게 아닐까요."라는, 사실을 근거로 수업에서 교사의 의미를 되새겨 준다. 이렇듯 사실적 근거에 의한 공감은 교사가 구체적으로 어느 지점에서 학습자의 배움을 돕고 있었는지를 인식시켜 준다. 이것은 수업 나눔 ⑱에서 "영상 자료라든지 읽기 자료 등을 아이들 입장에서 이해하기 쉽고, 또 표현하기 쉽게 하는 것들을 계속 찾아내고 또 피드백을 하는 게 굉장히 중요하다고 생각해요."라는 자기 성찰과 각성으로 나타난다. 자신의 수업목표가 무엇이었는지, 수업 디자인을 어떻게 했는지, 수업의 의도를 재인식하게 되는 동기를 마련해 준 것이다.

02
질문

수업 코칭의 핵심은 질문이다. 어떤 질문을 하느냐에 따라 수업 교사가 자신에 대해 성찰하기도 하고, 거부나 거절을 하기도 한다. '언제, 어떻게, 왜, 무엇을, 누가'라는 질문을 가지고 수업 코칭을 해야 한다. 질문은 문제를 바라보는 관점이고, 고민을 해결하는 핵심 단어다. 어떤 질문들을 해야 하는지 궁금할 것이다. 그런데 질문은 유형으로 암기를 하거나 패턴대로 해서는 안 된다. 질문은 기예로서 의미가 있을 뿐이다. 이것은 만능열쇠가 아니다. 질문의 마스터키는 '진실한 마음'이다. 교사의 수업을 궁금해하고, 호기심 어린 모습으로 바라보는 시선. 이런 시선이 마음의 빗장을 열게 한다. 수업을 끝낸 후에 수업 코치가[3] 교사와 수업에 대해 대화를 하는 사례를 살펴보자.[4]

① 수업 교사의 마음을 여는 말, 또는 수업 교사에 대한 인상을 수업으로 연결하는 질문

수업 코치 수업에 들어오기 전 이야기를 나눠 봤는데 상당히 '마음이 따뜻한 선생님이다'라는 것을 느꼈습니다. 그 따뜻한 마음이 어떻게 수업에서 잘 녹아날까 궁금했습니다.

② 전체적인 소감을 나누는 질문

수업 코치 오늘 수업에 대한 느낌은 어떠셨어요?

수업 교사 오늘 수업은 생각했던 방향으로 잘 갔던 것 같은데, 안타까운 점은 애들이 종이 건축물을 만들고 나서 시간을 여유 있게 많이 갖고 한 명씩 자기가 해 봤던 것들을 발표했으면 좋았을 텐데, 생각보다 시간이 오래 걸렸고 정해진 시간 안에 수업을 마치려다 보니까 그것을 못 해서 아쉬웠습니다.

③ 수업 교사의 감정 읽어 주기 질문

수업 코치 그런 점에 아쉬움이 남으신 거네요. 아이들과 하나씩 살펴보지 못한 게?

수업 교사 네. 그 부분만 가지고도 몇 시간 동안 아이들과 충분히 나눌 수 있는 거리가 많은데, 그걸 그냥 한 시간 안에 끝내려고 욕심을 내지 않았나….

④ 수업 교사의 의도를 탐색하기 위한 질문

수업 코치 수업 중에 욕심을 덜어 낸다면 어떤 부분을 덜어 내고 싶으세요?

수업 교사 앞뒤 부분 다요! 영화 〈건축학개론〉 같은 부분은 조금은 꾸며진 내용이었어요. 동기유발로만 했어도 됐는데…. 앞뒤 내용을 가급적 다 빼 버리고 미션 주고 만드는 것만 가지고 수업을 하고 싶다는 생각이 들었습니다.

⑤ 수업 교사의 의도 확인하기(내용 확인하기는 단순한 요약이
아니라 질문으로 한다.)

수업 코치　앞뒤 부분을 빼고 핵심적인 것만, 즉 아이들이 구조
물을 쌓아 올리는 경험을 하게 해 주고 싶었다는 말처럼 들리
네요. 그 부분을 더하고 싶은 마음이나 의도가 있다면요?

수업 교사　항상 보면 교사가 앞에서 수업을 하고 있으면 애들은
듣기만 하는 방관자 같은 느낌을 받아요. 평소 소외받거나 외
톨이, 수업에 관심 없는 아이들이 많은데 그 시간만큼은 이 활
동을 통해 아이들이 수업의 주인이며 패배의식을 느끼지 않고,
공부 잘 한다고 잘 만드는 것이 아니니까 성취감을 느꼈으면
하는 그런 마음이 들었습니다.

⑥ 감정을 공감해 주고, 학생들의 활동 목표를 확인하는 질문
을 실시하여 수업 교사의 가르침 탐색

수업 코치　뒤처지거나 앞서는 아이 없이 모두가 참여하게 하고
싶은 마음이 선생님 안에 있네요. 아이들은 이런 활동을 통해
서 무엇을 경험할 수 있을까요?

수업 교사　저는 핵심 딱 세 가지만 얘기하고 싶었어요. 건축의
3대 요소를 주로 이야기했었는데 구조의 중요성을 얘기하면서
끌어 내리려고 했던 것은, 재료는 같지만 만든 사람에 의해서 달
라질 수 있다, 너희들이 지금은 다 똑같은 모습일지 몰라도 너
희들이 만들어 가는 과정을 통해 달라질 수 있다는 것을 말하
고 싶었어요.

⑦ 요약 후, 가정 질문으로 수업 교사의 가르침 배경 탐색

수업 코치　활동으로 끝나는 것이 아니라 아이들이 구조물을 만

드는 활동이 바로 세상과의 연결이라는 거죠? 만약 이 수업을 다시 하신다면?

수업 교사 건축의 3대 요소인 '미', '용', '강'에 대해 바로 설명하고 오늘은 '강'에 대해 알아보자고 하면서 미션을 제시하고 수행하는 과정으로 진행할 겁니다. 그리고 다음 시간에 건축의 아름다움과 쓸모에 대해 알아보는 거죠.

⑧ 수업 교사의 대담을 명료화해 가르침의 의도를 초점화함

수업 코치 선생님이 말씀하셨던 그 부분이 궁금한데, 여기서 끝나는 게 아니라 생활과 연결시키고 싶다고 저한테 말씀하셨는데, 그 부분을 연결시킨다면 어떻게 하실 건가요? 삶의 무게? 그 부분을 생각한 이유가 특별히 있나요?

수업 교사 평소 애들이 측은해 보여 안타까워요. 문제 푸는 기계가 되어 가는 것 같아 불쌍하게 느껴지기도 하고. 즐길 수 있고 자기가 자기를 바라볼 수 있고 자기도 소중한 존재라는 걸 느꼈으면 해요. 오늘 종이 모형물을 만들어 보았더니 다른 친구들보다 '많이 쌓았더라. 나도 나를 쌓고 다듬다 보면 잘 될 수 있다.'라고 생각했으면 좋겠어요.

⑨ 수업 교사의 의도를 탐색해 가르침의 의도를 파악하고 교사가 가지고 있있던 수업 방해 요소를 찾아냄

수업 코치 그 얘기는 '수업을 통해 나도 소중한 존재다.'라는 것을 느꼈으면 하는 바람이었네요. 그런데 그 부분이 아쉬움이 많이 남는다는 건가요?

수업 교사 네. 그런 얘기를 많이 못했던 것 같아요. 이론적인 얘기만…. 체험했다 끝! 다음 주에 다시 얘기해 보려고 합니다.

⑩ 학생 인터뷰(필수 사항은 아니다. 수업 코치의 판단에 따라서 수업 교사와 대화할 때 선택해서 할 수 있음. 학생의 시선으로 수업을 비추는 작업, 수업 교사의 가르침의 의도와 학습자 배움의 일치, 불일치를 탐색하기, 학생 인터뷰를 실시해 수업 교사의 의도와 일치하는 경우는 수업의 의미를 비추는 대화로 이어 감.)

수업 코치 구조물을 자기의 삶과 연결시키기를 원하셨던 거네요. 제가 학생 2명과 인터뷰했습니다. 선생님이 "너의 질문에 오늘은 대답하지 않을 거야."라고 했던 세훈이 친구와, 반장과 구조물을 다 쌓았던 친구 승태. 그런데 세훈이가 의외의 반응을 보였어요! (학생 인터뷰 영상을 함께 확인한다. 다음은 영상에 있는 수업 코치와 학생의 대화 내용이다.)

수업 코치 오늘 수업을 듣고 난 소감은?

학생 건축물을 보고 나니 지금은 아파트에 살고 있는데 나중에 여유가 되면 김병만 집처럼 짓고 싶어요.

수업 코치 첫 번째, 두 번째 선생님이 세훈이 얘기를 잘 들어 주지 않았는데 기분이 어땠어요? 마지막에 세훈이 얘기를 잘 들어 줬을 때 느낌은? 오늘 선생님에게 하고 싶은 얘기는?

⑪ 수업 교사의 학생들과의 관계 탐색

수업 코치 세훈이 얘기를 듣고 나서 느낌이 어떠신가요?

수업 교사 사실 평소에 수업할 때는 더 짓궂은 장난, 농담도 많이 해요. 평소에 관계가 형성되어 있으니까 한 건데, 이렇게 들어 보면 혹시나 애가 내가 무의식중에 한 행동에 기분이 안 좋을 수도 있겠구나, 웃자고 한 행동인데 오해가 있을 수도 있겠다는 생각이 듭니다.

⑫ 수업 교사의 행동 패턴 탐색

수업 코치 오늘 혹시 그런 행동이 또 있으셨나요?

수업 교사 오늘은 세훈이 말고는 특별히….

⑬ 수업 교사가 가지고 있던 방해 요소 탐색

수업 코치 평소 세훈이에 대한 느낌은 어때요?

수업 교사 좋아요. 세훈이뿐 아니라 제가 남학생들을 많이 좋아해서 자연스럽게 스킨십도 합니다. 바랄 것도 없이 좋은 상태예요. 다만 여학생들과는 안 친한 것은 아닌데 보이지 않는 간격이 있어 어려움이 있습니다.

⑭ 학생들을 대상으로 한 설문 내용을 수업 교사가 직접 읽으며 학생들의 시선으로 자기를 이해하게 함

수업 코치 학생들에게 설문지를 돌렸는데, 선생님에 대해 쓴 게 있습니다. (설문 읽어 주기) "우리 선생님은 친구 같다. 농담도 잘 하시고 우리들의 마음을 잘 알아 준다. 재미있는 선생님 수업 시간에 자본 적이 없다.", "존경하는 선생님, 인상 깊은 선생님, 친구처럼 잘 지낸다. 수업 시간이 은근히 기대된다.", "내가 세상에서 제일 좋아한다. 진짜 친절하시고 기술 수업도 재밌게 가르쳐 주신다.", "블랙홀이다. 수업에 끝없이 빠져들기 때문이다."

⑮ 단어의 명료화 작업. 핵심 단어를 다시 한 번 탐색해서 명료화하는 질문

수업 코치 어떤 부분에서 위안이 되셨나요?

수업 교사 저는 애들하고 티없이, 허물없이 지냅니다. 애들이

알 수도 있고 모를 수도 있는데, 종례를 하고 나서 청소 상태가 맘에 안 들어 애들한테 다시 시켰어요. 다시 시켜도 맘에 안 들어서 개학하고 나서 3월부터 지금까지 거의 매일 남아서 청소를 다시 합니다. 그러면서 가끔씩 생각해요. 내가 누구를 위해서 하는 건가, 내가 청소한다고 애들이 알까…. 그리고 항상 아침에 제일 먼저 등교해서 아이들을 기다리고 있거든요. 왜 해야 하나 하면서도….

⑯ 교사의 대화 내용 요약하기(질문 형태를 수업 코치가 자신의 느낌으로 바꾸어 말하기로 변환함: '~라는 마음이 드시네요.')

수업 코치 아이들을 위해서 청소도 하고 아침에 일찍 와서 문도 따고, 그런 점이 많이 힘드셨겠네요. 그런데 아이들이 선생님의 그런 모습을 보고 "존경하는 선생님이다." 그런 얘기를 했어요. 선생님께서 뿌린 씨앗들을 거둔 게 아닌가. 아이들이 안 본 것 같아도 다 보고 있었구나, 그런 마음이 드시겠네요?

⑰ 확인 질문하기

수업 코치 본인이 열심히 하는 것에 대해서 아이들이 인정해 주기를 바라시나요?
수업 교사 인정보다는 애들이 '선생님도 사람이다. 사람인데 단지 앞에 있는 자리에 있어서 뭔가를 전해 주는 사람일 뿐이다.'라고 생각해 줬으면 하는 거죠. 성향 자체가 애들과 어울리는 걸 너무 좋아해요. 애들한테 사랑을 주고 싶고.

⑱ 수업 코치의 공감하기. 자신이 받은 느낌을 수업 교사에게

솔직하게 이야기함

수업 코치 저는 그 말이 마음에 남는데요. '선생님도 사람이다.' 나도 실수를 하고 나도 힘들어 하고 나도 사랑받고 싶고 그런 마음이 있다. 그런 마음을 아이들에게 표현해 본 적이 있나요?

수업 교사 담임교사라 7반 수업이 젤 힘든데, 담임교사가 친근해서 수업의 경계를 모르는 데다 화를 잘 내지 못하기 때문에 수업 중 떠들고 놀 때 이렇게 얘기합니다. "선생님이 너희들끼리 떠들고 노는 거 이해 못 하는 건 아닌데 수업에서 그렇게 행동하니까 내 마음이 힘들다." 아이들도 다 컸고, 인정하고 싶은데 이런 경우에 많이 답답합니다.

⑲ 수업 교사의 고민을 탐색하는 질문

수업 코치 오늘도 혹시 수업하면서 답답하고 불편했던 적이 있었나요?

수업 교사 오늘 수업에서는 애들이 크게 의식을 한 것 같아요. 그런데도 앞쪽 친구들은 계속 장난치고 놀았어요. 제지를 시켰어야 했는데 못 해서, 앞에 활동을 그만하고 넘어가자고 했을 때 재미있고 신나면 그것만 하려고 합니다. 수업 중 주제가 바뀔 때가 가장 어려워요.

⑳ 수업 교사의 일상적인 수업에서의 일치, 불일치 모습을 탐색하는 질문

수업 코치 평소에는 보통 어떻게 하시나요?

수업 교사 평소에도 이런 식으로 주제가 바뀌면 자극을 주기 위해 동영상이나 사진을 많이 보여 줍니다. 제가 말로 하는 것보다 강의 영상을 넣으면 떠들다가도 집중을 하니까요. 또 애들이 그걸 통해 뭔가를 생각할 때쯤 제가 또 이야기를 풀어 가는 식으로 수업을 하죠.

㉑ 수업 교사의 의도를 이해하기 위한 질문

수업 코치 오늘 수업에서 2개의 영상을 쓰신 이유가?
수업 교사 네. 주제가 바뀌기 때문에 아이들을 집중케 하려고 썼습니다.

㉒ 가정 질문으로 수업 교사가 자신의 모습과 만나게 함

수업 코치 만약에 그게 없었다면 어려움이 있었겠네요.
수업 교사 오늘 수업은 아이들이 의식을 했으니까 그렇지만 평소였으면 어려웠을 것 같아요.

㉓ 교사 스스로 자신의 고민을 해결하도록 돕는 직관적 성찰 질문

수업 코치 수업 주제와 맞는 동영상이 없을 수도 있고, 그럴 때는 어떻게 하나요?
수업 교사 요즘 들어 깨달은 것이 있어요. 동영상으로 수업의 주제와 관련된 이론적인 이야기를 전해 줄 때도 반응이 좋지만 수업과 관련된 제 삶의 이야기를 해 주면 아이들의 반응이 훨씬 좋더군요. 아이들이 집중하는 느낌을 받았을 때 자연스럽게 수업으로 다시 넘어갑니다.

㉔ 수업 코치의 궁금함을 질문으로 이끌어 내는 장면(수업 코치의 가르침이 아니라 수업 교사가 갖고 있을 만한 궁금함을 '질문으로 바꾸어 말하기'를 함)

수업 코치　오늘 수업에서 선생님의 이야기를 넣어서 아이들이 배움으로 들어올 수 있는 지점들이 있었을까요? 오늘 이런 질문을 했다면 어떨까요? "너희들이 만약 집을 짓게 되면 어떤 집에서 살래?"라고는 물었지만 나는 어떤 집에서 살고 싶다는 얘기를 안 하셨어요. 아마 들어간다면 그 부분에서 아이들이 귀를 기울이지 않았을까요?

㉕ 수업 교사가 생각하는 대상의 의미를 탐색하는 질문

수업 코치　선생님은 어떤 집에서 살고 싶으세요?

수업 교사　월드컵경기장처럼 지면보다 약간 낮게 들어앉은 원형 형태의 집인데, 옥상과 언덕의 구분이 없으면서 생활 공간이 그 안에 있는 집에서 살고 싶어요.

㉖ 수업 코치는 수업 교사가 알지 못했던 고민을 '교사 스스로 해결하는 질문'으로 이어 감.

수업 코치　특이한 집이네요. 그런 얘기를 애들에게 했다면 어땠을까요?

수업 교사　훨씬 좋아했을 것 같아요. 애들은 저 자신을 오픈해서 보여 주는 것을 더 좋아하고 들으려고 하더라고요.

㉗ 수업 코치가 심층적인 질문으로 수업 교사의 깨달음을 이끌어 냄(깊이 질문하기)

수업 코치　왜 교과와 선생님의 이야기를 연결하면 애들이 좋아할까요?

수업 교사　교과가 딱딱해 보였는데 선생님이 얘기해 주면 친근해져서 그런 거 같아요. 이미지가 교과가 배워야만 하는 내용이 아니라 선생님이 경험한 것처럼 나도 겪을 수 있는 거구나라는 생각을 하는 것 같아요.

㉘ 수업 코치가 수업 교사의 대화 내용을 바탕으로 요약해서 바꾸어 말하기(명료화 작업)

수업 코치 배움으로 들어오는 경로는 여러 가지가 있을 텐데요. 교과서와 선생님이 분리된 게 아니라 함께했을 때 배움이 더 의미 있지 않을까 하는 생각을 하게 되네요.

㉙ 해결 과제와 미해결 과제의 명료화(질문하기)

수업 코치 오늘 저와 이야기를 나누면서 명료하게 남는 단어가 있다면 무엇인가요?

수업 교사 두 가지가 있는데요. 첫째는, 배움으로 아이들을 초대하는 것. 둘째는, 내가 살고 싶은 집을 나누는 것이 마음에 남네요. 배움이 일어날 수 있도록 초대하는 과정이 잘 설계되어야겠다, 또 나만의 경험, 이야기 등을 어떻게 솔직하고 진솔하게 풀어 나가야 할까를 숙제로 안게 되었네요.

㉚ 적용하는 질문 – 수업 교사의 평소 수업 패턴을 인식하게 하고, 탐색해서 명료화하는 질문

수업 코치 왜냐면 아이들이 선생님을 좋아하고 관심이 많거든요. 아이들은 사람한테 관심이 많아요. 건축 공간을 새롭게 창조하는 것처럼 수업도 그렇습니다. 그렇다면 선생님에게 수업은 무엇인가요?

수업 교사 관계를 만들어 가는 것입니다. 시간에 쫓겨 제 얘기를 많이 안 했던 버릇이 있어요. 제 시간 안에 많은 걸 전달하

려다 보니 욕심이 많았던 것 같아요. 기술, 가정이 영어와 수학에 비해 아무렇지 않은 과목이라는 인식이 아이들 사이에 많은데 그걸 깨 보려고 주로 이론적으로 접근을 했기 때문에 제 얘기를 많이 못 했습니다. 수업은 아이들과의 관계를 좀 더 만들어 가는 시간이 아닌가 하는 생각이 드네요.

㉛ 명료화된 작업을 다시 확인하는 질문(내면화하기)

수업 코치 선생님에게 수업이란 무엇인가를 한 문장으로 정리한다면?

수업 교사 수업은 관계다.

㉜ 초점화하는 질문

수업 코치 무엇을 만들어 가는?

수업 교사 그 무엇이라는 게 정의가 안 되었으면 좋겠습니다. 그 안에서 신뢰감이 형성될 수도 있고 여러 가지를 만들어, 쌓아 가는….

㉝ 바꾸어 말하기- 재개념화 작업

수업 코치 그게 제 마음속에 와 닿는데요. 관계라는 것은 무엇인가를 쌓아 가는 것이다.

수업 교사 결론은 무엇인지 모르는데 학기 말에는 뭔가가 남아 있는 그런 거요.

㉞ 수업의 목적 명료화(느낌 말하기)

수업 코치 건축의 구조물처럼 얼기설기 쌓아 가는 그런 것을 남기고 싶어 하는 마음이 있으시네요.

㉟ 수업 교사를 성찰하게 하는 질문

수업 코치 선생님들의 이야기를 들어 보니 어떤 생각이 스쳐 지나가나요?

수업 교사 욕심을 많이 부렸던 것 같아요. 하나만 가지고도 잘할 수 있었는데 아쉽네요.

㊱ 수업 교사가 인식한 내용 정리하는 질문

수업 코치 수업 나눔에 대한 선생님의 소감은?

수업 교사 좋은 것 같아요. 항상 38명을 대상으로 저만 수업을 계획하고 해 보고 했는데, 그러면 좋은지 나쁜지를 모르잖아요. 여러 사람이 봐 주면 다음에는 더 좋은 수업 방향을 찾아갈 수 있을 것 같습니다.

03

대화

　수업 코칭의 핵심은 수업 나눔이다. 그리고 수업 나눔의 꽃은 대화다. 대화는 둘 이상이 공동체를 이루어 발화하는 활동이다. 수업 코치는 수업 교사와 수업 나눔을 하면서 '수업 코칭 대화 모형'으로 대화를 할 수 있다. 수업 코칭은 대화로 시작하고, 대화로 끝난다. 그래서 수업 대화에는 전략이 필요하다. 탐색 단계는 수업 코치가 수업 교사의 고민이 무엇인지, 어떤 문제를 해결하고 싶은지 욕구를 찾아가는 과정이다. 이때 표면적으로 드러난 문제, 즉 수업 코치와 수업 교사가 동의한 고민부터 이야기를 한다. 수업 코치와 수업 교사의 의견이 일치된 문제를 집중적으로 탐색한다. 탐색 단계에서는 여러 가지 궁금한 내용을 확인하며 대화한다. 이해되지 않는 부분에 질문을 할 수 있다. 수업 코치가 오해한 부분이 있다면 충분히 이해하고 넘어가야 한다. 이러한 일련의 과정을 정리하면 다음과 같은 그림으로 도식화할 수 있다. 이를 수업 코칭 대화 모형으로 명명한다.

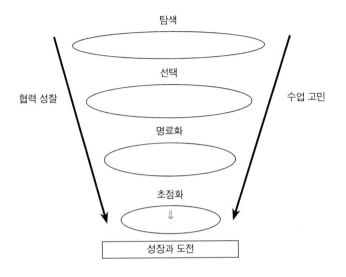

탐색

선택

협력 성찰   수업 고민

명료화

초점화

⇓

성장과 도전

〈장면1〉[5]

수업 코치　화면으로 보니까 아이들 분위기가 참 좋은 것 같아요. 수업 끝나고 어떠셨어요?

수업 교사　힘들었어요.

수업 코치　어떤 점이 힘드셨나요?

수업 교사　아이들이 산만해져서 제가 많이 긴장했던 것 같아요. 수업 끝나고 아이들을 야단 쳤어요. 두레 활동을 할 때 자기 소리만 크게 내고 서로 화합하지 못하는 점에 대해 많이 야단을 쳤어요. 그래서 두레 활동에 대해 고민이 되는 거예요. 이 활동을 그렇게 많이 하진 않았지만 특별히 평화에 대한 수업을 할 때 많이 집어넣었는데, 아이들한테 두레 활동에 대한 충분한 계기나 연습 없이 진행했기 때문에 제가 나중에는 내 탓이라는 생각이 들었는데 그런 모습이 계속 거슬리더라고요. 그래서 속상했고 아이들을 야단친 게 힘들었어요.

수업 코치　아이들이 조용히 소곤소곤 얘기해야 되는데 생각보다 시끄럽게 떠들면서 하는 모습이 불편하셨다는 얘기군요.

선택 단계에서는 수업 코치가 교사의 고민이나 어려움, 문제 해결 욕구가 무엇인지를 알아차리고 방향을 설정해야 한다. 산을 오르는 데는 여러 가지 경로가 있다. 그중에서 최고가 아닌 최선의 선택을 한다. 수업 코치가 알고 있는 부분을 중심으로 수업 교사가 알고 있지 않는 부분을 내러티브로 이끌어 낸다. 이 단계에서는 수업 코치의 궁금증이 필요하다. 그래서 실험을 할 수도 있다. 실험이란 어떤 연구 대상을 놓고 일정한 조건을 만들어 준 다음 어떤 현상이 일어나는지 관찰하는 일을 말한다. 실험의 주된 목적은 어떤 가설(어떤 사실을 밝히기 위해 가정으로 내세운 이론)을 관찰하여 증명하는 데 있다. 수업 교사의 잠재된 자원을 가지고, 교사를 신뢰하면서, 교사가 알아차리지 못하는 영역의 고민이나 문제를 이끌어 내는 것이 수업 코칭의 목적이다. 이런 관점에서 선택 단계는 수업 코치에게 도전의 영역이다.

〈장면2〉
수업 코치　선생님이 앞에서 이런 얘기를 하셨어요. "여러분은 언제 평화로워요?"라고 묻자 아이들이 "만화 볼 때요!"라고 대답하니까 "그건 좁은 의미이고, 옳은 것을 향해서 정의를 실천하는 게 평화예요"라고 하시더군요. 선생님이 이 수업 안에서 원했던 평화는 어떤 것이었어요? 아까는 애들이 쉬는 시간에 나가 노는 것도 평화라고 하셨는데 그건 좁은 의미이고, 옳은 것을 향해서 정의롭게 실천하는 것을 평화라고 하시면서 나중에 희생이란 단어도 쓰셨어요. 그래서 평화를 왜 희생이라고 생각하시는지 궁금했어요.

수업 교사 평화가 희생일 수도 있다는 그 부분이 고민이 되는 거예요. 고민스러웠는데 이걸 아이들한테 어떻게 말할지 생각하고 들어간 게 아니라 자연스럽게 나온 거 같아요. 그 장면을 보면서 희생이라는 부분을 생각했고, 그걸로 어떻게 평화에 대해 얘길 할까 고민이 됐었어요. 어떻게 했어야 할까요?

수업 코치 그 고민이 애들 안에 머무르지 않았다고 생각하시나요?

수업 교사 아니오. 애들이 찾아내긴 하더라구요.

수업 코치 그렇군요. 수업 안에서 어떻게 찾아내던가요?

수업 교사 가장 인상적인 장면이 뭐였냐고 질문을 했을 때, 그 장면을 많이 얘기했어요. 이 사람들이 어떻게 같은 목적을 가지게 되었냐고 물어 보니까 그 마을 사람들하고 정이 들어서, 그 사람들을 지키고 싶은 마음이 들었다는 걸 애들이 찾아냈어요. 이 사람들이 자기 목숨을 희생하고서라도 마을 사람들을 지키려고 죽은 거잖아요. "왜 이 사람들이 함박웃음을 지으면서 죽었을까."라는 질문을 했을 때 마을 사람들에 대한 고마움과 전쟁으로 더 이상 아파하지 않았으면 하는 마음 때문이라는 얘기들이 나왔어요. 아이들이 그 부분에서는 그 의미를 이해했다는 생각이 들었어요.

수업 코치 아이들이 그렇게 얘기했을 때 어떤 느낌이 드셨어요? 아이들 안에서 일어나는 배움에 대해 선생님의 느낌은 어떠셨어요?

수업 교사 전체적으로요?

수업 코치 부분적이든 전체적이든.

수업 교사　글쎄요, 이 질문이 저한테는 대개 어려운데요.

수업 코치　어떤 점이 어려우세요?

수업 교사　제가 수업 나눔을 시작하면서부터 충격이었던 건, 제가 아이들의 배움을 보고 있지 않았구나!라는 생각을 했을 때예요. 제가 어떻게 무엇을 가르치는 것에만 집중했지 아이들이 어떻게 배우고 있는지에 대해서 보지 않았다는 생각이 드는 거예요. 그래서 수업이 끝나면 아이들에게 배움이 일어난 것 같으냐는 질문에 답을 못 하겠는 거예요.

수업 코치　이번 시간에는 어떠세요?

　명료화 단계는 표면적인 문제가 심층적 영역까지 확대되고, 뚜렷하게 드러나는 것이다. 고민의 부각화, 문제의 드러남으로 정리할 수 있다. 무엇이 고민이고 무엇이 문제인지, 수업 교사가 정확하게 이해한 것과 이해하지 못한 것은 무엇인지 분별해 보는 작업이다. 가지치기를 해 줌으로써 나무가 잘 성장할 수 있도록 돕는 과정과 같다. 정교화시키는 과정에서 수업 코치와 수업 교사는 '핵심 고민'을 찾아낼 수 있다. 수업 코치는 교사의 '진짜 고민'과 '가짜 고민'이 무엇인지, 교사 스스로 성찰하게 돕는다. 예컨대 "선생님께서는 ○○○라고 말씀하셨는데, 그 의미가 정확하게 무엇이라고 생각하시나요?", "수업에서 어려움을 겪는다고 하셨는데, 그 어려움이 구체적으로 어떤 것이 있나요?", "선생님께서 이런 말씀을 하셨는데, 제가 이해한 것이 맞나요?" 이런 대화 전략은 수업 코치가 이해한 내용이 정확한지 확인하는 절차이기도 하다.

〈장면3〉

수업 코치 아이들이 모둠 활동을 하는 걸 보고 혼냈다고 하셨고, 중간에도 끊으셨거든요. 맨 마지막에 속상함도 얘기하시고 "너희들이 그럴 줄 몰랐다."라고 말씀하니까 아이들 분위기가 싸해지더군요. 그런 게 불편하다고 얘기하셨잖아요. 아이들이 모둠 활동을 어떻게 해야 편안함을 느끼세요?

수업 교사 일단 소리가 작았으면 좋겠는데 목소리가 큰 것이 많이 불편했어요. 간간이 보면 장난치는 아이들이 있잖아요. 모둠 안에 들어가지 않고 장난치면서 너무 가볍게 하는 아이들을 보면 속상한 거죠.

수업 코치 장난치지 않고 아이들이 조용히 집중해서 수업하면 좋을 텐데. 아이들이 그렇지 못하고 서로 배려도 안 하고, 평화로운 수업을 해야 되는데 아이들이 떠드는 것에 많이 불편하게 느꼈고, 그것을 어떻게 해야 할 것인가 고민이라는 말씀이죠?

수업 교사 두레 활동을 많이 해 보지 않았던 것에도 고민이 있죠.

수업 코치 이번 수업에서도 그것이 고민이었나요?

수업 교사 가장 불편했던 것은 아이들이 소란한 거였어요. 계속 장난치는 것도….

〈장면4〉

수업 코치 고민은 얘기하셨고. 이 시간에 그것들이 어느 수준에 있는지도 말씀하셨는데 나름대로 해결책을 얻으셨나요? 어떠세요?

수업 교사 마음이 너무 편해졌어요. 왜 내가 아이들의 소란스러운 모습을 부담스러워했는지 알게 됐고, 어떻게 보면 당연하다고 인정이 돼요.

수업 코치 아이들이 떠드는 게 당연하다? 그걸 한 번 말로 표현해 보시겠어요? 1인칭으로. "애들아 너희들이 수업 시간에 떠드는 건 당연하다." 이렇게 해 보시겠어요?

수업 교사 애들아, 오늘은 모둠에서 한 사람을 결정해야 하기 때문에 때로는 싸움이 될 수도 있고, 다툴 수도 있고, 그래서 목소리가 높아질 수도 있어. 선생님이 듣기에는 시끄러울 수도 있지만 그게 당연한 거야. 오히려 적극적으로 얘기해서 한 사람을 잘 찾아내 봐.

수업 코치 어떠세요? 말씀하시고 나서 어떤 느낌이 드세요?

수업 교사 아이들을 수용하고 인정해 주는 느낌이 들어요.

수업 코치 불편했던 마음이 이제 해결이 됐나요?

수업 교사 해결됐어요.

수업 코치 이제는 아이들을 수용하고…. 아까는 좀.

수업 교사 아이들을 수용하지 못하기보다는 솔직히 평가적인 부분이 더 컸던 것 같아요.

수업 코치 그런데 이제는?

수업 교사 괜찮을 수 있을 거 같아요.

수업 코치 괜찮아요? 이젠 그 정도는 봐줄 수 있나요?

수업 교사 선생님들이 그런 얘기를 하면 "아이들이 떠드는 건 당연해요."라고 말할 수 있을 것 같아요.

초점화 단계는 '수업 코칭 대화 모형'의 핵심이다. 확산에서 수렴으로 이어지는 과정이 수업 코칭 대화 모형의 특징이다. 표면적인 문제에서 심층적인 문제로 다가서는 것이다. '초점화'는 광학 기술 용어에서 문학 용어로, 시점을 대용하는 용어로 활용하기도 하지만, 수업 코칭의 '수업 코칭 대화 모형'에서는 재개념화해서 '주제어'로 사용한다. 수업 코치와 수업 교사의 수업 대화 중에 나온 핵심적인 내용이 '주제어'로 부각한다.

수업 교사는 수업 코치와 협력적인 성찰 과정을 거치면서 발견한 '주제어'를 가지고, 성장할 수 있는 기회를 찾는 것이다.

〈장면5〉

수업 교사 네, 부담스럽죠. 여전히 부담스럽죠. 선생님이 말씀하신 질문에 머물러 있는 것 같아서…. 제가 꼭 가서 무슨 역할을 해 주는 게 아니라 거기서 격려해 주고 인정해 주고 바라봐 주는 것도 교사의 역할이겠구나라는 생각이 들어요. 가끔 너무 소란스럽거나 거기에 들어가지 않는 아이들에게만 얘기해 주고 전체적으로 바라봐 주는 것도 괜찮은 거구나. 제가 여기저기 돌아다니면서 얘기하지 않고 오히려 제 자리에 서서 아이들 전체를 보면서, 배움에 들어오지 못하는 아이들을 조금 더 챙겨 주는 정도만 해도 되겠구나라는 생각이 들어요.

수업 코치 마음이 바뀌셨군요. 배움에 들어오지 못하는 애들만 가서 챙겨 주겠다니, 선생님 나름대로 모둠 활동에 대한 교사의 역할이 무엇인지 명료하게 깨달은 것 같은 느낌이 드네요. 그죠? 명료화가 되셨나요? 어떤 식으로 되신 것 같아요? 지금 마치 학교 선생님들한테 얘기하는 것처럼 이제는 교사가 언제야 되는지 말씀해 보시겠어요?

수업 교사 나는 모둠 활동할 때 교사의 역할이, 일일이 가서 챙겨 주는 것이 아니라 앞에 서서 전체 아이들이 하는 것들을 바라봐 주고 잘 한다고 격려해 주고, 배움에서 이탈되었거나 들어오지 못하는 아이들을 찾아가서 왜 그런지 얘기를 듣고, 어떻게 하면 모둠 안으로 들어갈 수 있는지 도와주는 역할이라고 생각합니다.

수업 코치 어떠세요?

수업 교사 명료화되는 것 같아요.

수업 코치 두 가지가 명료화됐어요. 모둠 활동을 내가 어떻게 생각하는가? 그게 헷갈렸잖아요. 그다음 교사는 어떤 역할을 해야 하는가? 두 가지 작업이 힘들고 고민된다고 하셨는데, 이제는 명료화된 느낌을 받으셨나요?

수업 교사 네, 답을 얻고 가는 느낌이 들어요. 처음 제가 수업 전 보고서에 썼던 것에도 모둠 활동에 대한 고민이 있었고, 오늘 수업을 보면서도 고민이 있었는데 확실히 분명해지는 것 같아요.

수업 코치 명료화는 되셨는데 역할에 대해 잘 하고 있다는 피드백이 필요한 느낌이 들어요. 누구라도 그런 자리에 있으면 필요한 거겠죠?

수업 교사 감사해요. 맞아요. 그걸 교장 선생님이 해 주세요. 그런데 저는 선생님들한테도 그 말을 듣고 싶은 마음이 있어요.

수업 코치 그리고 애들한테도 "선생님은 충분히 잘 하고 있어요." 하는 그 말을 듣고 싶은 거죠?

6장

수업 코칭
진행 과정

　수업 코칭은 수업 교사들이 내면적 성찰을 통해 스스로 수업에서 나타나는 문제를 직면하게 하고, 이를 개선해 나가도록 돕는 과정이다. 따라서 수업 코칭은 이러한 노력이 자연스러운 과정으로 연결되도록 효과적인 절차를 설정할 필요가 있다.

　수업 코칭은 수업 전, 중, 후의 과정으로 이어진다. 수업 전 '수업 탐색', 수업 중 '수업 보기', 수업 후 '수업 나눔'이다. 이들 절차에는 수업 코치와 수업 교사의 역할이 명료하게 분류되어 있고, 수업 코칭의 각 단계에서 이루어지는 세부적인 활동들이 제시되어 있다. 또한 수업 코칭의 과정에는 내면적 성찰을 유도하는 코치와 교사 간 지속적인 대화 과정이 필요하다. 본 장에서는 수업 전, 중, 후 과정의 세부 활동과 수업 코치와 수업 교사의 역할을 구체적으로 드러낼 수 있는 절차를 소개한다.

01

수업 코칭의 절차

    수업 코칭의 절차는 수업 전, 중, 후의 과정에 따라 나눌 수 있다. 이는 각각 '수업 탐색' – '수업 보기' – '수업 나눔'으로 이어지는 과정이다. 수업 전은 교사의 고민이 무엇이며, 오늘 공개한 수업의 의도가 무엇인지 등을 파악하는 '수업 탐색' 과정이다. 수업 중에는 수업 코칭의 관점에서 '수업 보기'를 하는 과정이다. 수업 후에는 수업 교사와 대화를 하는 '수업 나눔' 으로 마무리된다.

    먼저 수업 전 과정인 수업 탐색 과정은 수업 교사가 수업 전 성찰지를 작성하여 자신이 수업 코칭을 받게 된 동기와 의도를 성찰하게 한다. 수업 코치는 수업 전 인터뷰를 실시한다. 이때 교사가 작성한 성찰지를 바탕으로 수업 교사와 대화를 하면서 수업을 통해서 가르치고자 하는 내용과 의도가 무엇인지를 질문한다. 이는 수업 실행 과정에서 교사가 가르치고자 하는 의도와 학습자의 배움이 일치하는지, 아니면 불일치하는지를 성찰하는 바탕이 된다. 그리고 수업에 들어가기 전 어떤 느낌이 드는지, 지금 이 순간 떠오르는 감정은 무엇인지, 어떤 기대감을 갖고 수업에 들어가는지 등 '지금 여기에서'[1] 느끼는 감정, 생각은 어떠한지에 대해 질문하여 수업 교사의 성찰을 돕는 역할을 한다.

〈표1〉 수업 코칭의 절차 모형

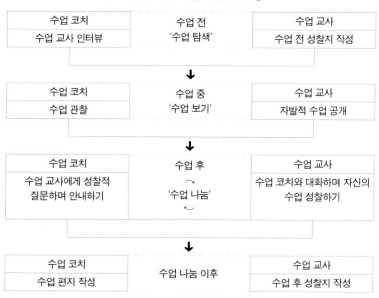

수업 코치	수업 전	수업 교사
수업 교사 인터뷰	'수업 탐색'	수업 전 성찰지 작성

수업 코치	수업 중	수업 교사
수업 관찰	'수업 보기'	자발적 수업 공개

수업 코치	수업 후	수업 교사
수업 교사에게 성찰적 질문하며 안내하기	'수업 나눔'	수업 코치와 대화하며 자신의 수업 성찰하기

수업 코치	수업 나눔 이후	수업 교사
수업 편지 작성		수업 후 성찰지 작성

수업 중에 수업 코치는 사전 인터뷰와 교사의 수업 전 성찰지 내용을 토대로 수업을 본다. 수업 중 수업 코치의 역할은 수업 보기다. 수업 코치는 수업을 보면서 교사의 내면을 살핀다. 수업의 지향성, 수업에 대한 신념이 무엇인지를 살핀다. 또한 사고의 위계에 따른 수업 디자인을 하고 있는지도 살펴본다. 수업 중에 코

치는 교사가 교사로서 수업에서 경험하는 딜레마 상황도 관찰해야 한다. 예컨대 국어 교과의 경우, 국어 수업의 초점을 단순히 읽기 능력의 향상에 둘 것인지 다양한 의사소통 능력을 향상시키는 데 둘 것인지와 같이 수업 맥락에서 경험하는 딜레마를 이해해야 한다. 먼저 수업 코치는 수업 보기의 첫 단계라고 할 수 있는 '수업 공기'를 파악한다. 수업 공기는 학급의 문화적인 환경을 의미하며, 여기에는 학급의 문화가 반영되어 나타난다. 학생들의 분위기는 언어적, 비언어적, 반언어적 표현으로 나타난다. 수업 코치는 수업 교사와 학생, 학생과 학생 사이의 관계를 중심으로 수업을 본다. 교사와 학생의 언어적, 비언어적 상호작용, 학생과 학생 사이의 상호작용, 학생과 교과 내용의 상호작용을 살펴서 이들의 관계가 어떻게 형성되고 있는지를 보는 것이 중요하다. 학생들을 볼 때는 네 가지 정도의 학습자 패턴을 참고해서 적극적 학생, 배움에서 이탈한 학생, 배움에서 도주했다가 다시 돌아온 학생, 무기력한 학생을 찾도록 한다. 학습자들의 다양한 유형을 기록하여 교수-학습 상황의 어느 기점이 배움에서 이탈하고 다시 들어오게 되는지를 기록해야 한다.

특히 수업 코치는 무기력한 학생, 배움에서 이탈한 학생이거나 배움에서 도주했다가 다시 돌아온 학생이 있을 경우 그 수업 디자인의 장단점을 면밀하게 살펴볼 필요가 있다. 수업 코치는 수업 보기 기록지를 작성하여 수업 후의 수업 나눔 과정에서 수업 교사와의 대화에 활용할 필요가 있다. 수업 교사의 감정의 흐름을 파악하는 것도 중요한데, 이때 수업 교사의 얼굴 표정, 그에 따른 행동, 학습자의 상황 등을 기록해 두어야 한다.

수업 후에는 세 명 정도의 학생을 선정해 인터뷰를 진행한다. 학생 인터뷰를 실시하는 이유는 학생들이 무엇을 배웠는지를 알아차리게 하고, 교사의 가르침과 학생의 배움이 일치하는 지점과 불일치하는 지점을 찾기 위함이다. 수업 코치는 학습자의 눈으로 배움의 의미를 찾게 한다. 그리고 수업을 한 교사에게 보내는 지지나 격려의 내용을 정리하여 수업 교사에게 전달한다.

'수업 나눔'은 수업 코칭 전 과정에서 가장 중요한 단계이다. 수업 나눔은

'평가와 지적'에서 '격려와 지지'로
'개인 책임'에서 '공동체의 책임'으로
'수업 방법'에서 '수업 철학(내면 성숙)'으로
'타율적 모임'에서 '자율적 모임'으로
'개인 수준'에서 '협력의 공간'으로

방향을 전환하는 것이다. '수업 나눔'은 수업 코치가 수업 교사와 대화를 나누며 수업을 성찰하는 과정이다. 이를 통해 교사는 수업을 한 후의 자신의 정서적 상태를 파악하고, 수업에서 가르치고자 하는 의도와 학생의 배움이 일치하는지 여부도 인식하면서 수업의 의미를 찾아간다. 수업 코치는 학생의 시선으로 포착

된 수업의 의미와 수업 코치의 시선으로 찾아낸 의미들을 이야기하며 수업 교사와 소통한다.

이 과정에서 수업 코치는 질문을 통해서 수업 교사가 고민하는 원인을 찾고, 그 해결 방안을 함께 모색한다. 수업 코치의 질문은 폐쇄적인 내용보다 개방적이고 성찰적인 내용으로 구성되어야 한다. 가령 '왜 그런 수업 디자인을 하셨나요?'라는 질문은 수업자의 내면에서 방어기제를 작동시켜 핑계와 변명의 단초를 제공하고, 심리적인 긴장을 수반해 수업 코치와 갈등의 관계를 형성할 수 있다. '이렇게 수업 디자인을 한 것이 선생님에게 어떤 의미가 있는지 궁금해요?'와 같은 질문은 수업을 평가하려는 의도가 아니라 수업의 의미를 알려고 하는 질문이므로, 교사에게 스스로 수업 디자인을 성찰할 수 있는 기회를 제공해 준다. 수업 교사는 드러난 고민, 숨겨진 고민, 알아차린 고민, 알아차리지 못한 고민을 수업 코치의 의문과 질문을 통해서 스스로 찾아낸다.

이 과정이 모두 끝나면 수업 교사는 성찰지를 작성한다. 교사가 수업 나눔을 한 후 성찰한 지점은 무엇인지, 어떤 문제가 해결되었는지, 미해결 과제는 무엇인지를 성찰하는 것이다. 수업 교사는 자기 스스로의 성찰을 통해 앞으로 수업에서 도전하고 싶은 과제를 선정하고 스스로 어려움을 극복할 수 있는 내면의 힘을 기르게 된다. 수업 후 수업 코치는 교사에게 수업 편지를 작성하여 보낸다. 수업 편지에는 코치가 수업 전, 중, 후에서 느꼈던 소감을 적고, 수업 코치가 하지 못했던 이야기를 나눈다. 수업 편지는 수업 코치의 성찰록이다. 다시 한 번 수업 편지를 쓰면서 코칭 과정을 살펴보고, 의미와 어려웠던 지점들을 되새겨 보는 작업이다. 물론 이러한 수업 코칭 절차는 순차적이고 단선적인 과정으로만 수행되는 것이 아니라 복합적인 과정으로 수행되기도 한다.

02

수업 전 코칭–'수업 탐색'²

본 절의 수업 코칭 사례는 수업 코치의 주도성이 강조된 일대일 수업 코칭이다. 일대일 수업코칭은 3회 연속해서 실시하며, 마지막 1회는 수업 코치와 함께 4명이 수업 나눔을 한다. 일대일 수업 코칭에서는 무엇보다 코치의 주도성이 강조된다.

수업 탐색에서는 수업 교사의 수업 전 성찰지를 중심으로 교사와 인터뷰를 한다. 수업 전 성찰지에는 교사의 수업 코칭 동기, 이번 수업의 의도, 현재 고민하고 있는 것은 무엇인지 기록되어 있다. 교사를 이해할 수 있는 단서들이 있어서, 이러한 부분을 중심으로 수업 코치는 교사를 탐색한다. 이 과정에서 수업 코치와 교사는 친밀한 관계를 형성한다. 교사가 자신의 고민을 어디까지 꺼내 놓고 이야기할 것인가를 판단하기 때문이다. 수업 코치가 교사를 평가하고 지적하려고 하는것은 아닌지 계속해서 방어적인 자세를 취하면서 심리적인 거리를 두려고 하는 단계이다. 그래서 수업 코치는 교사를 충분히 이해하려고 노력한다는 메시지를 보내 줘야 한다.

이번 코칭 수업 교사였던 박 선생님은 시에 대한 단순 분석이나 평가를 위한 암기를 지양하고, 학생들의 자발적인 시 감상을 중요시 했기에 모둠에서 창작 시 활동을 시도했다. 그러나 완벽한 수업을 하고자 하는 욕구는 크고, 그에 반해 자신의 능력은 언제나 부족하다는 내적인 불안감을 지니고 있었다. 이러한 고민이 수업 전 성찰지와 인터뷰에서 어떻게 드러났는지 살펴보자.

(1) 수업 전 성찰지 작성

교사는 〈수업 전 성찰지〉를 통해 스스로 자신의 수업을 성찰하는 기회를 갖는다. 이 과정에서 교사는 수업 코칭의 내재적 동기를 찾고, 수업에서 어떤 것을 가르치려고 하는지, 어떻게 수업을 디자인했는지 성찰한다. 〈수업 전 성찰지〉는 수업 교사와 수업 코치가 만나는 첫 번째 마음 만나기다.

> 수업의 주제를 '시와 삶'으로 잡았다. '시' 단원을 가르치고 있는데 학생들이 시를 분석하고 시험을 잘 보기 위해 외우는 것으로 생각하는 것이 안타깝고 아쉬웠다. 물론 시의 이론을 제대로 알고 그것을 가지고 시를 더 풍요롭게 감상하고 쓸 수 있다면 좋을 것이다. 그런데 내가 만나는 아이들은 시를 분석하고 이론을 암기하는 것에 지쳐 지레 시를 어렵고 지루하게 생각하는 경향들이 있었다. 그래서 학생들이 시를 삶에 접속, 로그인할 수 있는 시간을 마련하고자 하여 '시를 삶에 로그인하

라!'로 제목을 달게 되었다. 아이들에게 편안하면서도 의미 있게 접근할 수 있는 소재가 무엇일까 고민하다가 가족, 그중에서도 부모님일 것 같아 그것을 소재로 잡았다. 시를 선택하는 데도 교과서 속 시를 벗어나 여러 책을 보며 아이들 마음에 와 닿을 만한 시와 영상을 골랐다. 한 편으로 하면 다수의 아이들 맘에 와 닿지 않을 것 같아 다섯 편의 시를 고르게 되었다. 그리고 시를 읽고 마음에 와 닿는 부분에 밑줄을 긋고 그 이유를 써 보게 했고 모둠별로 나누었다. 그리고 부모님을 소재로 개인과 모둠이 짧은 시 쓰기를 해 보고 모둠 칠판에 쓰는 것으로 구성했다.[3]

이 성찰지에는 국어 교사로서 수업의 정체성에 대한 교사의 신념이 드러나 있다. 박 선생님은 학생들이 시를 분석하고 이론을 암기하는 학습에서 벗어나 시를 삶의 맥락과 관련지어 감상하는 수업을 계획하고 있다. 시에 대한 단순 분석이나 평가를 위한 암기를 지양하고, 학생들의 자발적인 시 감상을 강조하고 있다. 이를 위해 학생들에게 친숙한 시들을 제시하고 스스로 선택하여 감상하게 하고, 짧은 시 쓰기를 통해 학생들에게 시 창작의 즐거움을 누리게 하는 데 수업의 목표를 두었다.

마흔이 넘고 중년이 되면서 몸이 망가지면서 아프기 시작했고, 열심히 살긴 살지만 '이렇게 사는 건 사는 게 아니야!'라는 마음의 소리가 들려왔다. 남에게 인정과 사랑을 받고 싶어 발버둥치며 살아왔던 인생이 버겁고 힘들었다. 아이들, 동료 교사, 학부모에게 내가 이렇게 열심히 하니 나를 좀 알아 주세요라고 거지처럼 구걸하는 심정으로 살아왔다. 그러나 외부의 인정과 사랑은 나에게 끝없는 허기짐과 갈증만을 남겼고 마음은 괴롭고 외로웠다. 일중독에 걸린 사람처럼 살았기에 몸도 맘도 지쳤음을 알아차렸다.[4]

교사는 어떻게 수업을 해 나갈지 시나리오를 작성해야 수업을 진행할 수 있을 만큼 수업에 대한 강박증에 시달리고 있으며, 완벽주의 성향을 지니고 있다. 이것은 외부의 인정 욕구가 크다는 것을 방증한다. 타인의 시선을 두려워하며, 자기보다는 타인의 욕구를 충족시키면서 생활하기 때문에 수업에서도 학습자들이 완벽하게 수용하고 인정해 주기를 바라는 마음이 성찰지에 드러나 있다.

(2) 수업 코치의 교사 인터뷰

수업 전 인터뷰는 교사를 이해할 수 있는 통로 기능을 한다. 수업 코치가 교사의 시선에 대해 알아보는 선행 작업이다. 〈수업 전 성찰지〉에서 얻은 정보를 확인하고, 더 알고 싶은 점을 사전 인터뷰를 통해 이해하는 과정이다. 수업 전 인터뷰에서 수업 교사가 하고 싶은 수업의 흐름, 예상하는 수업의 어려움, 학습 활동지를 만들면서 겪은 경험, 학습자들이 이번 수업에서 어떤 배움이 일어날지에 대한 기대 등에 대하여 질문을 한다. 수업 전 인터뷰를 통해 수업 코치와 교사 간 관계성이 구축되면 사전에 작성한 성찰지를 중심으로 심층적인 대화와 내면화가 가능해진다.

> 수업 코치 수업은 어떻게 준비하셨나요?
> 박 선생님 오늘 수업은 아이들에게 시와 분리된 지식이 아니라 시를 자신의 삶과 연결해서 감상하고, 짧은 시라도 써 보도록 하는 데 중점을 뒀어요.
> 수업 코치 오늘 수업에서 걱정되거나 염려되는 것이 있나요?
> 박 선생님 첫 번째는 모둠에서 아이들 간에 대화가 잘 되어서 제가 준비한 학습목표가 제대로 내면화되었으면 좋겠어요. 두 번째는 교사로서의 전문성이 부족해서 저로 인해 장애가 있으면 어떻게 하지, 하는 마음이 있어요.
> 수업 코치 오늘 수업에서, 주목해서 봐야 하는 지점이 있나요?
> 박 선생님 아이들이 배우는 시 단원이 삶과 분절되지 않았으면 좋겠고, 시 감상뿐 아니라 시를 쓰는 부분에 대해서 배워 가고, 아이들이 모둠 안에서 어떻게 소통하고 배워 가는지를 봤으면 좋겠어요.[5]

수업 교사인 박 선생님은 시 수업을 학생들의 삶과 연결시키려는 의도를 가지고 있으며, 모둠 활동을 통해 학생들이 서로 잘 소통하기를 바라고 있었다. 또 시를 분절화시키는 것이 아니라 삶과 연결 짓고, 짧은 시 짓기 활동으로 내면화시키는 활동을 의도하고 있다.

한편, 사전 인터뷰를 통해서 교사의 수업에 대한 두려움이나 심리적인 강박 등도 파악할 수 있었다. 특히 철저한 수업 시나리오와 사전 준비에도 언제나 수업에 대한 부족함을 느낀다는 것을 알 수 있었다. 이처럼 수업 전 인터뷰는 교사의 수업 의도나 수업에 대한 심리적 상태, 딜레마 등을 초점화할 수 있다.

03

수업 중 코칭-'수업 보기'

　내면 중심의 수업 코칭은 수업을 하는 교사에게 집중한다. 가르침과 배움을 동시에 보면서, 수업을 하는 교사의 존재를 가치롭게 생각하고, 교사가 어떤 생각으로 수업이란 행위를 하고 있는지를 깊이 살피려고 한다. 그래서 내면 중심의 수업 코칭은 수업 자체만을 보지 않는다. 수업을 통해 교사를 보려고 한다.

　수업 보기란 수업하는 교사의 모습 그 자체를 '존귀'한 존재로 본다는 것이다. 그래서 교사의 수업을 함부로 판단하지 않고 교사를 배움을 만들기 위해 '노력'하는 존재, 자신의 꿈을 가지고 수업을 하는 '신념'의 존재, 수업에서 의미 있는 메시지를 던지려는 '작가'의 존재, 수업이 뜻대로 되지 않아 가슴 아파하고 그것 때문에 '고민'하는 존재, 고민을 말하고 위로 받고 싶어하는 '외로운' 존재로 보는 것이다. 이런 존재로 교사를 만나기 위해서는 기존의 수업 보기와는 다른 관점이 필요한데, 그것은 다음과 같다.

　수업 코치가 가지고 있는 틀로 수업을 판단하고 잘 했다 못 했다가 아니라, 교사가 가장 애쓰고 노력하는 지점이 무엇인지, 어떤 관점에서 이 수업을 하려고 하는지, 수업에서 교사는 어떤 모습으로 존재하고 있는지, 학생들과 어떤 관계를 맺고, 수업 내용으로 어떤 배움을 만들려고 하는지 교사의 시선으로 수업을 보려고 한다. 그러기 위해서는 다음과 같은 궁금증을 가지고 수업을 보는 것이 좋다.

- 수업에서 교사와 학생, 학생과 학생 간에 어떤 관계를 맺고 싶어 하는가?
- 수업 내용을 통해 교사가 학생들에게 말하고 싶은 것은 무엇인가?
- 수업 진행 방식에서 교사가 의도하고 있는 점은 무엇인가?
- 수업에서 발견되는 교사의 교육 철학, 신념, 수업의 목적 등은 무엇인가?
- 수업을 통해 교사가 학생들에게 주고 싶은 배움은 무엇인가?

교사의 노력이 수업 속에서 어떤 의미 있는 결과를 만드는지, 교사의 가르침이 학생의 배움에 어떤 영향을 미치는지를 잘 보면서, 교사의 수업 행위에 대한 의미를 찾아본다. 수업 속에 드러난 의미들을 교사의 시선으로 찾아본다. 그러기 위해서는 다음과 같은 궁금증을 가지고 어떤 장면에서 그것이 잘 드러났는지 구체적으로 기록하면서 수업을 보면 좋다.

— 학생들에게서 의미 있었던 배움은 무엇인가?

— 교사와 학생, 학생과 학생 간에 어떤 관계가 맺어졌는가?

— 수업 진행 방식이 배움과 관계 만들기에 어떤 영향을 미쳤는가?

— 교사의 교육 철학, 신념, 수업의 목적 등이 수업에서 의미 있게 드러난 곳은 어디인가?

교사는 수업을 하면서 무엇을 고민할까 생각해 본다. 단순히 수업 교사의 잘못을 지적하는 것이 아니라, 교사의 시선 속에 계속 머무르면서, 교사가 이 수업을 하면서 고민하고 여전히 해결되지 않는 지점이 무엇일까를 생각해 본다. 관찰자의 기준과 교사의 행위가 어긋날지라도 평가하거나 판단하는 마음보다 왜 그렇게 되었는지 교사의 의도를 궁금해하며 수업을 바라본다. 특별히 수업에서 교사의 내면이 흔들리고 힘들어하는 지점은 어디인가를 고민해 보고, 교사의 가르침과 학생의 배움이 잘 연결되지 않는 지점, 교사의 신념이 일관되게 흘러가지 않고 흔들린 지점 등을 살펴보면서 교사가 평상시 가지고 있는 수업 고민이 무엇이고, 이 수업을 하면서 어떤 고민을 가졌을까를 생각해 보며 구체적인 장면을 기록한다.

— 수업 내용에 대한 교사의 고민은 무엇인가?

— 수업 방법에서 발견되는 교사의 고민은 무엇인가?

— 교사와 학생, 학생과 학생 간의 관계 맺기에서 교사의 고민

은 무엇인가?

— 교사의 교육 철학, 신념, 수업의 목적 등이 흔들린 지점은
없는가?

— 수업 중에 교사의 내면이 가장 힘든 지점은 어디라고 생각
하는가?

그러기 위해서는 교사의 내면을 살펴야 한다. 박 선생님이 국
어 교사로서 어떤 수업을 하고 싶어 하는지, 지향하는 국어 수업
은 무엇이고, 국어 교사로서 신념은 무엇인가를 탐색한다. 다음
은 교사의 내면을 살피는 작업이다. 교사와 수업 나눔을 하면서
드러난 경우를 살펴보자.

> 박 선생님 (전략) 여러 시집을 보면서 아이들에게 쉽게 다가갈
> 수 있는 시들을 선택했어요. 학생들이 쓴 시도 있고. 애들이 조
> 금 더 감동을 받고 자기 삶에 접속할 만한 시를 선택했어요. 5
> 편의 시 중 조일연의 〈미안합니다〉는 애들이 읽고 감동을 받길
> 원했어요. 그냥 분석적으로, 이성적으로만 생각할 게 아니라.
> (중략) 그 사람에게도 자기 아버지의 사연이 있듯이 아이들도
> 그런 사연을 가지고, 이야기를 가지고, 삶을 가지고 시를 볼 것
> 이다 생각해서 그래서 좀 자연스러운 시를 제시하고 모둠 간에
> 시 읽기를 했고, 그 시를 삶에 로그인하기 위해 시에서 마음에
> 와 닿은 부분에 밑줄을 긋고 그다음에 써 보고, 그걸 모둠원끼
> 리 공유하게도 하고요. 그다음에는 그걸 가지고 짧은 시 쓰기
> 를 하고, 그래서 좀 감상하고 하고.[6]

박 선생님 아이들이 시를 자기의 삶과 연결해서 보기를 원했어요. 시는 시고, 시험을 보기 위해 공부하는 것이 아니라 시라는 것이 우리의 삶의 사연, 이야기, 그런 것들이 묻어 있는 것이고 그래서 우리도 우리 주변에 있는 사람, 사물, 자연, 이런 것들에 대해 얼마든지 표현해 낼 수 있는 것이다.[7]

박 선생님은 시는 어려운 것이 아니라 삶과 밀착되어 있다는 국어 교사로서의 신념을 학생들에게 투영하고자 했다. 그래서 학생들에게 시를 시험을 위한 분석 대상이 아니라 자신들의 삶과 관련지어 경험할 수 있는 대상으로 구체화시키기를 원했고, 세상을 보는 시각도 시를 보듯이 자연스럽기를 원했다.

박 선생님 수업 전에 저는 1, 2, 3, 4부터 10까지 미리 써 가요. 1) 내가 무슨 말을 한다. 2) 모둠 활동…. 이렇게 써 가야 마음이 안정돼요. 수업 당일은 새벽 5시 반까지 이렇게 그날 수업 계획을 짜죠. 그래야 마음이 안정되니까. (중략) 그런데 그 세 명의 아이들이 이야기를 해도 저는 제가 만든 시나리오가 있으니까요. 이 한 시간 동안 제가 계획한 1에서 10까지 풀어야 할 시나리오가 있잖아요? 그러니까 '내 수업이 우선이었구나.' 이 생각이 들었어요. 내가 짜 간 내 나름대로의 수업이 예술품이라고 생각하는데, 이게 손상되는 지점이 오히려 아이들의 말이 없다는 그런 생각이 들었어요.[8]

박 선생님 제가 아이들의 말을 잘 듣지 못하는 게 그거예요. 시나리오대로 가야 되는데 머뭇거리네? 하는 거요. 내 가르침이 우선이었던 거죠. 근데 ○○이나 다른 아이들의 말에 대해 정말 기부한 건데 그럴 때 좀, 평가가 아니라 이런 말을 하게 된 그런 마음들. '답답하구나' 아니면 '슬프구나' 이런 마음을 읽어 주는 그런 경청을 해 봐야겠구나. 이런 생각이 들었고. 정말 개인적인 공유는 제가 좀 하도록 하는 것 같아요. 발문이랑 또 저의 그런 개인적인 친밀감의 표현으로. 근데 이제 전체적인 공유 부분에 대해서 어떤 두려움이 있냐면 애들에게 "어떻게 생각하니?" 했을 때에 어떤 말이 나올까 하고.[9]

박 선생님은 완벽하게 수업을 준비해야 마음이 놓이는 강박증적인 면이 강하다. 수업을 어떻게 진행할지 시나리오로 작성을 해야 불안하지 않다. 교사로서의 당위성을 내세우며 수업을 진행하는데, 교사의 내면에는 학습자의 이야기를 잘 들어 줘야 한다는 마음도 존재한다. 그래서 자신이 철저히 준비한 그대로 수업을 진행해야 한다는 강박증으로 인해 학습자의 이야기를 경청해서 듣지 못하고 공감적 경험으로 나아가지 못하는 경우가 있다는 것을 알아차리게 된다. 수업자의 가르침을 우선시하는 패턴을 지니고 있음을 알아차린다.

수업 방법에서 발견되는 교사의 고민은 무엇인가? 수업 디자인을 훑어본다. 박 선생님은 완벽주의 성향을 지니고 있어서, 미리 꼼꼼하게 수업 시나리오를 작성해서 수업을 한다. 이번 시 수업에서도 그 완벽주의적 성향이 수업 디자인에 잘 반영되어 있기 때문에 이것을 중심으로 수업을 보았다. 표면적으로는 매우 정교한 수업 디자인을 추구하지만, 내면에는 모든 학생들로부터 인정을 받으려는 욕구가 잠재되어 있다는 것을 알 수 있었다. 완벽한 수업 디자인 너머에 상존하는 수업 교사의 두려움을 봐야 한다. 박 선생님은 시 수업을 하면서 수업의 목표를 명료화했다. 시를 삶에 로그인한다는 이야기로 수업을 시작한다. 그러면서 학습자들이 아는 노래 〈루돌프 사슴코〉를 분석했다. 중심 소재는 시적 화자를 따돌림에서 벗어나게 하는 시적 장치로 해석한다면 어떤 느낌으로 이 노래가 들릴 것인가로 문제를 제기한다. 시를 배우는 것은 분석하기 위한 것이 아니라며 배경 음악과 함께 〈엄마의 런닝구〉를 읽어 준다. 시란 이렇게 자연스럽게 삶과 관련된 이야기라는 것을 강조한다. 시를 분석적으로 접근하지 말고 삶의 이야기로 접근하는 방법을 학습자에게 가르쳐 주려는 것이다. 그리고 〈엄마는 그래도 되는 줄 알았습니다〉라는 시를 읽어 준다. 박 선생님은 자신의 어머니 이야기를 해 주었다. 가장 가까운 그리고 정겨운 교사의 어머니 이야기로 학습자들의 마음을 열고 있다. 이야기는 아버지로 향하면서 깊은 삶의 이야기로 접속됐다. 박 선생님이 아버지에게 쓴 편지를 학생들에게 들려 준다. 박 선생님과 아버지와의 관계가 이야기를 통해 학생들에게 배움으로 들어온다. 이 지점은 교사의 스토리가 학습자들에게 배움의 내재적 동기를 일으키게 되는 요소가 된다.

이 학습은 활동지를 통해서 내면화의 단계로 나아간다. 시 5편 중에서 한 편을 선택해 마음에 와 닿는 부분에 밑줄을 긋고, 왜 그 부분이 마음에 와 닿았는지를 발표하는 것이다. 학생들은 모둠 활동에서 시를 선택해서 읽고 발표를 한다.

학생들은 자신이 선택한 시를 읽고 그 느낌을 발표한다. 교사는 '발표 기부'라는 단어를 사용해서 자율적인 참여를 유도한다. 학생 네 명이 자신의 부모님 이야기를 자연스럽게 한다. 이를 통해 교사와 학생들 간 관계가 친밀하며, 학생과 학생의 관계도 밀착되어 있음을 알 수 있었다. 마지막은 '부모님은 ○○이다.'라는 비유적인 언어로 표현하는 수업을 한다. '부모님은 나무이다. 왜냐하면 힘들 때 쉴 수 있기 때문이다.'와 같은 짧은 글 짓기 활동으로 자신의 생각을 표현한다. 이런 수업 디자인은 교사의 창의적인 수업 아이디어라고 할 수 있다.

박 선생님은 수업을 여는 구성 능력이 뛰어나다. 1차시, 2차시, 3차시 수업 시작을 매체를 활용해서 학습자가 쉽게 수업에 들어올 수 있도록 수업을 디자인했다. 그리고 인성적인 측면을 연결해서 수업과 삶을 연결지어 진행해 나갔다.

수업 내용에 대한 교사의 고민은 무엇인가? 국어 교사로서 수업에서의 딜레마를 관찰한다. 국어 수업에서 읽는 능력을 가르칠 것인가, 아니면 의사 전달 능력과 같은 표현 능력을 가르칠 것인가?와 같은 국어 수업의 딜레마를 살펴봐야 한다[10]. 수업 코치는 수업 교사가 국어 교사로서 수업 맥락에서 경험할 수 있는 딜레마는 무엇인가를 관찰하는 것이 필요하다.

박 선생님 저도 편지를 썼잖아요. 그러니까 아이들에게도 표현하는 국어 교사로서 뭔가 이렇게 좋은 것, 고마운 것을 자꾸 표현하길 원하는 게 제가 생각하는 국어 교육의 목표 중 하나거든요. 칭찬하는 말하기, 칭찬하는 글쓰기, 그걸 통해서 서로의 자존감을 세워 주는 그런 것을 원하기 때문에 친구들이나 선생님에게 행복했던, 좋았던 이야기들을 표현해 보도록 했어요.

수업 코치 선생님은 수업에서 표현을 중요하게 생각하시네요?

박 선생님 : 네. 마음에 담아 두는 것이 아니라 그것들을 긍정적으로 표현하는 연습을, 훈련을 아이들이 하기를 원했던 것 같아요. (중략) 감사, 행복, 이런 쪽으로 긍정적으로 표현하는 것들을 기르면서 서로 자존감이 세워지는 그런 시간이 되길 원하는 마음이 있어요.[11]

박 선생님 1학기 내내 '생글생글 공책'이라고 해서 생각하는 글쓰기 공책이 있어요. 그래서 그런 데다 아이들이 글쓰기를 해 보도록, 표현을 하도록 했어요. 이젠 조금 정착이 된 상태죠.[12]

박 선생님는 국어 교사로서 아이들이 표현하는 능력을 키우기를 원한다. 칭찬하는 말하기, 칭찬하는 글쓰기가 서로의 자존감을 세워 줄 것이라고 믿기 때문이다. 긍정적 발화 행위는 행복한 삶으로 이어지는 효능성을 발휘할 수 있게 한다고 생각한다. 이런 수업은 생글생글 공책에서도 살펴볼 수 있다. 박 선생님은 자신의 수업에서 자신의 마음에 담겨 있는 생각과 감정을 말과 글로 표현하는 활동을 지속적으로 하는 것을 중요시한다.

04

수업 후 코칭-'수업 나눔'

수업 코치와 수업 교사가 일대일로 진행하는 수업 나눔에서
는 수업 코치의 주도성과 심층적인 접근이 두드러진다. 먼저 수
업 코치는 수업 후 학생들을 대상으로 인터뷰를 실시한다. 배움
에 대한 학생들의 생각이 무엇인지 질문을 한다. 학생들의 경험
은 교사에게 의미를 비추는 역할을 한다. 물론 가르침과 배움의
불일치를 발견할 수도 있다. 교사의 수업을 특징화시키는 작업도
할 수 있다. 이런 과정을 거치면서 수업 코치는 교사와 깊은 수업
나눔으로 들어간다. 수업 나눔에 대한 구체적인 작업 과정은 다
음 장에서 언급하기로 한다.

(1) 수업 후 학생 인터뷰

수업 후 학생과의 인터뷰는 학습자의 눈으로 배움의 의미를 찾
고, 교사에게 격려나 지지를 줌으로써 가르침의 의미를 성찰하도

록 하기 위해서다. 가장 큰 목적은 학생들이 인식하는 배움의 지점과 교사의 가르침의 의도가 어떻게 소통하고 있는지를 살펴보고자 하는 것이다. 질문의 내용은 ㉠ 수업 후 소감 묻기, ㉡ 수업에서 가장 기억에 남는 장면, ㉢ 의미 있었던 지점, ㉣ 수업하면서 어려웠던 지점, ㉤ 수업 선생님을 특징화시켜 보기 등이다.

수업 코치 가장 인상적이었던 수업 장면은?

학생 역시 선생님의 편지가 제일 인상 깊었고 동영상도 인상 깊었던 것 같습니다.

수업 코치 그 이유를 이야기해 주세요.

학생 선생님이 시간을 내서 편지를 써 준 것도 있고, 그리고 동영상도 만드는 게 쉽지 않잖아요. 사진 하나하나 찍은 것도 있고, 그런 것, 정성에 감동했다고 할까요? 뭐 그런 게 있죠. (중략)

수업 코치 그러면 선생님만의 특징, 긍정적인 면을 이야기해 줘요.

학생 긍정적인 면은, 뭐랄까요, 긍정의 힘이 있어요. 그리고 저희를 위해 무엇인가 이벤트 같은 것도 많이 해 주시고 저희를 많이 좋아해 주시고. 그리고 뭐라고 할까? 칭찬? 칭찬도 아끼시지 않으시고. 그리고 뭐 경청 퀴즈, 이런 것도 많이 내주시고, 저희 눈높이에 제일 잘 맞춰 주시는 것 같아요.

수업 코치 선생님의 그런 성향에 대해 어떻게 생각하나요?

학생 저는 정말 좋아요. 왜냐하면 제가 선생님의 성향을 좀 많이 닮아서 조용히 있지 않고 선생님처럼 긍정적인데, 선생님을 만나니까 저로서는 되게 편하죠. (후략)[13]

수업 후 인터뷰에서 한 학생이 박 선생님이 수업 중 학생들에게 보내는 편지가 인상 깊었다는 이야기를 했다. 교사가 학생들에게 하고 싶었던 내면의 고민을 편지에 담아서 소통하는 모습에 학생들은 교사의 진정성을 이해하게 된다. 국어 교육의 목표는 창의적인 의사소통 능력의 향상이다. 학생들은 교과서에서 나오는 의사소통의 상황을 피상적으로 느끼다가 수업 상황에서 교사의 편지를 통해 그것을 내면화한다. 화석화된 국어 교육이 생동감 넘치는 국어 교육으로 전환되는 것이다.

이 학생은 교사의 수업에 대한 노력을 긍정적으로 인식하고 있었다. 교사의 성향이 자신의 성향과 비슷한 데서 심리적 안정감을 느끼고 있으며, 교사의 긍정성에 대해서도 좋은 감정을 드러내고 있다. 수업 후의 인터뷰를 통해 학생의 입장에서 교사의 수업 태도나 수업 내용 등에 대해 보다 입체적으로 알 수 있었다.

(2) 수업 교사와 수업 나눔

수업 나눔은 수업 코치가 수업 교사와 대화를 통해 수업을 성찰하는 과정이다. 수업 코치는 학생들과의 인터뷰 내용과 수업 보기를 하면서 작성했던 일지 등을 중심으로 수업 나눔을 실시한다.

박 선생님 어제 너무 침체되었기 때문에 오늘은 달라지고 싶습니다. 그래서 마인드컨트롤을 했습니다.

수업 코치 아, 마인드컨트롤이 얼굴 표정에 나타나고 있어요.

박 선생님 네, 어제까진 제가 너무 많은 양을 꾸겨 넣으려고 하니까 아이들로서는 제가 버겁다는 생각이 들었을 거예요. (중략) 그런데 오늘은 '지금 활동을 이 한 시간 안에 다 맞추는 게 중요한 게 아니라 애들이 생각해 보고 거기 몰입하는 게 중요한 거지.'라고 마음을 고쳐 먹으니까 여유가 생기더라고요. (중략)

수업 코치 선생님이 전체적으로 이렇게 쭉 디자인한 것을 한 번 정리해서 말씀해 보세요.

박 선생님 처음에는 '시와 삶', 그러니까 아이들이 시와 자기의 삶을 분리하거나 그다음에 시는 교과 지식이고 그래서 분절되거나 단절된 시는 어렵고 고리타분하고 분석해야 되고, 이렇게 생각하잖아요. 그래서 사실 개인적으로 국어 교사로서도 시 단원은 지필 시험을 안 봤으면 좋겠다는 생각을 해요.

수업 코치 아!

박 선생님 '왜 이걸 이렇게 분석해서 외워야 할까? 시적 화자의 중의적 표현, 사실 그런 게 애들한테 중요할까? 시를 느끼고 한 편이라도 써 보는 게 중요하지 않을까, 이런 생각이 있었던 차에 '시하고 삶에 자기들의 이야기를 엮는 데 좋은 소재가 가족일 것이다.'라는 생각을 했죠. 수업을 하다 보니 애들이 그래도 제일 가까이 느끼는 게 가족인 것 같아서요.

수업 코치 그렇군요! (중략)

박 선생님 예. 어려운 시라기보다 거기에는 학생들이 쓴 시도 있고 그렇거든요. 그래서 예전부터 애들한테 시를 들려주었어요. 이번엔 애들이 조금 더 감동을 받고 자기 삶에 접속할 만한 시를 선택한 거죠. (중략) 그러니까 제가 국어 수업을 하면서

느끼는 건 (영상이 멈춘다.) 국어는 글쓰기를 하잖아요? 그리
고 그건 개인의 삶이 묻어나는 글쓰기잖아요? 지금 제재가….
수업 코치 예.
박 선생님 그럴 때, 애들은 쓰고 있고 저는 멀뚱히 그것을 보고
있는 것보다 아이들 옆으로 가서 아이들의 글 하나하나에 담긴
사연을 공감해 주고 마음을 읽어 주고, "네가 이런 사연이 있었
구나." 하면 아이들과 더 친밀감이 생기고 소통할 수 있는 계기
도 되죠. 그게 국어 선생님의 매력인 것 같아요.[14]

박 선생님은 수업 나눔에서 전 시간에 느꼈던 수업의 어려움을
토로하고, 시 수업에서 중요하다고 생각하는 부분에 대해서 이야
기를 했다. 시를 지필고사로 평가하는 것의 어려움을 토로하고
있는 부분에서 국어 교사로서의 박 선생님의 정체성이 나타난다.
박 선생님이 시 수업에 대해서 갖고 있는 신념은 시는 삶의 맥락
과 연결 지어 감상하는 것이 중요하다는 것이었다. 문학은 삶의
반영이며, 삶에 대한 이해이기 때문에 시와 삶을 연결 짓는 수업
을 통해서 학생들의 삶에 대한 이해의 지평이 확장될 수 있다고
보는 것이다.

또한 박 선생님은 많은 내용을 전달해 주려고 안간힘을 썼던
강박을 내려놓고 학생들의 삶과 연결될 수 있는 시, 글쓰기, 작품
을 매개로 한 학생과 교사와의 소통을 중요하게 인식하고 있었
다. 이는 교사 자신의 수업에 대한 반성적 성찰에서 시작되고 있
음을 알 수 있다.

수업 코치 이 수업 장면 중에 선생님이 즐겼다고 생각하는 부분이 있나요?

박 선생님 그 전부터 사실 즐겼어요. 이 수업, 학기 말 수업은 이런 식으로 진행을 했는데 조금 더 저의 그런 수업 재구성 능력, 수업 기획 능력을 조금 더 창의적으로 했어요. 그래서 그런 면에서 아, 나도 뭔가 이렇게 수업에 대해서 이렇게 아이디어가 있었고, 그런 아이디어를 낼 수 있는 기회가 있을 때는 이렇게 교과를 재구성할 수 있는 능력이 내 안에 잠재되어 있었구나 하는 걸 알게 돼서 기뻤어요. 교사로서 기획 능력, 창의력이 있다는 것을 발견하게 돼서 조금 더 안심이 됐고, 행복한 느낌이 들었어요. 또 학기 말은 사실 마음을 다잡아도 계획한 것이 흐지부지될 수 있는데, 이런 코칭 과정을 통해 짧은 시간이긴 하지만 아이들에게 그런 저의 진심을 전달하고, 그런 것을 아이들이 함께 느낄 수 있는 시간들이 됐다는 게 행복하죠.[15]

위의 수업 나눔 과정에서 수업 교사의 자존감이 매우 높아졌음을 알 수 있었다. 박 선생님은 스스로 자신이 수업 기획력을 지니고 있었음을 깨닫게 되었다. 박 선생님이 1차시 수업 때부터 지니고 있었던 문제의식은 자신이 수업을 디자인할 수 있는 능력이 있는가였다. 즉 시와 삶이 분리되지 않게 교사가 전문성을 발휘해서 수업을 디자인하는 능력을 갖고 싶어 했다. 수업 나눔을 하면서 박 선생님은 자신 안에 잠재돼 있던 수업 재구성의 능력을 발현시켰다. 이처럼 수업 나눔 과정에서 수업 코치는 교사의 내면에 감춰진 역량을 이끌어 내도록 안내자 역할을 한다. 이후 우리의 이야기는 박 선생님이 지닌 국어 교사로서의 신념으로 전환됐다.

수업 코치 (중략) 보니까 선생님이 편지를 읽어 주시더군요. 편지를 쓸 때의 마음은 어떠셨나요?

박 선생님 음, 제가 국어 교사이긴 하지만 사실 말보다 글이 조금 더 편한 것 같아요. 말로 하는 것보단. (중략) 그래서 학기말이 돼 제가 소중하게 생각했던 그런 국어 교과의 가치, 그런 본질, 아니면 태도에 대해 아이들과 함께 나누고 싶었어요. 이렇게 1년, 아니 1학기 내내 얘기했던 거지만 좀 정리해서요. 그 다음에 또 저의 마음들을 전달하고 싶었어요. 학생들은 제 그런 마음을 모를 수도 있잖아요. 저의 본심, 진심을 전달해서 '1학기 동안 너희와의 만남이 참 소중했고, 나는 국어 교사로서 국어 교과에서 이런 것을 중요시했다, (중략) 너희들과 함께해서 이렇게 행복했다, 너희들이 얼마나 소중한 존재인지 좀 표현하고 싶었다.' 하고요. 그럴 때 아이들이 좀 더 저에게 가까이 다가오는 느낌이 들었어요.

수업 코치 애들이 끝나고 막 박수를 치더라고요. 그때 박수를 받은 느낌이 어떠셨어요?

박 선생님 너무 좋죠. 행복하고.

수업 코치 선생님에 대한 이야길 쓰게 하더군요?

박 선생님 예.

수업 코치 왜, 특별히 그렇게?

박 선생님 왜냐하면 저도 편지를 썼잖아요. 그러니까 아이들에게도 (중략) 고마운 것을 자꾸 표현하길 원하는 게 국어 교육의, 제가 생각하는 국어 교육의 목표 중 하나거든요. 칭찬하는 말하기, 칭찬하는 글쓰기, 그걸 통해 서로가 자존감을 세워 주는 그런 것을 원해요. 그래서 거기다 친구들이나 선생님에게 좀 행복했던, 좋았던 이야기들을 표현해 보도록 했어요. (중략)

수업 코치 선생님은 수업에서 표현을 중요하게 생각하시네요.

박 선생님 네. 마음에 담아 두는 것이 아니라 그것들을 긍정적
으로 표현하는 연습을 아이들이 했으면 하죠. (중략) 감사, 행
복 요런 쪽으로 긍정적으로 표현하는 것들을 좀 기르면서 서로
가 자존감이 세워지는 그런 시간이 되길 원하는 마음이에요.[16]

위 수업 나눔을 보면, 수업 코치는 수업 시간 교사가 학생들에
게 들려준 편지를 언급하면서, 그 의미가 무엇인지 교사에게 묻
고 있다. 이는 수업 코치가 수업에서 의미 있는 지점을 발견하여
수업을 한 교사가 성찰할 수 있는 지점을 제공해 준다는 점에서
중요한 의미를 지닌다. 교사는 편지 쓰기의 의미를 국어 수업에
대한 자신의 신념과 연결하여 이야기한다. 수업 교사는 표현하기
를 통한 교사와 학생 간 쌍방향적 의사소통, 학생들의 언어 생활
에서의 긍정성 회복 등을 언급하며 자신의 국어 수업에서의 의미
찾기를 하고 있다. 이처럼 수업 나눔은 드러나지 않았던 교사의
내면을 표면으로 드러냄으로써 수업을 성찰할 수 있는 기회를 제
공한다는 측면에서 의미가 있다.

수업 나눔은 수업 코치와 수업 교사가 일대일로 할 수도 있고,
수업 친구와 함께할 수도 있다. 수업 교사는 일대일 수업 코칭 후
에 함께 수업 코칭을 했던 교사들과 모여 수업을 보고 수업 친구
와 수업 나눔을 실시한다.

(3) 수업 후 성찰지 작성

이 과정에서는 수업 교사가 수업 코칭 후 성찰지를 작성한다. 교사가 수업 나눔을 한 후 성찰한 지점은 어디인지, 어떤 문제가 해결되었는지, 혹은 미해결 과제는 무엇인지 성찰한다. 교사는 스스로 성찰을 실시해 도전 과제를 선정하고, 스스로 어려움을 극복할 수 있는 단단한 내면의 힘을 기르게 된다.

1차부터 3차까지 수업 코칭을 받으면서 어떤 점이 성장했나? 첫 번째는 자신감이다. 세 번의 수업 코칭을 받으며 수업 코치 선생님께서 나의 수업의 강점에 대해 말씀해 주셨다. 수업 속에서 부족하고 이루지 못한 것만 보던 시선에서 내가 가진 것들을 보니 참 뿌듯하고 자신감이 생겼다. 수업 시간에 당당하게, 자신감 있게 보이려고 했지만 내 마음속에서는 수업을 잘못하면 어떡하지, 아이들과 관계가 좋지 않으면 어떡하지 등으로 속을 끓이며 긴장하고 두려워하는 면이 있어 안타까웠다. 이 수업 코칭을 통해 예전보다 조금씩 잘 하는 면을 보면서 자신감이 생기고 행복해졌다.

두 번째는 창의력을 얻었다. 세 번의 수업은 늘 하던 국어 수업과 비슷했지만 좀 더 정교하게 기획하고 아이들과 더 잘 소통되도록 구상하는 과정에서 내가 지금까지 배웠던 것들을 녹여내 수업 기획을 창의적으로 해낼 수 있다는 것을 경험했다. 교과서를 재구성해 아이들의 수준에 맞고, 서로 소통이 잘 이뤄지고, 교과의 본질과 목표를 살릴 수 있는 수업을 할 수 있을 것이라는 희망을 얻었고, 그것들을 해낸 나를 보니 뿌듯했다.

세 번째는 아이들의 말에 더 공감하고 경청해야겠다는 마음을 가졌다. 아이들이 자신의 의견, 감정, 생각 등을 이야기할 때 진도에 대한 부담감 등으로 건성으로 들어 주고 형식적으로 반응해 주는 경향이 있음을 알아차렸다. 들어 주려고 노력은 했지만 들어 주는 척했던 면이 있었던 것이다.

네 번째는 아이들의 말을 들어 보는 것이다. 영상을 보거나 글을 읽고 교사의 말이 먼저 나가는 수업 장면이 있었다. 좀 여유를 가지고 아이들의 말을 먼저 들어 보며 아이들 입에서 교사가 의도하는 것들이 나올 수 있도록 하거나 참신한 의견들을 들어 본다면 아이들이 수업에 더 몰입하고 참여하게 될 것이다.

다섯 번째는 교사의 생각, 의견, 감정 등을 자연스럽게 표현하는 것이다. 아이들 중심으로 수업을 해야 한다는 부담감 때문에 하고 싶은 말이 있었는데도 못 하고 지나치는 수업 장면을 보았다. 아이들의 반응이 시원찮으면 무안하고 당황스러울 것 같아 그냥 지나치기도 했다. 소통이 되는 수업을 하고 싶다면 아이들 말만 들을 것이 아니라 교사도 말을 하면서 쌍방향적 의사소통을 하도록 해야 할 것이다.[17]

이러한 〈수업 후 성찰지〉에는 수업 코칭을 하면서 깨닫게 된 성찰의 내용과 그 과정에서 해결된 수업의 어려움, 앞으로의 수업에서 도전해 보고 싶은 내용 등이 정리되어 있다. 수업 코칭 과정에서의 수업 나눔 대화가 성찰하는 데 있어 발산적 사고 과정이었다고 한다면, 〈수업 후 성찰지〉 쓰기는 교사가 스스로 생각을 정리하는 수렴적 사고 과정이라고 할 수 있다. 앞서도 언급했듯이, 수업 코칭은 그 자체가 창의적 의사소통의 과정이며, 이러한 코칭의 내용과 과정은 국어과 교사의 수업 전문성에 기여하는 바가 매우 크다고 할 수 있다.

박 선생님은 스스로도 말했듯이 국어 교사로서 내면의 건강함을 되찾아 자존감을 회복했다. 학생들과의 관계에서도 두려움을 극복할 수 있는 힘을 찾았고, 학습자와 소통할 수 있는 수업 디자인을 구안해 낼 수 있는 수업 기획력을 얻었다. 이것은 창의적인 의사소통 능력의 향상이라는 국어 교과의 목표를 본질적으로 살릴 수 있는 국어 교사의 역량이다. 그리고 표현 교과로서 국어 교사의 정체성이 견고히 드러난 것을 알 수 있다. 박 선생님은 교사의 감정, 생각, 의견을 자연스럽게 표현하는 것이 국어 교사의 본질이라는 것을 알아차리고 있다.

수업 성찰은 나를 되돌아보고 이해하는 과정이다. 자신을 깊이 만나는 과정이고, 자기와 마주 서기다. 나의 수업이 어디로 가는지 방향을 질문하고, 나는 수업에서 무엇을 실천하고 있는지 고민하며, 내가 두려워하는 것은 무엇인지 직면하는 과정이 수업 성찰이다. 이런 과정을 거치면서 교사는 앞으로 도전할 과제를 스스로 찾아 나간다. 안으로부터 자신을 성찰하는 내면의 힘이 굳건해져서 수업 전, 수업 중, 수업 후 과정에서 내가 무엇을 하고 있는지 성찰하고 피드백을 하게 된다.

먼저 교사인 나의 내면이 건강하고, 행복하고, 여유롭고, 자유로워지는 것이다. 그것을 위해 공부하고 훈련해 나갈 것이다. 그렇게 될 때 아이들과도 행복하고 건강한 소통을 이뤄 낼수 있다는 것을 절실히 깨달았기에 그 과정에서 나 자신을 직면한다는 것이 힘들기도 하겠지만 그렇게 될 때 오는 행복한 수업을 맛보았기에 그 길을 갈 것이다. 자신감과 창의력을 가지고 수업에 임하고 수업을 기획해 나갈 것이다. 원활한 소통을 위해서 나의 생각, 의견, 감정 등을 표현해 보고 아이들의 생각, 의견, 감정 등을 공감하고 경청하는 연습을 할 것이다. 혼자서 이러한 연습과 훈련을 하면 더디고 힘들 것이기에 공동체가운데 다른 분들과 깊이 나누고 배우며 성장해 나갈 것이다.[18]

수업 코칭은 성장이다. 한 지점에서 다른 지점으로 나아가는 것이다. 수업 교사가 지니고 있는 자원을 이끌어 내 성장하도록 돕는 과정이다. 교사에게 도전은 지금, 여기가 어디쯤인가를 알아차리고, 변화할 수 있도록 앞으로 나아가는 것이다. 박 선생님은 국어 교사로서 학생들과 건강한 소통을 이루기 위한 훈련, 공부를 하려는 의지를 보이고 있다. 국어 교사로서 아이들과 진정한 의사소통을 하기 위해 자신의 감정, 의견, 생각을 표현하는 수업 디자인을 구안하는 훈련을 할 것이라고 자기 자신과 약속하며, 개인의 노력을 넘어서 공동체와 함께 고민하면서 성장하려는 내면의 욕구를 나타내고 있다.

7장

수업 나눔의
필요성과 프로세스

　수업 나눔은 수업 코칭의 꽃이다. 수업 코칭에서는 수업 후 교사와의 대화 과정을 수업 나눔으로 명명한다. 수업 코칭에는 전문적인 수업 코치가 필요하다. 물론 전문성은 경청, 질문, 공감 능력을 말한다. 일정 기간 동안 훈련을 받으면 누구든지 수업 코치로서 역할을 담당할 수 있는 역량을 키울 수 있다. 수업 나눔은 '개인의 성찰'이 아니라 '공동체의 성찰'이며, '수업 혁신'에서 '학교문화' 혁신으로 나아간다. '수업 실천'에서 '수업연구'로, '수업 고통'에서 '수업 희망'으로 나아가는, 교사 실천 교육학이다.

　수업 나눔은 방법이 아니다. 수업 나눔은 문화이고 철학이다. 수업은 한 사람의 삶이 오롯이 녹아 있는 세계이기 때문에 함께 그 삶의 흔적을 나눌 수 있는 것이다. 수업 나눔 프로세스는 한 사람의 수업에 담긴 의미와 고민을 심층적으로 알아차릴 수 있게 도움을 주는 지도이다. 물론 별을 보고 길을 찾아갈 수도 있지만, 내면의 지도 한 장이 광활한 수업 광야에서 헤매고 고통 받는 우리 수업 친구의 내면에 숨겨 둔 교사 행복의 오아시스를 찾아가는 데 도움을 줄 수 있기 때문이다.

01

수업 나눔의 필요성[1]

　학교는 조직일까? 공동체일까? 학교가 교육이 일어나는 공간이 되려면 관료화된 조직체를 넘어 유기체적 공동체로 거듭나야 한다. 최근 많이 거론되고 있는 학교 협동조합, 마을 교육 공동체, 교육 생태계 담론, 배움과 돌봄 공동체, 학습 공동체, 실천 공동체 등의 담론도 학교가 공동체로 이행하는 것을 촉구한다는 점에서 공통적이다. 무엇보다 교사들이 먼저 공동체를 이루는 것이 핵심이다. 최근 교사 문화가 변화하려면 전문적 학습 공동체(Professional Learning Community : PLC)를 이루는 것이 중요하다는 논의가 많이 이루어지고 있다. 교사 조직이 전문적 학습 공동체로 이행되기 위해서는 여러 과정이 필요하겠지만, 무엇보다 실제적인 수업을 사례로 함께 연구하는 수업 협의회를 질적으로 변화시키는 것이 중요하다. 수업 협의회에 대해 《좋은교사》 회원 대상으로 한 설문[2]에서 41%가 실질적인 수업 협의회 대신 참관록만 작성한다고 말한 것만 봐도 수업 협의회가 실질적으로 잘 이루어지지 않는다는 것을 알 수 있다. 또한 기존의 수업 협의회 내용을 들여다보면 형식적이고 표피적인 경우가 많다. 10개 안팎 항목의 체크리스트 방식으로 꾸며진 연극과 같은 수업을 보고 칭찬과 지도 조언이 오가는, 통과의례적으로 해야 되는 업무의 하나로 자리 잡고 있다. 수업 협의회는 수업 교사에게는 누군가에게 평가를 받아야만 하는 두려움의 공간이고, 참석자에게는 무엇인가를 이야기해 줘야 하는 당위적인 공간으로 되어 있다.

기존의 수업 협의회는 과학적, 기술적, 평가적, 측정적, 양적, 일시적, 객관적 등의 성격을 지니는 수업 장학, 수업 평가, 수업 컨설팅적 형식이 강하다. 이런 접근 방법은 교사가 수업을 개선하려면 수업 방법이나 수업 내용의 재구성 등 외부적 요소를 알려 주면 된다는 전제가 강했다. 이러한 수업에 대한 인식에 더해 교사의 수업 전문성을 '숙달된 기술'로 보는 시각이 지배적이다. 물론 수업에서 기술이나 방법은 중요하다. 특히 경력이 많지 않은 교사의 경우 수업 방법을 가르쳐 주는 연수나 수업 장학, 수업 컨설팅이 도움이 된다. 하지만 상당수 교사는 수업 개선에서 막혀 있는 지점이 수업 방법과 기술보다는 수업에 대한 자신만의 신념(철학) 부재나, 관계 지향적이며 상호작용을 바탕으로 수업이 진행되어야 하지만 이를 인지하지 못하거나 정서적으로 견디지 못해 무너지는 경우가 많다. 이러한 경우 외부적인 지도 조언을 받는다고 해서 수업이 쉽게 변화될 수 없다.

이는 수업이 예술적, 질적, 장기적, 주관적인 성격도 가지고 있기 때문이다. 똑같은 내용이라 하더라도 누가, 어떤 학생들과 언제 하느냐에 따라 수업은 매번 달라진다. 교사와 학생의 신념과 철학, 정서 그리고 내용 등이 서로 상호작용하며 만들어지는 예술작품 같은 것이 수업이다. 수업의 상황과 맥락에 대한 감수성을 바탕으로 매번 새롭게 의사결정을 하는 총체가 바로 수업이다. 이렇게 실천적 성격을 가진 수업이기에 교사의 주관적인 세계를 인정하고 다양한 수업 사례를 많이 보고 성찰하는 과정의 축적, 즉 '성찰적 실천가'로서 수업의 전문성을 이해하는 것이 필요하다.

수업에서 교사는 가장 중요한 존재로 서야 한다. 이것은 교사 중심 수업이 옳다는 것이 아니라 학습자의 배움을 위해서라도 교사의 자기 성찰이 중요하다는 의미다. 교사가 자신의 빛깔을 잃은 채 주어진 교육과정을 전달하는 기술자의 역할만 자처한다면, 수업의 전문성은 더디게 성장할 수밖에 없다.

수업 협의회는 이러한 수업 전문성에 대한 이해를 바탕으로 교사들이 전문적 수업 소통을 통해 수업을 성찰할 수 있도록 돕는 방식으로 전환되어야 한다. 이러한 관점에서 '수업 협의회'라는 용어를 재검토할 필요성이 있다. 수업 협의회는 수업을 공적으로 협의해야 되는 행정적 느낌이 드는 용어다. 또한 수업을 객관화하고 분석적으로 대상화한다는 느낌이 든다. 그러기에 수업 협의회에서 교사들은 자신을 온전히 드러내지 못하고 서로 가면을 쓰는 상황이 된다.

〈표1〉 수업 협의회와 성찰 중심의 수업 나눔회 비교

구분	기존의 수업 협의회	성찰 중심의 수업 나눔회
수업 전문성의 이해	숙달된 기술자	성찰적 실천가
수업의 성격	기술적, 과학적, 평가적, 양적, 일시적, 객관적- 수업의 외면	예술적, 실천적, 질적, 장기적, 주관적- 수업의 내면
수업을 보는 관점	체크리스트 방식(양적 방법)의 표준화, 객관화된 틀로 분석 (교사의 주관성 불인정)	질적 방법으로 수업 교사가 고민하는 관점으로 수업 속 의미 있는 지점, 의문 나는 지점 살피기
수업을 보는 주요 부분	수업 목표 달성도, 교사의 발문, 수업의 조직, 교수 매체 활용, 평가 등	교사의 신념(의도), 학생들의 배움의 양상(학습의 과정), 교사-학생, 학생-학생 간의 상호작용(관계), 교사와 학생의 정서
방향	내용 중심	과정(경험) 중심+내용 중심
참관자 역할	문제 해결자, 분석자, 평가자	이해자, 공감자, 동행자
사회자 역할	진행자, 타임키퍼	안내자, 주도권을 갖고 수업 교사의 성찰의 흐름을 보고 참관자가 발언할 기회를 줌
수업 개선 모델	처방 모델	성찰 모델
진행 절차	1. 개회사 2. 수업자 평 3. 참관자 의견 발표 4. 전문가 지도 조언 5. 총평	1. 교사의 문제의식 확인, 맥락 상황 등 파악(수업 교사에게 다가서기) 2. 소그룹 수업 나눔 3. 수업 교사의 관점에서 의미 찾아 주기(공유 및 대화) 4. 수업 교사의 관점에서 의문 던지기 (공유 및 대화) 5. 수업 나눔 정리하기(개선 방안 모색, 도전 과제 찾기)

출처: 김효수, 《좋은교사》 11월호, 2015

그래서 새로운 수업 협의회로 나아가기 위해 용어 변경을 제안한다. 바로 '수업 나눔회'이다. 수업은 삶이 반영되어 있고 주관적인 부분이 많기에 '나눔'의 대상이 되어야 한다. 좋은교사 수업코칭연구소에서는 2015년부터 형식적인 '수업 협의회'를 교사의 성찰이 중심이 되는 '수업 나눔회'로 바꾸는 실천적인 운동을 펼쳐가고 있다.

02

수업 나눔 프로세스

교사와 수업 친구가 일대일 수업 나눔을 하는 경우 교사의 고민을 중심으로 충분히 공감적 경청을 하면서 문제를 해결할 수 있는 방안 제시가 가능하지만, 여러 명이 참여하는 수업 나눔회 상황에서는 비교적 구조화된 프로세스가 필요하다.

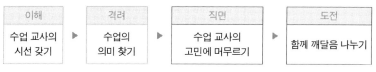

〈그림1〉 수업 나눔회 프로세스[3]

이 프로세스는 반드시 지켜야 하는 선형적인 절차는 아니다. 수업을 하는 교사의 생각과 감정의 흐름에 따라 고민이 금방 드러나면 그것에 대해 함께 이야기를 나누면 된다. 하지만 수업 나눔을 처음 해 보거나 많은 선생님이 참여하는 경우에는 이 프로세스대로 진행해 보는 것이 좋다.

(1) 1단계 '이해: 수업 교사의 시선 갖기'

첫 단계는 수업 교사의 시선을 이해하는 것이다.

수업 나눔회를 하는 목적은 수업에 대해 평가하는 것이 목적이 아니라 교사가 스스로 수업을 성찰할 수 있도록 돕는 데 있다. 그러려면 먼저 교사의 수업을 제대로 이해해야 한다. 기존의 수업 협의회는 교사에 대한 이해 없이 관찰자의 관점으로 수업을 평가하는 경향이 많았다. 수업 교사는 평가에 대한 부담감에 위축돼 어떤 이야기에도 마음을 열지 못해 진짜 고민이 잘 해결되지 않는다. 따라서 교사를 깊이 이해하고 싶은 마음으로 경청하고 질문하며 대화하는 과정을 통해 서로의 마음을 열며 신뢰하는 과정이 필요하다.

수업 나눔회의 1단계는 수업자의 시선 갖기, 즉 이해 과정이다. 수업 나눔을 진행하는 수업 나눔 안내자와 참관자(수업 친구)들이 내 틀이 아닌 수업을 하는 교사에게 도움이 되는 수업을 나누기 위해서는 이 단계가 매우 중요하다. 이때 교사에게 수업 후의 느낌, 수업의 의도, 신념, 교사-학생과의 관계, 교실 문화, 지역적 특성, 교사의 고민과 아픔 등 맥락과 마음을 충분히 말하게 하고 경청한다. 이렇게 교사가 어떤 의도와 맥락, 고민을 가지고 수업을 했는가를 충분히 이해할 때, 그다음 단계인 수업 교사의 시선에서 수업의 의미를 찾고 고민을 찾을 수 있다.

그런데 수업 나눔 안내자 입장에서 이때 어떠한 질문으로 수업 교사를 이해할 것인가 막막할 수 있다. 이를 위해 다음과 같은 질문을 예시로 제시하니 참고하길 바란다.

〈표2〉 1단계 '이해: 수업 교사 시선 갖기'의 질문 예시

수업 교사에게	●수업을 마치고 난 후, 지금 어떤 느낌인가요? ●수업을 하기 전 어떤 고민을 하셨나요? ●이 수업에서 아이들에게 주고 싶은 배움은 무엇이었나요? ●수업에서 의도한 수업목표는 무엇인가요? ●수업을 하기 전에 특별히 관심 가는 아이들이 있었나요? ●수업을 할 반 학생들과의 관계는 어떤가요? ●교과에 대한 선생님의 신념은 무엇인가요? ●수업 나눔을 통해 해결하고 싶은 것은 무엇인가요?
수업 친구에게	●(수업 교사의 이야기를 들으면서) 교사를 이해하기 위해 더 궁금한 것이 있나요? ●수업자의 이야기를 들으면서 교사의 관점에서 충분히 수업이 이해됐나요?

하지만 수업 나눔회에서 교사에게 이러한 질문을 던졌을 때 질문에 대해 미리 생각을 해 보지 않으면 여러 사람과 이야기를 나누기 어려울 수 있다. 그래서 좋은교사 수업코칭연구소에서는 수업 공개 전 〈수업 전 성찰지〉를 적게 한다.

〈수업 공개 지도안〉을 〈수업 전 성찰지〉로 바꾸자!

기존의 〈수업 공개 지도안〉은 형식적인 요소가 많고 객관적인 수업에 대한 정보만 줄 뿐 수업 교사의 고민, 주관적인 의도, 관계의 맥락 등이 전혀 드러나지 않는다. 하지만 〈수업 전 성찰지〉 양식에 맞추어 〈그림2〉처럼 수업을 공개하기 전에 수업의

수업 전 성찰지

성명	이OO	경력	2년 6개월	과목	수학
학교	OO 초등학교	수업 학년/ 반		5학년 4반	
수업나눔안내자	손OO	수업 공개 날짜·교시		2015년 6월 23일 6교시	

1. 간략한 수업흐름은? (개요)

학습목표	사다리꼴의 넓이 구하는 방법 알기	
수업흐름	**단 계 별 지 도 내 용**	**자료 및 유의점**
	사다리꼴 구성요소 약속하기 (윗변, 아랫변, 높이)	사다리꼴
	사다리꼴 구하는 방법 알아보기(단위넓이, 공식유도)	
	사다리꼴 구하는 연습하기 (문장만들기 게임)	

2. 수업에 대한 고민은?

1) 이번 수업에서 어떤 의도를 가지고 가르치려고 합니까?

사다리꼴 구하는 방법을 도구적으로 이해하지 않고 어떤 과정을 통해서 그 방법을 찾을 수 있는지 알기를 바란다. 사다리꼴 2개로 평행사변형을 만들고 평행사변형 넓이 구하는 방법을 이용하여 사다리꼴 넓이를 구하는 과정을 익히도록 하고 싶다.

2) 수업과 관련해 평소에 고민했던 부분은 무엇인가요?

공식을 그냥 외우는 것과 공식을 유도하는 과정을 아는 것 중에서 중요한 것을 고르자면 공식을 유도하는 과정을 아는 것이라고 생각한다. 그러나 초등5학년 학생에게 공식을 유도하는 과정을 알아내 보라고 요구하는 것은 너무 어려운 과제라고 생각한다. 그래서 그 과정을 경험하도록 도와주는 역할을 하고 싶었다. 그런데 도와주는 역할을 원하지만 결국 수업에서는 교사 주도 수업으로 흘러가 버리기 때문에 학생들에게 얼마나 배움이 일어나는지 확인하기는 쉽지 않다.

3) 최근 수업을 하면서 가장 많이 했던 생각은 무엇인가요?

- 수업에 아이들을 참여시키는 방법이 무엇일까?
- 수업에 아이들이 집중하게 하는 방법은 무엇일까?
- 다 아는 내용을 또 배우는 아이들에게 이 수업을 통해 어떤 의미를 주어야 할까?
- 아이들은 수업내용을 얼마나 알고 있을까?
- 수업 내용을 모르면서 집중하지 않는 아이들의 심리는 어떤 것일까?

4) 이번 수업 나눔을 통해서 해결되었으면 하는 부분은 무엇인가요?

아이들의 마음을 읽을 수 있는 눈이 좀 생겼으면 좋겠다. 학생들 영상을 보면서 계속 드는 생각은 수업에 참여하는 아이들만 참여하고 나머지 아이들은 방치되는 것 같다. 수업 시간 내내 짝과 장난치는 아이, 다른 생각을 하는 것이 눈에 보이는 아이를 어떻게 하면 수업에 참여하도록 할 수 있을지... 그런 아이들의 마음은 어떤 상태일지 알고 싶다.

1) 이번에 수업하는 학급에 대해서 알려 주세요. 주의 깊게 봐주었으면 하는 학생이 있으면 소개 해주셔도 됩니다.

　우리 반은 수학 부진이 나타나는 아이가 4~5명 정도 있다. 빨강검정 줄무늬 티셔츠를 입은 아이와 맨 앞에 앉은 남자아이가 그 중 가장 빈번한 어려움을 보이는 학생들이다.

　이 아이들이 수업에 얼마나 참여하고 있는지 무엇이 수업에 들어오는 것을 방해하는 것인지 주의 깊게 봐주면 좋겠다.

　발표하는 것을 통해서 얼마나 수업에 참여하고 있는지를 가늠하는데 5명 정도는 꾸준히 발표를 하고 8명 정도는 보통. 나머지 5명 정도는 발표를 안 하는 편에 속한다.

2) 자리배치표

병★	지★	영★	샛★	수★	승★
수★	원★	지★	경★	우★	호★
서★	주★	예★	정★	정★	지★

교탁

〈그림2〉 〈수업 전 성찰지〉 실제 기록 예시[6]

의도와 교사와 학생의 관계, 학생의 배움 상황, 고민 등을 쓰다 보면 교사 스스로 자신의 수업을 성찰하게 되는 효과가 있다는 이야기를 많이 한다. 이제 형식적인 공개 〈수업 공개 지도안〉을 쓰는 시간을 줄이고 실질적인 자신의 고민을 정리해 보는 〈수업 전 성찰지〉를 써 보기를 제안한다.

(2) 2단계 '격려: 수업의 의미 찾기'

수업의 의미 찾기, 즉 격려 단계다. 이 단계는 일명 '수업의 꽃 달아 주기'라고 표현할 수 있다. 마치 김춘수의 시 〈꽃〉의 시구 "내가 그의 이름을 불러 주었을 때 그는 나에게로 와서 꽃이 되었다."처럼, 교사의 수업 중 의미 있는 지점을 비추면 수업 교사에게 꽃이 될 수 있을 것이다.

1단계에서 수업 교사의 시선으로 수업을 이해했으면, 다음 단계로 수업을 공개한 교사의 수업에 의미를 부여해 줄 필요가 있다. 수업 나눔회 상황에서 수업을 진행하는 교사의 마음은 대개 위축돼 있다. 기존의 수업 협의회에서도 돌아가면서 수업 교사에게 칭찬을 하는 경우도 많지만, 대개는 형식적인 칭찬으로 끝나거나 덧붙여 지도 조언으로 평가나 지적하는 발언이 따라오는 경우가 많아 격려로서 깊게 다가오지 않는다. 일반적으로 교사들은 공개수업에서 옥의 티를 찾듯이 지적할 거리를 찾으려고 한다. 대부분 교사는 자신의 수업을 깊이 보고 수업의 의미에 대해 깊이 있는 성찰을 해 본 경험이 거의 없다. 따라서 교사에게 수업의 의미를 찾아 비춰 주고 그것에 충분히 머물게 함으로써 위로와 격려를 주면 수업을 성찰할 힘과 용기를 얻게 된다. 만약 이 과정이 충분히 이루어지지 않고 다음 단계인 직면으로 바로 넘어가면 자신의 수업에서 고민되는 부분을 표현할 용기가 없게 된다. 이런 경우 수업에 대한 질문을 받으면 방어기제가 작동해 회피하는 경우가 많다.

수업의 의미를 자세히 찾아 비추기

수업의 의미를 자세히 찾아 비추기

수업을 보면서 의미 있는 지점을 잘 찾아 비춰 주기 위해서는 '존재'로서 수업을 보아야 한다. 수업을 '존재'로 본다는 것은 수업 교사를 의미 있는 메시지를 던지려는 '작가'적 존재로 본다는 것이다. 그래서 1단계에서 수업 교사의 시선으로 이해한 것을 바탕으로 교사의 교육 철학, 신념, 의도 등이 수업에서 어떻게 반영되는지 다양한 지점에서 살펴 비춰 주는 것이 필요하다. 이를 위해 수업 상황을 교사 관점과 학생 관점에서 동시에 살필 필요가 있다. 교사의 관점에서는 교사가 수업에서 일관되게 하려는 행동에 대해 의미를 부여해 주어야 한다. 의미를 부여하기 위해서는 그 교사의 내면으로 들어가 교사가 어떤 의도에서 그런 행동을 하는지 그 내면을 정확하게 읽어 주는 것이 좋다. 수업 행위를 하게 하는 과정과 노력에 집중하면서 수업 교사의 시선 속에서 격려하도록 한다. 또한, 학생의 관점에서도 배움의 상황을 교사에게 말해 주며 격려할 필요가 있다. 이때는 형식적이고 포괄적인 칭찬보다 구체적인 수업 장면과 아이들의 반응을 이야기해 주는 것이 좋다. 형식적인 칭찬과 진정한 격려는 분명히 차이가 있다.

수업 나눔회 상황에서 수업 나눔 안내자는 함께 수업을 본 수업 친구들이 모둠별로 '수업의 의미 찾기' 단계를 함께 할 수 있도록 시간을 주는 것이 좋다. 인원이 몇 명 되지 않고 이미 관계성이 깊은 사이라면 모둠별 토의 시간 없이 돌아가며 말하게 하는 것이 좋다. 하지만 2개 모둠 이상의 인원이 될 경우에는 교사의 수업 성찰을 초점으로 이야기를 나눌 수 있게 시간을 준 후 나중에 발표를 듣고 수업 교사가 어떻게 느껴지는지 듣는 것을 중심으로 수업 나눔을 진행하는 것이 좋다.

그때 수업 나눔 안내자 입장에서 어떠한 질문으로 수업 교사와 수업 친구를 이 단계를 안내할 것인지 막막할 수 있다. 이를 위해 다음과 같은 질문을 예시로 제시하니 참고하길 바란다.

<표3> 2단계 '격려 : 수업의 의미 찾기' 질문 예시

수업 친구에게	●수업 친구는 수업 교사가 가르치려고 하는 의도가 어디서 잘 드러났는지 찾아봐 주세요. ●이 수업에서 가장 의미 있다고 생각하는 장면을 찾아봐 주세요. ●수업에서 학생들의 배움이 일어난 구체적은 장면은 어디인가요?
수업 교사에게	(수업 친구의 이야기를 들은 후) ●수업 친구의 이야기 중에서 선생님의 마음을 가장 잘 비춰 주는 부분은 무엇인가요? ●수업 친구의 이야기 중에서 가장 마음에 와 닿는 이야기는 무엇인가요? ●수업 친구가 선생님에 대한 수업의 의미를 찾아 주었는데, 이 이야기를 들으면서 선생님의 마음은 지금 어떤가요?

수업 친구들이 수업 교사에게 수업의 의미를 찾아 비추어 주기 위해서는 전제 조건이 있다. 바로 수업 보기 때 자세히 관찰해야 구체적으로 수업 장면과 연관 지어 수업의 의미를 비춰 줄 수 있다.

수업 보기에서는 '의미 찾기'를 중심에 둔다

기존의 수업 보기에서는 수업을 분석할 수 있도록 체크리스트를 들고 수업의 흐름에 따라 그 체크리스트 항목이 잘 드러나는지 평가하면서 수업을 보았다. 하지만 수업 교사의 성찰을 돕는 수업 나눔을 위해서는 수업 보기도 달라야 한다. 특별한 양식 없이도 수업을 볼 수 있지만, 다음의 〈그림4〉처럼 〈수업 보기 기록지〉를 활용해 수업을 보면서 구체적인 수업 장면을 적으면서 의미 있는 지점을 표시하면 좋다. 이는 다음 3단계인 '직면: 수업자의 고민에 머무르기' 단계를 위해서도 중요하다. 구체적인 수업 장면을 기록하며 나의 생각과 느낌을 적고, 이를 수업 교사의 시선으로 어떻게 성찰적 질문으로 바꿀 수 있을지 써 보면서 수업을 보는 것이다.

(3) 3단계 '직면: 교사의 고민에 머무르기'

이 단계는 수업 교사의 고민을 잘 듣고 문제에 직면하도록 돕는 단계이다. 여기서 직면(confrontation)이란 사실이나 행동을 있는 그대로 기술해 주어 수업 교사가 간과하고 있을지도 모르는 진실을 볼 수 있도록 해 주고, 새로운 관점을 발견하도록 도움을 주는 것을 말한다. 1단계에서 수업자의 시선으로 수업을 이해했고, 2단계에서 수업 속에서 의미를 자세히 비춰 주어 교사가 충분한 지지와 격려를 받았다면, 이제 자신의 수업과 마주하며 스스로 충분히 머무르는 시간이 필요하다. 사실 대부분 교사는 수업

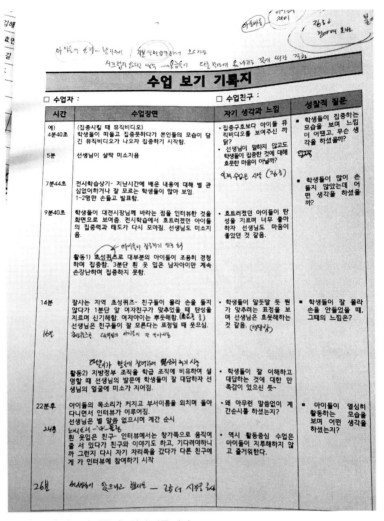

〈그림4〉〈수업 보기 기록지〉 실제 기록 예시

이 뜻대로 되지 않아 가슴 아파하고 그것 때문에 '고민'하는 존재
이다. 그러나 이러한 내면의 아픔과 고민 속에서 충분히 머무르

지 못하고 하루하루 자신에게 주어진 일들을 처리해 나가느라 바쁜 것이 현실이다. 이러한 교사들에게 자신의 수업의 속살과 마주하게 해 진면목을 보게 함으로써 내면의 힘을 기르게 할 수는 없을까?

처방적 조언보다 경청과 성찰적 질문으로

수업 나눔회에 함께하는 수업 친구들과 수업 나눔 안내자가 수업을 볼 때, 수업 교사의 관점에서 보더라도 본인의 신념대로 일관되게 수업이 진행되지 않을 수 있다. 또한 학생의 관점에서 보게 되면, 교사의 가르침과 별개로 학생의 배움이 잘 일어나지 않은 경우도 있다. 이때 수업 친구들이 교사가 알아차리지 못한 상황들을 정확하게 찾아 주고 교사의 시선으로 질문하게 되면, 교사는 대화 중에 수업 속 상황을 이해하고 스스로 그 상황과 직면하게 된다. 이때 주의해야 할 점은 수업 교사에게 직접 "이 지점이 이상했다."거나 "이렇게 하면 더 좋지 않았을까."라는 처방적 조언 혹은 해결책을 제시하는 듯한 말은 피해야 한다. 수업 나눔 안내자와 수업 친구는 수업에서 관찰한 수업 장면을 구체적으로 제시하면서 성찰적 질문의 형식을 취해 "이 부분에서 어떤 의도가 있으셨나요?", "이 수업 장면에서 선생님이 힘들게 느껴졌는데 그때 선생님은 어떤 마음이었나요?" 하는 식으로 질문하는 것이 좋다. 잘못을 지적받거나 조언을 받는다는 생각이 들면 수업 속에 머무르기보다는, 자꾸만 그 수업을 회피하고 싶어진다. 그래서 수업 친구는 많은 것을 가르쳐 주고 알려 주기보다는 성찰적 질문을 던져 교사가 수업을 더 깊게 살피게 하여, 스스로 수업의 문제 상황을 직면하도록 해야 한다. 사실 수업을 보다 보면 자연스럽게 판단이 작동한다. 이 판단을 그대로 수업 교사에게 단정적으로 전달하는 것이 아니라, 수업 교사의 생각과 감정은 다를 수 있다고 생각해 우회적으로 이야기하는 것이 좋다.

실제 수업 나눔회에서 수업 나눔 안내자의 역할이 제일 중요한 게 이 단계이다. 수업 친구들이 제기한 여러 가지 질문을 수업 교사가 모두 다 답하는 형식으로 수업 나눔이 진행되면 자칫 질의응답 시간으로 전락할 수 있다. 따라서 수업 안내자는 1단계에서 수업 교사의 시선으로 교사가 가장 고민하는 지점을 한두 가지 주제로 초점화하고 여기에서 벗어나지 않는 성찰적 질문을 만들어 달라고 부탁한다. 그리고 수업 친구들이 한 여러 질문 중에 교사가 머무르고 싶은 질문을 선택하게 하고, 그것에 대해서만 깊게 나누도록 안내한다. 보통 참관자는 수업에서 관찰한 부분을 전부 다 말해 주고 싶은 욕구가 있다. 하지만 그 부분을 모두 이야기한다고 해서 수업 교사에게 반드시 도움이 되는 것도 아니다. 교사가 문제의식을 느끼지 않은 영역에 대해 이야기하는 것은 교사의 성찰에 큰 도움이 되지 않는다. 따라서 수업 나눔 안내자는 선택된 주제와 관계된 질문에 대해 교사가 대답할 때, 마음과 생각의 흐름에 함께 하면서 교사의 내면을 깊게 탐색할 수 있는 질문들을 이어 가야 한다. 이때 수업 나눔회의 인원이 너무 많거나 정서적인 안전지대가 형성이 잘 안 된 경우 교사가 자신의 내면을 공개하는 것을 꺼릴 수 있다. 또 교사에게 너무 초점을 맞추는 것이 부담스러울 수 있다. 그런 경우, 수업 교사의 고민에 더해 수업 나눔에 참여하는 사람들의 경험을 함께 나누며 함께 고민하는 장으로 이끌어 가도 좋다.

직면의 단계에서는 무엇보다 질문이 중요한데, 수업 교사에게 성찰을 일으키는 질문을 던지기는 것은 쉽지 않다. 교사마다 고민이 다르고 상황과 맥락에 따라 질문은 다양할 수 있기 때문에 교사로 하여금 문제에 곧바로 직면할 수 있게 하는 마법의 질문은 없다. 성찰적 질문이 아닌 것에 대한 기준은 있을 수 있다. 교사의 고민에서 벗어나 새로운 문제제기를 하는 '문제제기 질문'이나, 수업 방법이나 기술 등이 궁금해서 묻는 '호기심 질문', 이런 방법이 있는데 안 해 보았느냐는 질문인 '문제 해결 질문'은 지양하는 것이 좋다.

수업 나눔 안내자 입장에서 이 단계를 어떤 질문으로 안내할 것인지 막막할 수 있다. 이를 위해 다음과 같은 질문을 예시로 제시하니 참고하길 바란다.

<표4> 3단계 '직면 : 수업자의 고민에 머무르기'의 질문 예시

수업 교사에게	●이 수업에서 가장 아쉬웠던 지점은 어디인가요? ●선생님의 의도와 다르게 흘러갔던 수업 장면이 혹시 있으신가요? ●수업에서 학생들과 관계 맺기가 힘들거나 어려운 점은 없었나요? ●수업 내용을 전달하면서 아쉬웠던 것은 무엇인가요? ●수업을 진행하면서 아쉬웠던 것은 언제인가요? (수업 친구의 이야기를 들은 후) ●수업 친구가 내면적으로 힘들었던 지점을 찾아 주셨는데, 선생님은 이때 어떤 마음이었나요?
수업 친구에게	●수업 교사의 고민을 들으면서 어떤 마음이 들었나요? ●수업 교사의 고민 속에서 나의 고민과 일치하는 지점은 없었나요? ●혹시 오늘 수업에서 수업 교사가 미처 알아차리지 못했지만, 교사가 내면적으로 힘들고 어려워했던 지점은 어디라고 생각하나요?

수업 교사의 고민에 머무르며 수업 나눔에 참여하기

수업 교사의 고민에 머무르며 수업 나눔에 참여하기 위해서는 앞에서 안내한 〈수업 보기 기록지〉를 활용하는 것이 필요하다. 수업을 볼 때, 관찰자의 기준과 수업 교사의 행위가 어긋날지라도 평가하거나 판단하는 마음보다는 왜 그렇게 되었는지 교사의 의도를 궁금해하며 수업을 봐야 한다. 특별히 수업에서 교사의 내면이 흔들리고 힘들어하는 지점은 무엇일까를 고민해 보고, 교사의 가르침과 학생의 배움이 잘 연결되지 않는 지점, 교사의 신념이 일관되게 흘러가지 않고 흔들린 지점 등을 살펴보면서 교사가 평상시 가지고 있는 수업 고민은 무엇이고, 이 수업을 하면서 어떤 고민을 가졌을까를 생각해 보며 구체적인 수업 장면을 기록

한다.

수업 나눔에 참여할 때도 수업 교사의 고민에 머무르려면 메모를 하면서 떠오르는 내 생각도 적으며 수업 나눔의 흐름에 함께하는 것이 좋다. 그러기 위해 좋은교사 수업코칭연구소는 〈그림 5〉처럼 〈수업 나눔 참여지〉를 활용하고 있다.

수업 교사의 시선을 잃지 않으려는 대표적인 질문들을 보면서 수업 나눔에서의 대화 내용과 자신의 생각을 적어 가며 수업 나눔에 참여할 수 있다.

(4) 4단계 '도전: 함께 깨달음 나누기'

이 단계는 수업 교사와 수업 나눔 안내자, 수업 친구들이 수업 나눔을 하면서 얻은 깨달음을 나누는 단계이다. 서로의 깨달음을 공유하면서 각자 성찰한 지점과 앞으로 도전하고 싶은 과제를 함께 나누는 것이다. 이 단계는 수업 교사에게는 수업 나눔의 경험을 돌아보고 스스로 도전과제를 설정해 봄으로써 내면화하고, 변화를 위한 내적 의지를 다지는 시간이 된다. 그리고 수업 나눔에 참여한 동료 교사들도 이 과정을 통해 알아차린 것들을 이야기하면서 수업이 개인의 것이 아닌 우리의 것임을 알게 된다. 즉 수업이 함께 해결하고 만들어 나가는 문화적 성격이 있음을 인식하게 된다.

수업 나눔 참여지

( )학교 제( )학년 ( )반	수업자		수업 친구	
교과	주제		일 시	201 . . . ( )교시

단계	대상	수업나눔의 시선	수업나눔 기록 및 자기 생각 쓰기
이해_ 수업자의 시선갖기	수업자 에게	·수업자의 철학과 신념은 무엇인가요? ·수업자가 의도한 수업목표는 무엇인가요? ·수업자와 학생들과의 관계는 어떤가요? ·수업자가 수업나눔을 통해 해결하고 싶은 것이 무엇인가요?	
	나에게	＊ 수업자의 시선이 아닌 나의 시선으로만 수업을 이해하라고 하지 않았는지요?	
격려_ 수업의 의미 찾기	수업자 에게	·수업자가 가르치려고 하는 의도가 어디서 잘 드러났나요? ·이 수업에서 가장 의미 있다고 생각하는 장면은 어디인가요? ·수업에서 학생들의 배움이 크게 일어난 장면은 어디인가요?	
	나에게	＊ 수업자의 시선이 아닌 나의 시선에서 수업자에게 형식적인 칭찬을 한 적이 없었는지요?	
직면_ 수업자의 고민에 머무르기	수업자 에게	·수업자의 의도와 다르게 흘러간 수업장면은 혹시 있으신가요? ·수업에서 학생들과 관계 맺기가 힘들거나 어려운 점은 없었나요? ·이 수업에서 수업자가 미처 알아차리지 못했지만, 수업자가 내면적으로 힘들고 어려워했던 지점은 어디인가요?	
	나에게	＊ 수업자의 고민을 깊게 듣지 않고 나의 시선으로 수업자의 수업에 대해 처방하려고 하지 않았는지요?	
도전_ 함께 깨달음 나누기	수업자 에게	·수업을 나누면서 의미 있게 다가왔거나 새롭게 깨닫게 된 것은 무엇인가요? ·다음에 수업할 때, 어떻게 하고 싶으세요?	
	나에게	＊ 수업자의 이야기를 들으면서 나의 수업을 성찰한 지점은 어디인가요?	

〈그림5〉〈수업 나눔 참여지〉 양식

수업 교사 스스로 도전 과제 세우기

수업 교사의 시선으로 의문을 찾고 대화하는 과정을 통해 교사는 자신을 성찰하며 자신의 내면과 문제 상황을 알아차리게 된다. 이 과정에서 무엇을 경험했고 알아차렸으며 새롭게 도전할 수 있는 것은 무엇인지 스스로 정리하게 한다. 수업을 하기 전에 자신의 이상적인 기준이나 가지고 있었던 고민이 수업 나눔을 한 후에 어떻게 변화되었는지, 다음 수업에서는 어떤 선택과 변화를 하고 싶은지 이야기한다. 수업 나눔이 진술하게 이루어지면 수업 교사 스스로 수업에서의 문제 상황을 고치려고 하는 노력을 보인다. 이때 명심할 것은 수업 나눔 안내자나 수업 친구가 성급하게 "이렇게 하세요."라고 직접 조언하기보다 수업 교사 스스로 수업에서의 도전 과제를 찾도록 도와주어야 한다. 교사 스스로 알아차리고 공언한 문제일수록 스스로 변화하려는 에너지가 충만해 변화 가능성이 높아진다. 교사가 스스로 알아차리지 못한 문제에 해결책을 제시하면, 수긍은 한다 해도 자신이 깨달은 지점이 아니기 때문에 변화할 수 있는 에너지는 한계가 있다. 문제 해결의 해답은 누가 던져 주는 것이 아니라 스스로 찾아가는 것이고, 수업 나눔을 통해 서로에게 배워 갈 수 있는 것이다. 수업 나눔 안내자 입장에서 어떠한 질문으로 수업 교사와 수업 친구에게 이 단계를 안내할 것인지 막막할 수 있다. 이를 위해 다음과 같은 질문을 예시로 제시하니 참고하길 바란다.

〈표5〉 단위 학교 수업 나눔 프로세스 예시 시뮬레이션

수업 교사	●수업을 나누면서 의미 있게 다가왔거나 새롭게 깨닫게 된 것은 무엇인가요? ●수업 속에서 고민은 어느 정도 해결이 되었나요? ●다시 이 수업을 한다면 변화하고 싶은 부분이 있나요? ●다음에 수업할 때 도전하고 싶은 것이 있나요?
수업 친구	●수업 나눔을 하면서 느낀 점은 무엇인가요? ●수업 나눔을 하면서 성찰한 부분이 있다면 말씀해 주세요.

위의 수업 나눔 과정을 구체적으로 수업 협의회 상황으로 시뮬레이션해 보면 〈표6〉과 같다.

〈표6〉 단위 학교 수업 나눔 프로세스 예시 시뮬레이션

① 수업 교사의 시선 갖기(5분 정도)
― 수업 촬영본을 보기 전에 수업 교사의 수업 속 의도, 고민, 신념, 학교문화, 아이들 상황, 수업 후 정서적 상태 등을 듣는다. 수업을 직접 본 상황이라면 가급적 수업을 보기 전 사전 인터뷰를 하거나 〈수업 나눔 성찰지〉를 읽어 본 후 관찰의 초점을 인지하고 수업을 관찰한다.

② 수업 촬영본 수업 보기(수업을 직접 본 경우는 생략) (40~50분)
― 편집본이 아닌 수업 전체를 보는 것이 좋다.

③ 모둠별 수업 나눔 시간(15분)
― 수업 보기의 초점은 두 가지를 중심으로 이야기를 나눈다.
이때 수업 교사-수업 나눔 안내자는 일대일 수업 나눔을 한다.

④ 모둠별 나눔 공유(수업의 의미 찾기) 후 수업 교사-안내자 토크(10분)
― 모둠별로 수업 나눔 부분 중에서 의미 찾기 부분을 공유한다. 이때 수업 나눔 안내자는 가급적 칠판에 그 내용을 적는다. 그리고 어떠한 지점이 가장 와 닿았는지 수업 교사에게 물어보며 주요 부분에 관해 이야기를 나눈다(수업 교사-안내자 일대일 수업 나눔 한 내용 필요 시 공유).

⑤ 모둠별 나눔 공유(수업 교사의 고민에 머무르기) 후 수업 교사-안내자 토크(10분)
 - 모둠별로 수업 나눔 한 부분 중 고민에 머무르기 부분을 공유한다. 이때 수업 나눔 안내자는 가급적 칠판에 그 내용을 적는다. 그리고 어떠한 지점을 이야기하고 싶은 지 수업 교사에게 물어보고 초점화된 내용을 가지고 이야기를 나눈다(수업 교사-안내자 일대일 수업 나눔 한 내용 필요 시 공유).

⑥ 다른 구성원(수업 나눔 공동체) 질의 및 느낌 나누기- 10분(생략 가능)

⑦ 함께 깨달음 나누기(수업 교사의 소감 및 스스로 도전 과제 찾기), 수업 나눔 안내자의 소감 마무리 발언(5분)
 - 수업 나눔을 통해 수업 교사가 무엇을 성찰하고 깨달았는지 나누게 한다. 그리고 다음에 도전하고 싶은 도전 과제를 스스로 세우도록 한다. 수업 나눔 안내자도 무엇을 느꼈는지 이야기하며 마무리한다.

수업 나눔은 '나'를 찾는 과정

수업 나눔은 수업 교사뿐 아니라 수업 나눔에 참여한 수업 친구에게도 많은 유익을 준다. 수업 나눔은 기존의 '너'의 수업으로 분석하고 평가하는 수업 협의회의 모습에서 벗어나 수업에서 '나'를 만나기 위해 함께 성찰하는 과정이다. 서로 성찰의 과정을 나누며 각자 자신만의 자기 됨을 찾아가게 된다. 수업 나눔을 경험했던 선생님들이 나눈 이야기 가운데 몇 가지를 소개한다.[5]

> "수업 나눔은 매우 공적인 시간이면서 매우 사적인 시간이라고 느꼈다. 많은 선생님이 수업이라는 공적인 장소에 서 있는 한 선생님의 사적인 생각 및 의도에 긍정적인 태도로 반응해 주는 것이 그 선생님에게 무엇을 의미하는지를 알 수 있게 되었다."

"수업 나눔은 나에게 더 깊은 자신과의 만남, 더 큰 용기, 더 큰 희망, 더 깊은 관계 등 좋은 것들을 가져다 주었다. 특히 용기는 매우 중요한 가치인 것 같다. 용기는 나에게 더 좋은 희망 및 관계의 지점으로 나아갈 수 있는 힘을 주기 때문이다."

"여러 번 공개수업을 했지만 이번처럼 의미 있게 진행된 수업 나눔은 경험해 보지 못했다. 수업 나눔은 문제 해결이 아니라 수업을 이루는 주체(텍스트, 학생, 교사)에 대한 더 깊은 성찰로 이끄는 것이라는 것을 알게 되었다. 수업 나눔은 현재의 나의 수업을 다른 각도에서 들여다볼 수 있는 기회를 제공해 주었다."

"수업에 의미가 있거나 의미가 없는 생각들이 명확하게 드러났고, 전에는 의미를 부여하지 못했던 영역들을 알아차릴 수 있었다. 이런 나의 알아차림 및 생각의 발전은 점수제를 사용하면서도 불만족한 상태로 머물러 있었던 나에게 내 수업의 다른 면을 알게 해 주었고 변화에 대한 더 큰 힘을 가져다 주었다."

"세 번의 수업 관찰과 나눔이 무슨 변화를 가져올까 하는 의문이 들 수도 있으나, 자신이 마음을 낮추고, 진지하고 솔직하게 자신의 수업을 성찰하고 이를 누군가가 가치 판단 없이 들어주며 방향을 잡아 주는 일은, 수업 교사에게 실패한 수업이 아니라는, 자신을 향한 회복과 치유가 일어나는 경험이 된 듯하다."

"내 수업에서 내가 진짜 하고 싶은 것을 이해하는 과정에서 눈이 뜨이는 경험을 하게 되었다. 그동안 수업을 하면서 내가 고민했던 지점은 '무엇을 염두에 두고 수업을 해야 하나'였다. 그 중 하나가 '나는 수업에서 학생들과 진정한 관계 맺기를 하고 있는 것일까.'라는 질문이었다. 학생들에게 기대하고 교수해야 하는 것이 있지만, 그 교수 내용에 대한 학습의 의무 또한 학생들에게 분명 있고, 이는 무엇보다도 정서적 친밀감이 우선하고 나서야 해결된다는 것이었다. 수업이 무엇을 위해 존재하는가를 성찰할 수 있는 기회가 되었다."

수업 나눔 절차는 여러 명이 참여하는 수업 나눔을 원활하게 진행하기 위한 틀일 뿐, 수업 나눔에 임하는 마음자세가 더 중요하다. 다음의 '수업 나눔 10가지 약속'을 새기면서 수업 공개 후 수업 나눔에 일단 도전해 봤으면 좋겠다.

수업 나눔 10가지 약속

1. 수업 방법이 아니라 수업 교사 내면의 삶을 나눕니다.

2. 나의 틀을 내려놓고 수업 교사의 시선으로 갑니다.

3. '너'의 수업이 아니라 '우리'의 수업 이야기를 함께 나눕니다.

4. 수업 교사를 평가하지 않고 삶을 격려하고 지지합니다.

5. 수업 교사를 가르치는 것이 아니라 성찰하도록 돕습니다.

6. 수업의 빠른 변화가 아니라 수업의 꾸준한 성장이 목적입니다.

7. 수업 교사를 앞서가지 않고 공감하며 동행합니다.

8. 나의 궁금함을 해결하는 것이 아니라 수업 교사의 고민에 머무릅니다.

9. 수업 교사의 문제를 해결하기보다는 나의 수업을 깊이 성찰하려고 합니다.

10. 수업으로 서로를 위로하며 수업 공동체를 만들기 위해 노력합니다.

8장

수업 나눔의
사례

이 장에서는 학교 단위의 수업 나눔회, 수업 동아리의 사례를 소개한다. 학교 단위 수업 나눔회는 형태를 갖춰 진행한 사례를 제시한다. 학교 단위에서는 수업 친구가 관찰자로 직접 참여했고, 참여한 인원도 서른 명이 넘는다. 수업 동아리 사례는 다섯 명 이상 열 명 이하의 단위이다. 형식적인 절차도 중요하지만, 선생님이 갖고 있는 수업 고민이 수업 친구와의 대화에서 어떻게 흘러가는지, 수업 친구들과 어떤 대화를 하고 있는지 살펴볼 필요가 있다. 또한 수업 나눔 안내자가 수업 교사와 어떤 대화를 하고, 어떤 질문으로 수업 교사의 고민을 이끌어 내고, 함께 그 고민에 머물게 하는지도 주지해서 읽어 봤으면 좋겠다. 안내자로서 상황마다 어떻게 질문을 하고, 수업 교사의 고민을 이끌어 내며, 수업 친구들이 함께 교사의 시선에 머물면서 수업 나눔을 할 수 있는지도 함께 연습했으면 한다.

01

학교 단위 수업 나눔

이번 장에서는 7장의 수업 나눔 프로세스를 학교 현장에서 적용한 사례로, 일대다 상황의 수업 협의회에서 진행한 수업 나눔이다. 일반적으로 학교 현장에서 진행하는 수업 협의회를 수업 나눔회로 바꿔서 진행한 경우다. 수업 교사와 수업 코치(안내자)는 앞에서 작은 수업 대화를 하고, 대여섯 명으로 이루어진 8개 모둠에서 수업 나눔을 실시했다. 지면상 수업 교사의 〈수업 전 성찰지〉, 수업 교사 인터뷰, 수업 내용, 수업 후 학생 인터뷰는 싣지 못했다. 다음 내용은 수업을 마치고 나서 진행한 수업 나눔이다.

질문으로 빚는 깊이 있는 수업

정 선생님과의 수업 나눔은 ○○중학교 전체 교직원, 주변 학교 선생님, 신규 장학사들과 함께 진행되었다. ○○중학교 선생님들이 한 분씩 모둠에 들어가 모둠 섬김이 역할을 해 주었다. 수업이 끝난 후 수업 교사의 수업을 이해하는 과정으로 수업 교사의 시선으로 머무는 시간을 가졌다. 수업 교사의 소감 듣기에서 교사의 감정을 읽을 수 있었고, 교사의 의도가 학생들의 배움과 일치, 불일치했는지 알아차릴 수 있었다.

정 선생님은 지난해의 재미난 수업에 이어 이번에는 깊이 있는 수업을 하고 싶어 했다. 학생들과 친교적인 관계를 형성하는 것이 정 선생님의 새로운 도전이었다. 활동을 멈추고 질문을 통해 학생들에게 문제 제기를 하고 싶은 의도를 드러냈다. 물론 정 선생님은 그것이 어려운 문제임을 인식했지만 학생들이 예상을 뛰어넘어 자신들의 이야기로 고민을 깊게 해 주어, 오히려 수업 교사가 학생들의 배움에서 깨달음을 얻었다고 했다.

★ 수업 교사의 시선 속으로: 교사의 소감 듣기
- 수업 교사의 시선은 공감적 경청에서 시작한다.
- 수업 교사의 시선에는 수업 교사를 향한 따뜻한 온기를 포함한다.
- 수업 교사가 가르치고자 하는 의도에 집중해 수업을 이해한다.

수업 교사 지난해에는 활동도 많이 시키고 아이들 사진을 조합하는 등 영상 매체와 관련된 수업을 했었어요. 그래서 수업이 재미있게 진행이 됐는데. 봐서 아시겠지만, (이번 수업은) 굉장히 무거운 주제예요. 사실 우리 어른들도 고민하기가 쉽지 않은 그런 주제인데, 이제 교과서에 이 '난쏘공'(《난장이가 쏘아 올린 작은 공》)이라고 하는 소설이 제재로 실려 있고, 이 내용을 어떻게 아이들에게 조금 더 깊이 내면화될 수 있게 소개할 것인가 고민하다 이런 방향으로 수업 방향을 잡았습니다. 아이들은 수업이 재미없었을 거예요. 그런데 저는 그냥 좀 진지하게 고민해 보고 생각해 볼 수 있는, 그리고 문제를 제기할 수 있는 수업이면 충분하겠다는 생각이 들어서, 이번에는 활동도 없고 계속 질문하고 아이들끼리 얘기하게 하고, 이렇게 수업이 진행되었어요. 무엇보다 아이들이 이 문제가 남의 나라 얘기, 나와는 다른 이야기가 아니라 우리 사회에 엄연히 존재하고, 우리들 스스로도 언젠가는 또 난쟁이가 될 수도 있다는 것을 알고, 앞으로 사회 속에서 자기도 이렇게 인생을 살면서 소외된 난쟁이처럼 될 수 있다는 걸 인식하고 인생을 꾸려 갔으면 하는 바람이 있었어요. 제 바람이 컸지만, 사실 공개수업이 아닌 날 수업했던 것보다 애들이 훨씬 더 많은 걸 찾아냈습니다. 다른 반에서 수업을 한 번도 안 해 봤어요. 어쩌다 보니까 연휴 때문에 이렇게 수업이 밀려서 다른 반에서 수업을 한 번도 안 해 보고 여기서 지금 처음 수업을 해 본 거예요. 아이들도 이 학습지는 처음 만난 거고, 그럼에도 여러 가지 생각을 많이 이야기해 줘서, 오히려 아이들이 수업을 잘 끌고 가지 않았나. 저는 그냥 던져만 줬고요. 아이들이 오히려 많은 고민을 해 준 거 같아서 굉장히 감사해요. 그리고 어떻게 보면 중학생들에게는 너무 무거운 얘기이긴 하지만, 중학생들도 이렇게 많은 생각을 갖고 있다는 걸 느끼게 된 그런 수업이었습니다.

수업 교사는 수업이 무겁고 재미없을 것이라고 예상했지만 그럼에도 질문을 통해 수업을 진지하게 끌고 가고 싶다는 자신의 수업 신념을 이야기했다. 이것은 아이들도 언젠가는 '난쏘공'의 난쟁이처럼 될 수도 있기에, 소외된 난쟁이의 모습을 생각하면서 인생을 살아가기를 바라면서 수업을 구성했는데, 실제로 예상을 넘어 학생들이 진지하게 자신의 생각을 끄집어 낸 것을 기특하게 생각하고 있다. 수업 전 인터뷰에서는 수업 교사는 학생들이 수업을 무겁고 어렵게 생각할까 봐 걱정이 많았다. 그런데 수업이 진행되면서 교사의 의도대로 학생들에게서 배움이 일어나는 장면을 포착하고 학생들에 대한 신뢰도 생기고, 학생들을 새롭게 바라보는 마음도 알아차렸다. 수업 코치는 수업 교사의 걱정하는 마음을 알아차리고, 교사의 의도가 수업에서 일치된 지점을 찾아 수업에서 의미 찾기를 할 때 의미를 부여해 줘야 한다.

★ 수업의 의미 찾아 주기
- 수업 코치는 수업 친구들에게 수업에서의 의미 찾기를 설명한다.
- 수업 코치는 수업 교사의 수업 소감에서 나온 내용을 비추기 작업으로 되돌려 수업 교사에게 의미를 부여한다.
- 수업에서 의미란 '글쓴이나 화자가 드러내는 바, 또는 읽은 이나 듣는 이에게 나타내는 바'를 말하는 것으로 수업 교사를 수업을 위하여 고민하는 자, 노력한 자로 보고 격려하고 지지의 관점으로 보는 것이다.
- 구체적인 장면을 언급해 긍정적인 피드백을 주는 것으로 단순한 칭찬과는 다르다.
- 전체 수업 협의회에서 수업 나눔을 할 때 모둠별로 수업 대화를 하고, 동일한 시간에 수업 코치는 수업 교사와 작은 수

업 대화를 한다.

1. 수업 코치의 안내와 수업 교사 비추기

- 학교에서 전체 교사들과 수업 나눔회를 할 때, 수업 코치의 수업 나눔 안내가 필요하다.
- 수업 코치는 수업 교사의 시선으로 내용을 다시 한 번 돌아보며 수업에서의 의미 찾기를 어떻게 해야 하는지 설명한다.
- 수업에서의 의미 찾기를 할 때는 일반적으로 세 가지 이내에서 찾을 수 있도록 하며, 구체적인 장면을 적도록 안내한다.

- 수업 코치의 안내

수업 코치 우리 모두 45분을 같이 봤으니 이제 이 수업의 의미를 찾겠습니다. 이것을 수업 교사에게 꽃을 달아 준다고 표현하죠. 이 수업에 꽃을 달아 주는 거죠. 이 수업에 어떤 의미가 있었을까? 지금 정○○ 선생님께서 본인의 수업에 꽃을 달았습니다. "나는 재미있는 수업보다 무거운 주제를 가진 수업을 했다. 나는 활동 중심보다 문제를 제기하면서 아이들이 활동할 수 있게 했다."고 하시면서 본인 스스로 꽃을 달아 주셨어요. 선생님들에게 이 수업은 어떤 의미가 있었을까요? 선생님들께서 수업을 보면서 찾아낸 것을 쓰시면 됩니다. 수업 친구로서 수업을 공개한 수업 교사가 어떤 수업을 했는지 의미를 찾아내면 됩니다. 단어도 괜찮고, 문장으로 써서도 됩니다. 한 문장 정도 풀어 쓰면 좋을 거 같습니다.

수업 코치의 안내에서 중요한 지점은 수업의 의미가 무엇인지 명료하게 제시하는 것이다. 이는 수업 교사의 입장에서 의미가 있는 지점인데, 간혹 수업 친구의 입장에서 의미가 있는 지점으로 착각을 할 수 있다. 이렇게 되면, 수업 교사를 존재로 보지 못하고, 수업에서 일어난 배움이 잘 되었는지 잘못 되었는지 평가의 시선으로 이동할 수 있다. 수업 친구의 입장이 아니라 수업 교사의 입장을 명료하게 설명할 수 있어야 한다.

2. 수업 코치와 수업 교사, 작은 수업 대화하기

• 수업 친구 모둠에서 수업의 의미 찾기 작업을 할 때, 동시에 수업 코치는 수업 교사와 대화를 하며 '수업의 의미'를 찾는다.
• 대화의 내용은 수업 코치가 수업을 보면서 궁금했던 사항을 기록한 성찰 질문을 중심으로 한다.
• 수업 코치는 교사에게 충분히 질문을 하고, 교사의 잠재적인 고민을 이끌어 낼 수 있는 단서를 찾을 수 있는 기회다.

수업 코치 이 주제가 어렵다는 얘기를 많이 하셨어요. 제가 보니까 어렵다는 얘기를 다섯 번 하시더라고요. 어렵다…. 어렵다. 실제로 아이들에게 어려운 수업이었을까요? 어떻게 생각하세요? 수업을 하면서 어떻게 느끼셨나요?
수업 교사 실제로도 어려웠죠. 왜냐하면 아이들이 평소에 많이 고민하는 주제가 아니잖아요. 교과서 속 소설을 통해서 간접적으로 접했던 것을 지금 우리 사회 속에서 찾아보라는 것이었기 때문에 많이 고민해 보지 않았던 거 같아요. 처음으로 그렇게 보는 것일 수도 있는데, 그럼에도 애들이 우리 시대의 난쟁이 찾기를 참 잘 하더라고요.

수업 코치 맞아요. 그 난쟁이 찾기를 우려했잖아요. 난쟁이 찾기가 상처가 될 수도 있고. 그런데 그 찾아내는 것을 선생님이 보셨을 때 그러니까….

수업 교사 생각했던 것보다 더 나왔어요.

수업 코치 어떤 부분에서 더 나왔나요?

수업 교사 어… 새터민은 생각지 못했던 부분이었고요. 그다음에 또 하나 뭘 얘기했죠? 장애인? 비정규직?

수업 코치 비정규직 얘기를 많이 했어요.

수업 교사 비정규직…. 요런 부분들이 애들이 더 찾아 준 부분이에요. 참 놀라웠어요. 그리고 "왜 그러니?"라고 질문을 했을 때 그 답도 많이 나왔어요. 설득력 있게 잘 얘기해 줬어요.

수업 코치 저는 놀라웠어요.

수업 교사 고마웠어요, 저도.

수업 코치 아이들이 그런 무거운 지식이나 무거운 주제도 잘 학습하고, 그 동안 그런 것들을 내면화한 작업들이 좀 있었지 않았을까 하는 느낌도 들었어요.

수업 교사 그렇다면 저는 성공한 거죠. 제가 목표로 했던 부분이 어느 정도 발생이 되지 않았나….

수업 코치 그렇죠. 어느 정도는.

수업 교사 음, 아이들이 우리 사회 속에서 그런 문제를 발견했다는 거고. 그리고 예전에 난쟁이가 존재하는 것을 인지하고 그런 사람들이 누가 있을까를 아주 구체적으로 고민해 준 거잖아요. 그러니까 저는 그냥 소외된 사람, 가난한 사람, 이렇게 얘기할 줄 알았어요. 그런데 오히려 그 대답은 안 나왔어요. 구체적으로 바로 얘기가 나왔던 게 외국인 노동자였어요. 그 얘기가 자연스럽게 나왔어요.

수업 코치 그 부분을 얘기하려고 했어요, 선생님한테. 저도 소외된 사람, 불특정 다수라던가 이렇게 좀 추상적으로 나올 줄 알았는데 딱딱 짚어 내더군요. 우리 사회의 난쟁이들을….

수업 교사 끄집어 내기 어려운….

수업 코치 얘기하면 불편해질까 봐 꺼리는 것들이죠.

수업 교사 맞아요.

수업 코치 두려운 얘기들을 툭툭 던지는 그런 지점에서 많이 배우게 되죠. (중략) 이렇게 5분 정도 주변의 소리에 집중할 수 있게, 내 마음의 소리에 집중할 수 있게 해 준 게 참 좋았던 것 같아요. 그런 마음의 열기부터 매듭을 잘 풀어 갈 수 있고, 그다음에 시 선택을 정말 잘하셨어요. 정말 절묘했어요. 우리들이 가지고 있는, 항상 가까이 있는데 생각지 못한 그런 것. 애들도 쉽게 이해할 수 있는 이야깃거리에 맞는 시, 문제를 제기할 수 있는 시, 사회를 날카롭게 볼 수 있는 객관적인 시, 그것들이 잘 들어가 있는 느낌이었어요. 그게, 이제 연결고리와 같은 거기서부터 제가 한 20분 동안 시에 푹 잠겼던 것 같아요. 시에 그 사회적인 여러 가지 것들을 쭉 담그니까 애들이 밑줄도 치고 얘기도 하면서, 활동하면서 그 문제의식 속에서 같이 몰입을 할 수 있었던 것 같아요. 그다음에 이제 질문들을 다섯 개 하셨는데, 질문 수준이 되게 높았어요. 쩔쩔매더라고요.

수업 교사 어렵죠.

수업 코치 조용히 듣다 보니까 이해하는 데 시간이 좀 걸리지 않을까 생각했어요. 그런데 이렇게 말한 책이 있어요. "어려운 일에 도전하라." 그러니까 학습은 알고 있는 것을 하는 게 아니라 익숙하지 않은 걸 익숙하게 만드는 거라고 할 수 있는데, 때로는 어려운 일에 도전하다 보면 욕구가 일어나기도 하죠.

수업 교사 경험적으로 느끼게 되는 것 같아요.

수업 코치 어떤 경우가 있죠?

수업 교사 보통 국어 같은 경우는 제재가 주어지면, 그 제재에서 어떤 것들을 찾아내는 작업을 많이 하잖아요. 그런데 이 찾아내는 작업은, 어찌 보면 집중해서 읽어 보면 금방 찾아낼 수 있거든요. 그런데 이런 일은 생각보다 몰입을 잘 못해요. 그런데 아주 생소한, 그러니까 지문에 평상시에 교과서에서 보지 못했던 지문이나 새로운 질문, 신선한 질문을 보면 이게 뭐지? 질문의 요지가 뭐지?라는 고민 때문에 조금 더 고민하고 생각을 하더라고요. 오히려 더 다양한 얘기들이 많이 나왔어요. 그래서 발문을 굳이 너무 쉽게, 애들이 할 수 있는 수준으로만 할 필요는 없겠다, 오히려 신선하고 새롭고 애들이 경험하지 못했던 것들을 톡 건드려 주면 의외로 다양한 생각을 해 낸다는 것을 경험했어요. 그래서 조금 발문이 어려워도 해 보자 했던 거고요.

수업 코치 이번에는 좀 굵직했어요.

수업 교사 많이 굵직했죠.

수업 코치 묵직한 걸로 했는데, 그것도 연결 짓기를 할 수 있게 발문이 참 높은 수준이지 않나, 그랬기 때문에 애들이 이게 뭐지, 뭐지 하면서 어려워도 무슨 얘기를 하는 거야 하고 들어갈 수 있는 부분이 있었던 거죠. (중략)

수업 교사 모둠을 만들어 줄 때 너무 쉬운 문제를 제시하면 활동이 안 일어나요. 제가 여러 번 느꼈어요. 쉬운 문제를 풀기 위해서는 모둠이 필요 없어요. 서로 다 몰라야 해요. 그러면 공부를 잘 하든 못 하든 간에 그것에 대해 뭔가 서로 의견을 나누게 되죠. 툭툭 문제들이 조금씩 해결되어 가는 모습을 보거든요. 쉬운 과제는 혼자 해도 되니까요. 조금만 집중하면 할 수 있잖아요. 집중을 못 해서 못 하는 아이들도 있지만 때로는 집중하지 못하는 아이들을 참여시키려고 모둠을 하기도 해요. 근데 기본적으로 이렇게 고민을 나눠야 하는 어려운 과제가 좋아요.

수업 교사는 어렵다는 말을 반복해서 한 이유를 설명했다. 그럼에도 학생들이 예상을 넘어 질문에 답변을 한 것을 대견하게 생각했다. 그리고 무거운 주제에 알맞게 어려운 질문을 준 이유도 설명했다. 학생들에게 쉬운 질문을 하면 모둠 활동이 잘 일어나지 않기 때문에 더욱 발문에 고민을 하게 된다면서, 어려운 질문을 만들게 된 이유를 이야기했다. 고민을 나눌 때는 어려운 문제가 좋다는 생각은 학생들의 인터뷰에서도 확인할 수 있었다.

3. 수업 친구 모둠에서 수업의 의미 찾아 주기

- 수업 친구 모둠에서 수업의 의미 찾기를 할 때는 수업에 참관한 교사들이 충분히 수업 교사의 수업에 머무르면서 긍정적인 피드백을 하게 한다.
- 수업 친구 모둠에서 수업 교사를 향해 진심 있는 격려와 지지로 수업에 꽃을 달아 준다.
- 수업 친구 모둠의 충분한 격려와 지지는 수업 교사의 내면에 안전지대를 형성하며 수업 교사의 고민을 수업 공동체에 꺼내 놓을 수 있는 내면의 힘을 키워 주는 촉매제 역할을 한다.
- 수업 친구 모둠에서 피상적인 의미 찾기를 하지 않도록 유의한다.

수업 친구 모둠 1: 의미 찾기로 세 가지를 찾았는데요. 우리 학생들이 사회 현상을 보면서 피상적으로 보이는 것만이 아니고 내면에도 우리에게 보이지 않는 또 다른 면이 있다는 것을 생각할 수 있게끔, 그런 기회가 제공되지 않았나 싶어요. 그뿐 아니라, 앞으로 다른 사회 현상을 보면서도 보이는 것만이 다가 아니고 그 이면에 뭐가 있지 않을까라고 하는, 그런 생각을 한 번쯤 해 보지 않을까. 그런 기회가 제공되지 않았나 싶어요. 그다음에 그런 상황에서, 우리 아이들이 굉장히 밝고 재미나고 그런 것만 하다가 진지한 주제를 받아 든 건데, 굉장히 다양한 생각과 아이디어와 사고, 이런 것을 발견할 수 있었어요. 또 이것을 기회로, 그런 사회 현상을 대하는 마음이 이전과는 달라지지 않았을까 하는 생각도 들어요. "아 그런 면이 있었구나. 그런 사람도 있어야지 뭐."라고 생각할 수도 있고, 사회 문제화해서 어떻게 하면 다 같이 잘 살아갈 수 있는 그런 사회를 만들 수 있을까라고 발전적인 생각을 하는 아이들도 있을 수 있고, 본인이 그런 현상에 대해서 어떻게 생각하고 있는지에 대한 자각이 있지 않았을까라는 그런 생각에서 굉장히 의미가 컸다고 생각해요.

수업 친구 모둠 2: 안녕하세요. 근교에 근무하고 있는 최○○입니다. 저희 모둠에서는 굉장히 많은 꽃을 달아 드리고 싶은데요. 그래서 세 가지로 축약하는 것이 힘들었어요. 일단, 선생님의 수업 디자인이 잘 짜여져서 아이들의 수업 몰입도가 높았다는 의견이 있었고요. 또 주제가 무거움에도 아이들이 찾아내는 그 아이디어나 이런 것들이 굉장히 참신하고 신선했어요. 그다음에 수업 초반 약간의 소란과 번잡스러움에도 선생님이 아이들을 기다려 주는 차분함이 굉장히 인상적이었습니다.

수업 친구 모둠 3: 일단 문학을 통해 삶을 성찰하도록 해 주는 수업이어서 의미가 있었어요. 그런데 그 성찰이 학생들도 성찰하도록 하지만 교사들, 관찰자들도 성찰하게 해 주었어요. 심지어 저 같은 경우는 제가 앞으로 수업에서 무엇을 다뤄야 할지에 대해 성찰할 수 있는 수업이었어요. 두 번째는 우리 시대의 난쟁이를 생각하게 해 주는 수업이었어요. 어떤 분은 이것을 '사회에서 나로 연결시켰다'라고 표현을 하시더군요. 문학을 통해 사회를 보게 하는 그런 수업이었던 것 같고요. 또 한 가지는 아이들의 사고 수준을 가늠해 볼 수 있는, 중학교 3학년이 여기까지 생각하는구나 하고 알게 된 것도 의미가 있었습니다.

수업 친구 모둠 4: 안녕하세요. △△고등학교에서 화학을 가르치고 있습니다. 저희는 먼저 선생님의 교육과정 재구성의 탁월함이라고 할까요, 그렇게 표현하고 싶은데요. 1970년대의 박노해, 아니 1970년대의 '난쏘공'과 2010년 최근의 박노해의 시를 연결지으면서 그 공통점을 찾아내고 그 안에서 아이들이 자신의 삶과 사회를 볼 수 있는 것을 찾아냈다는 것 자체가 굉장한 충격이었어요. 그 시를 찾기 위해 노력하셨을 그 시간, 시간과 그 과정을 한 번 생각해 보면서 선생님의 그 어떤 그 탁월함을 볼 수 있었다는 생각이 듭니다. 두 번째는 아이들에게 더불어 사는 삶을 꿈꾸

게 할 수 있는 기회를 부여한 점이 좋았다는 생각이 드는데요. 스티브 잡스의 신화라고도 할 수 있는 아이폰을 소재로 해 그런 화려한 성취와 경제 뒤에 숨겨진 그런 뭐라고 그럴까요, 소외받는 사람들, 그다음에 관심 받지 못하고 있던 그 부분에 초점을 맞추면서 아이들에게 다양한 시각을 갖게 하고, 또 우리들의 현실 또는 아니면 아이들의 미래가 될 수 있는 어떤 그런 부분을 같이 고민할 수 있는 기회를 부여한 점에서 선생님의 내공이 보인다는 생각이 들었고요. 마지막으로 처음에는 아이들이 조금 뭐랄까요, 아이들에게는 어려웠던 주제였던 것 같아요. 그래서 처음에는 참여가 좀 저조하다거나 아니면 모둠 안에서 말 한 마디 없이 가만히 있거나 아니면 다른 친구들이 써 놓은 걸 베끼는 친구들도 있었는데 두 번째 세 번째 지나가면서 아이들의 표정이 조금 밝아지고, 그다음에 또 말도 많이 하고 그런 걸 봤어요. 그런 게 바로 아이들에게 어떤 존재감을 드러내는 기회를 부여하면서 성취를 통해 뭔가를 느끼게 하지 않았을까 그런 생각이 들어요. 어젠가 그저껜가, 아사다 마오가 재기한다고 했어요. 그런데 재기한 이유가 힘든 훈련을 겪고 난 다음 대회 속에서 느끼는 훈련의 결과, 그 성취감이 그리웠다라고 표현을 했거든요. 그런데 아이들에게도 사실 선생님께서 말할 수 있는 기회를 많이 주고 발표할 수 있는 숫자가 많아지면서 조금 더 자신감도 갖게 되고 존재감을 드러내는 기회를 준 것이 아이들의 표정을 밝게 한 게 아닌가 그렇게 생각했습니다. 감사합니다.

수업 친구들은 문학을 통해 삶을 성찰하게 하고 깊은 사고를 할 수 있게 잘 구성된 수업 디자인에 의미를 부여했다. 특히 더불어 살 수 있는 사회를 꿈꾸도록 해 준 수업의 의도를 잘 짚어냈다. 또 수업 친구들은 구체적인 장면을 연결시켜 수업의 의미를 찾아냈다. 특히 무겁고 어려운 주제와 발문이었지만 학습자들이 시간이 갈수록 환해지는 모습에서 배움으로 들어오는 계기를 발견해 냈다.

4. 수업 꽃 달아 주기에 대한 수업 교사 소감 나누기

수업 코치 수많은 꽃을 달아 준 여러 선생님들, 감사합니다. 정○○ 선생님, 선생님들이 꽃을 달아 준 것에 대해 소감을 말씀해 주시겠습니다.

수업 교사 제가 고민하고 디자인했던 것보다 더 과분한 꽃을 주신 것 같아서 송구스럽고요. 저희 학교가 올해부터 적극적으로 하고 있는 게, 공개수업을 하기 전주에 선생님들과 학습지를 놓고, 수업 나눔을 합니다. 수업 흐름이라든가 또는 제시되는 소재에 대해서 선생님들이 어려움 없이 말씀을 많이 해 주셨어요. 사실은 이 학습지가 세 번째 바뀐 학습지예요. 그러니까 처음엔 제가 하고 싶었던 것을 다 넣었어요. 그래서 분량이 엄청 많았죠. 그런데 여러 선생님들이 이런 어려움이 있을 것 같다, 또 저런 어려움이 있을 것 같다. 그리고 아이폰에 대한 것은 사실 우리 학교 선생님이 힌트를 주신 거였습니다. 찾아봤더니 그런 내용이더라고요. 그래서 아, 좋다! 하고 넣었던 거고요. 사실 우리 선생님들의 수업 나눔이 전제되지 않았으면, 아까 수업 디자인이 훌륭하다고 그러셨는데, 그런 흐름으로 잘 나오지 않았을 것 같아요.

우리 학교 선생님들의 수업을 바라보는 탁월한 안목이 이 수업에 녹아 있는 거라서, 뭐 저 혼자만의 어떤 능력으로 한 것은 절대 아니라는 생각이 들고요. 그래서 사실 사전에 이 수업 나눔이 내용이나 질적인 발문도 도움을 주셨거든요. 발문도 많이 성장하지 않았을까 해서 이 시간에 참 감사드리고요. 도움을 주신 선생님들이 여러 분 계시는데요. 우리 시대의 난쟁이도 사실 선생님들이 먼저 힌트를 주신 거였어요. 저는 이걸 자기화시켜서 표현한 거죠. 그전에 뭐가 있었냐면, 우리가 살고 있는 학교나 우리 마을에서 혹시 이런 난쟁이는 없을까 저는 이렇게 먼저 접근을 했었어요. 그런데 선생님들이 걱정을 하시더라고요. 실제 우리 ○○중이 존재하는 학교 주변이 경제적으로 낙후돼 있고 어려운 아이들이 많아요. 저희 학교에도 있고, 결손 가정도 많고. 혹시 철거를 경험한 아이가 있을 수도 있거든요.

그래서 너무 우리 삶에 깊이 들어가면 아이들이 힘들어할 것 같다, 참여하지 못할 것 같다는 의견이 많아서 저도 얘기를 듣고 충분히 거기에 동감했고요. 그래서 그 부분을 빼고 한 발자국 떨어진 상태에서 보자, 시나 소설의 차원에서 보지만 좀 넓게 사회 전체를 보는 것으로 이렇게 수업을 하면 좋겠다라는 조언을 해 주셔서 그렇게 반영이 된 수업이거든요. 어쨌든 많이 달아 주신 꽃에 저도 한 번 기운을 내서 앞으로도 좋은 수업을 만들도록 노력하겠습니다. 또 하나, 오늘 수업은 솔직히 말씀드리면 평소보다 더 잘 했어요. 왜냐하면 보는 눈이 많으니까 애들이 몰입을 더 많이 한 거죠. 실제로 평소에도 수업에 잘 들어오지 않는 학생이 서너 명 있습니다. 올해 3학년은 몰입도가 좋은 편인데, 그래도 한 10퍼센트에서 20퍼센트 정도는 생각이 다른 아이들거든요. 그런데 오늘은 비교적 한두 명 정도 빼고는 거의 다 수업을 들었습니다.

마지막 발표한 ○○은 수업에 들어왔다 나갔다 하는 학생이에요. 예전에는 수업에 거의 안 들어왔어요. 한 학기에 한 번 정도 들어오는데 요즘은 두 번에 한 번 정도 들어온대요. 수업에. 그만큼 좋아진 거예요. 아이들이 참여해요.

오늘도 발표했을 때, 엄청 발표를 잘 했어요. 쓱 보니까 옆에 있는 애들이 써 준 걸 읽은 것 같긴 한데, 써 준 걸 읽었어도 자기화시켜서 표현을 했어요. 그건 잘 들어왔다는 얘기예요. 저는 굉장히 만족스럽고요. 그 부분에서는. 그래서 아이들도 와 하고 박수를 쳐 준 거예요. 그 모습을 보면서 너무 흐뭇했고요. 그리고 제가 생각했던 것보다 아이들이 정말 더 깊이 들어와 줬어요. 난쟁이 모습도 정말 다양하게 아주 구체적으로 찾아 줬고, 그 대안을 찾는 부분도 저는 그냥 한 번 고민만 해 보면 된다고 생각했어요. 더 이상 구체적으로 대안이 나올 거라고는 기대하지 않고 던진 질문이었는데 아이들이 매우 구체적으로 비정규직이라든가 새터민 등을 찾아 주었어요.

우리 아이들의 인문학적 소양이 제가 생각했던 것보다 더 깊구나, 그게 또 우리 선생님들의 공인 것 같아요. 아이들이 많이 알고 있다는 거고 접하고 있다는 의미니까요. 아까 말씀해 주셨던 것처럼 통합 교육의 결과다, 그러셨는데 평화 봉사로 《빅이슈》 잡지 만드는 데 참여했었어요. 그래서 아이들이 알고 있어요. 노숙자와 관련된 잡지라는 것을요. 판매해서 수익금을 노숙자를 위해 사용한다는 것을 알고 있었기 때문에 쓸 수 있었고요. 그런 부분에서 저도 감동을 받았어요.

수업 교사는 수업 친구들이 수업의 의미를 찾아 준 지점과 본인이 찾은 부분이 일치한다는 것에 자부심을 느끼는 듯했다. 그리고 이런 수업이 가능한 것은 학교문화에 수업 나눔 모임이 있기에 가능했다는 배경을 이야기했다. 평소에는 수업에 잘 참석하지 않은 학생들이 참여해서 기뻤으며, 난쟁이의 모습을 구체적으로 찾아 준 것과 대안을 제시하는 등 교사의 예상을 넘어 학생들이 배움에 참여한 장면에는 특히 만족감을 표시했다. 수업은 교사의 흔적이다. 수업에서 애쓴 교사의 마음을 수업 친구들이 귀하게 봐 주고, 구체적인 의미를 부여하면 자존감을 높일 수 있다.

5. 수업 교사의 고민에 머무르기

- 수업 교사의 고민을 잘 듣고 문제에 직면하도록 돕는다.
- 수업 교사의 고민을 들으면서 바로 처방을 내리려고 하지 말고, 수업 교사의 고민에 충분히 머물러 준다.
- 수업 교사가 알아차리지 못했던 지점이 있다면, 수업 장면을 구체적으로 제시하고 질문을 통해 수업 교사가 그 상황을 이야기하면서 스스로 직면하도록 도와준다.
- 수업 교사가 자신의 고민을 솔직히 이야기할 수 있는 정서적인 안전지대를 만들어 놓는 것이 중요하다.
- 수업 교사의 고민에 수업 친구들이 초점을 맞춘다.
- 수업 교사의 고민과 수업 코치가 보는 고민이 일치하는 지점부터 수업 대화의 출발점으로 삼는다.

● 수업 코치는 대화를 하면서 수업 교사의 고민이 변화의 가능
성이 있는지 인지해야 한다.

수업 코치 몇 번 정도 토론해야 알 수 있는 내용들을 중학교 3
학년 교실에서 도전했다는 것도 의미가 깊고 아이들로부터 깊
은 사고를 이끌어 낸 점도 성과예요. 지난해 수업을 공개할 때
고민이 재밌는 수업이었어요. 올해 수업의 고민은 뭘까요? 무
거운 주제를 가지고 재미는 없지만 애들이 배움으로 들어갈 수
있는가? 이게 정○○ 선생님의 고민이었습니다. 고민 속으로
한 번 들어가는 시간이었다고 생각해요. 그럼 과연 정 선생님
이 이 45분 동안의 수업에서 과연 어떤 것들을 고민했을까, 그
런 것들에 대한 질문을 던져 보겠습니다. 꽃을 나눠 드릴게요.
자, 지난번에도 여기에 와서 정 선생님께 꽃을 많이 달아 주어
서 힘을 많이 받았어요. 지난번 문제는 해결됐어요. 자존감이
많이 올라갔어요. 그래서 이 수업에 도전할 수 있었던 거예요.
그렇지만 아직도 남은 미해결 과제가 있죠. 정 선생님이 이 수
업에서 어떤 고민을 했을까, 정 선생님의 마음속으로 들어갈
겁니다. 약간 어려운 작업인데 한 번 해 보도록 하겠습니다. 제
가 일부러 시간을 많이 할애했어요. 뒤에 한 30~40분 깊게 들
어가 보자 하고요. 정 선생님이 어떤 것을 고민하고 있었을까
한 번 질문을 던져 보는 겁니다. 수업 교사의 내면에 질문을 던
지는 거죠. 선생님이 진짜 고민하는 게 뭘까. 본인도 모를 수
있어요. 그것을 여러 선생님이 찾아내는 시간이에요. 어쩌면
정 선생님도 자신이 무엇을 고민하고 있는지 모를 수 있어요.
그럼 질문을 한 번 던져 봅니다. 한 가지씩만 얘기해 주세요.
정 선생님은 이 수업 속에서 무엇을 고민하고 있었을까요? 어
떤 고민들을 하고 있었을까요? 그리고 어떤 주제가 고민이 됐

을까요? 궁금한 게 있으면 앞으로 나와서 꽃을 붙이면 됩니다. 자, 그러면 선생님들을 수업 친구라고 할게요. 수업 교사와 수업 친구가 렌즈를 맞추는 거예요. 렌즈를 고민에 맞추는 겁니다.

〈수업 친구 모둠 활동〉

수업 친구 모둠 활동	• 수업 친구들이 수업 교사의 고민에 머물기 • 수업 친구의 궁금함에서 수업 교사의 고민으로 시선 이동하기 • 나의 궁금함을 해결하기 위한 질문이 아니라, 수업 교사 내면의 고민을 이끌어 내는 질문하기

수업 코치　우리는 외현이라는 단어를 많이 써요. 현상적인 측면을 많이 보는데 좋은교사 수업코칭연구소는 현상을 넘어 내면을 보는 작업들을 많이 합니다. 선생님, 잠깐 일어나서 이들 질문 중에 선생님의 마음을 읽어 준 게 어떤 건지 한 번 얘기를 해 주시겠어요?

수업 교사　"이 시대의 난쟁이일지도 모르는 아이들의 고뇌를 이해하고 희망을 제시하고픈 교사의 내면적 갈등?", 이런 질문이 있네요.

수업 코치　누가 질문하셨죠? 어떤 의도에서 질문하셨나요?

수업 친구 모둠　거기 적혀 있는 그대로예요. 여기 주변 환경이 좋지 않다고 하셨는데, 그 학생들이 주변에서 다른 난쟁이들의 모습 속에서 자기의 모습을 직접적이진 않지만 엿볼 수 있도록 하고, 더 나아가 대안을 찾아보라 하면서 희망을 주고픈 것에 대한 그런 고민을 봤습니다.

수업 교사　예, 그런 측면이 고민이 되었었죠. 고민이 되었습니다.

수업 코치　내면의 갈등이 있었는데 그 부분은 아까 저랑 대화를 하셨죠?

수업 교사 여기 제가 자료로 제시한 것에도 고민의 과정이 나와 있어요. 고민의 흐름이 거기에 나와 있는데, 그것처럼 굉장히 복잡하고 어려운 사회 문제일 수 있거든요. 우리는 문학을 통해서 걸러서 보지만, 이것은 그냥 문학 속에만 존재하는 나와는 상관없는 사회 문제가 아니라 내가 살아가고 있는, 이 사회가 안고 있는 문제라는 사실을 아이들이 좀 이해했으면 좋겠고, 그리고 더 나아가 혹시 지금 여기서 일어나는 이 난쟁이의 삶이 나의 삶일 수도 있는 아이들이 분명히 있거든요. 이 아이들이 자신의 그 문제를, 정말 어떤 피해의식을 갖고, '나만 이런 환경과 조건에서 태어나서 이렇게 살아가고 있는 건 아닌가?' 하는 생각을 할 수 있는데 그렇지 않다는 것. 이 사회 속에는 다양한 어려움을 가진 난쟁이들이 존재하고 그 삶을 그대로 알고 그리고 이 문제가 좀 더 개선되기 위해서는 우리가 어떤 노력을 하고 살아야 되는가? 이것들을 좀 객관적으로 애들이 바라봤으면 하는 고민이 있었어요. 저는 그냥 고민만 해 줘도 좋겠다고 생각했는데, 마지막 단계에서 아이들이 굉장히 구체적인 대안들을 얘기해 줬습니다. 사실 그 부분에서 굉장히 감동받았어요. 제가 고민했던 것보다는 어렵고 고민하기 힘든 질문이었지만 생각보다 아이들이 많은 고민 속에서 대안들을 찾아냈다는 생각이 들었어요.

수업 코치 다른 것들은 어떠세요?

수업 교사 음, 여기 뭐 어렵다는 말을 아이들에게 많이 썼는데, 제가 어렵다는 말을 많이 하긴 했어요. 수업 전 선생님들하고 수업 나눔 할 때도 "제가 좀 어려운 제재를 택했다." 이런 얘기를 했었는데, 사실 '난쏘공'을 읽은 것은 대학교 때였어요. 근데 지금 중학교 3학년 교과서에 실려 있어요. 그 전에는 이렇게 깊이 수업을 해 본 적이 한 번도 없어요. 처음 이렇게 깊이 한 거예요. 그저 관련한 영상 자료나 좀 보여 주고 넘어갔는데, 문득 애들의 얘기 속에 좀 들어가고 싶었던 거죠. 과거에는 철거민 영상 같은 거 좀 보여 주고 이런 일이 있었다, 뭐 이렇게 하고 끝냈는데 이걸 애들의 생각과 고민과 말을 통해서 진행해 보는 것은 어떨까 하는 생각이 들었어요. 애들이 과연 이 문제를 깊이 있게 고민할까? 나도 어려운. 솔직히 나도 어려운데, 이게 어른들끼리 얘기하기도 참 무거운 주제인데 이 안에 너무나 많은 갈등이 있거든요. 빈부격차나 철거민 문제뿐 아니라 노동 현장 문제 등이 종합적으로 들어가 있어요. 이 작품 안에. 그래서 아이들이 이 문제에 좀 더 쉽게 접근하려면 어떻게 하는 것이 좋을까 고민을 많이 했지만 사실 답은 못 찾았어요. 그래서 할 수 있는 것이, 6월에 제가 평화 봉사 활동을 가거든요. 아이들과 이틀간 가는데, 그때 저희가 이걸 해 보려고 해요. 지역의 산동네나 달동네 같은 곳을 찾아가서, 지역 센터 같은 곳과 연결해서 마을도 한 번 돌아보고, 그 마을에 정말 그런 대안들이 부분적으로라도 마련되어 있는지 확인해 보고, 우리가 할 수 있는 일들을 찾아서 해 보고 마을 청소라도 해 볼 계획은 가지고 있어요. 그렇게 해야만 아이들이 깊이 느끼고, 내면화할 수 있겠다라는 생각이 들거든요. 그래서 고민은 계속하고 있습니다. 이 수업을 통해 내면화했다고 생각하진 않습니다. 그렇지만 이렇게 고민하는 과정 속에 아이들이 자기의 삶의 문제로 좀 더 깊이 생각할 수 있지는 않을까? 그런 생각은 했어요.

수업 코치 아이들에게 질문을 던지면서 혹시나 아이들이 불편하지는 않을까 하는 마음을 느꼈어요. ○○중학교 아이들은 어떤 아이들인가요?

수업 교사 지난해 아이들을 봤을 때는 올해하고 조금 좀 다른

데요. 제가 이 학교에 온 지 2년 됐어요. 지난해 처음 왔을 때는 아이들도 저를 이렇게 가까이 하는 게 힘들었던 것 같아요. 왜냐면 '선생님은 ○○의 문화를 아직 잘 모른다, ○○의 선생님들은 어떤지 몰라도 선생님은 처음 온 선생님이다.' 하는 벽 같은 걸 느꼈어요. 제가 전에 문화라는 것도 공부를 했었는데, 아이들이 이렇게 얘기해요. "○○에는 선생님과 학생이 가깝다. 친하다. 그리고 선생님은 나의 많은 부분을 알고 배려해 주신다." 하는 이런 믿음이 있어요. 아이들한테는 신뢰죠. 근데 나는 이곳에 온 지 얼마 되지 않았기 때문에 아이들에게 충분히 그런 신뢰감을 주지 못했다는 거예요. 그래서 친하긴 하지만 뭔가 약간 겉도는 느낌이 있었어요. 근데 1년이 지나가고 올해는 작년보다 훨씬 편해졌어요. 왜냐하면 이제 과거에 제가 가지고 있던 여러 가지 잘못들, 관습적인 생각들이 좀 많이 버려졌죠.

수업 코치 어떤 것들인가요?

수업 교사 예를 들면 '아이들이 선생님하고 대화할 때는 조금 더 반듯하게 해야 된다.' 뭐 그런 거 있잖아요. 그러니까 우리가 늘 학생들을 지적할 때 하는 거요. "똑바로 서서 얘기해." 뭐 이런 것도 있었고, 지난해에는 실제로 제가 그런 얘기를 했었어요. "선생님이 얘기할 때 너 지금 자세가 그게 뭐야?" 그런데 그게 과거에 제가 가지고 있던, 몸에 밴 습관들인 거예요. 저는 사실 일반 학교에서는 별로 권위적인 선생님은 아니었어요. 어떻게 보면 더 허용적인 선생님이었어요. 근데 ○○에 왔더니 선생님과 학생들이 더 많이 밀착되어 있었던 거죠. 제가 그 간극을 경험한 거였죠. 아이들에게는 그 간극이 ○○중학교 선생님과 아닌 선생님의 차이였어요. 그런데 그게 한 1년 넘게 지나오면서 그 차이가 좁혀진 거 같아요. 많이 좁혀지기도 했고,

제가 가지고 있던 습관들도 버렸고요. (중략) 말이 길어졌지만, 아이들과 좀 더 가까워지고 밀착됐기 때문에 오늘 수업은 아이들을 믿고 그냥 한번 가자. 무겁고 선생님들도 지루해할지 모르지만 상관없다. 지루해도 괜찮다. 아이들을 믿고 그냥 가 보자, 이렇게 시작할 수 있었던 것 같아요.

수업 코치 선생님하고 지금 대화를 하면서 보니까, 처음엔 어려운 주제를 선택한 것에 대한 고민, 발문에 대한 고민이 큰 것 같았는데요, 오늘 수업은 아이들하고 가까워지는 수업이었네요. 가까워지지 않으면 이 수업은 할 수가 없는 거죠. 정말 어려워서 어떻게 될지도 모르는데, 그 수업을 던지면서 어렵다고 얘기하면서 제가 선생님 얘기를 들었어요. 선생님이 이제 이 상황에서 ○○중학교 학생들하고 굉장히 가까워졌구나, 아이들을 수용하고 신뢰하고 있구나, 굉장히 친해졌구나, 그래서 이 어려운 수업도 질문도 던지면서 같이 고민하고 싶었던 거구나, 그런 마음이 느껴졌어요. 처음에는 전체적인 수업 디자인, 발문의 고민이 좀 있으셨는데, 그 고민이 조금 바뀌었어요. 보면서 궁금했거든요. 바로 그런 부분이 있었던 거 같아요. 수업 전에 아이들 네 명이 불편하다고 얘기했거든요. 그 아이들이 이 수업보다 세 번째 앞 수업, 3교시에 했던 수업 얘기를 하는 거예요. 그 수업이 "아이들하고 정말 깊은 배움으로 들어갔었다"라고 말씀하신 그 3교시 수업이 있었기 때문에 여기까지 올 수 있었다고 생각해요. 이해를 못 했는데, 전부터 아이들과 많은 책을 읽으면서, 배움이 깊어졌기 때문에 이 수업까지 올 수 있었던 거죠. 아이들과 깊은 밀착, 애착의 관계까지 갔기 때문에 이렇게 신뢰할 수 있었던 것 같아요. 그런 부분이 있었기에 이렇게 어려운 수업을 하면서도 아이들과 같이 놀면서 간다는 느낌을 준 것 같아요. 선생님은 어떻게 생각하나요?

수업 교사 항상 그렇잖아요. 미처 인식하지 못했는데, 이렇게 말씀하시니까, '아 그래서 믿을 수 있었구나.'라는 생각으로 좀 정리가 되는 것 같아요.

수업 코치 마지막에 "다음에 너희들 데리고 어디 좀 갈 거야." 하고 말씀하셨잖아요. 아까도 계속 얘기했어요. 해결 안 된 활동이 있다고요. 그래서 아이들을 데리고 가서 직접적으로 경험을 하게 해야 아이들의 마음속에 무언가를 남기고 싶은거죠. 아이들을 무척 사랑하는 거죠. ○○중학교 애들을 정말 사랑하고 있어요. 그런 마음이 없으면 여기서 끝낼 것 같은데, 애네들이 안타까운 거예요. 그래서 그것들을 한 번 보여 주고 싶고, 경험해서 그것들을 자기들 삶의 문제로 끌어들여서 고민하게 해 주고 싶은 마음이 선생님 안에는 지금 있는 거예요. 어떠세요?

수업 교사 사랑해야죠. 어쨌든 아이들과의 이 관계는 지난해보다 올해가 훨씬 편합니다. 지난해에는 아이들이 틱틱거렸어요. 제가 3학년 담임이었어요. 지금 제가 가지고 있는 가장 큰 고민은, 아이들하고 뭐랄까요, 완벽하게 일치된, 밀착된 그런 교사는 아니라고 생각해요. 그게 저의 부족한 부분이죠. 친밀함의 정도? 부분적으로 계속 밀착된 부분은 있지만, 정말 완전히 밀착된 그런 교사는 아닙니다. 그 이유가 뭐냐면 제가 성향적으로 사람한테 막 이렇게 과한 표현, 그러니까 과하다는 말은 좀 어울리지 않지만, 어떻게 보면 진심에서 우러나오는 그 관계를 맺기 위한 그런 친화적인 표현을 잘 못 해요. 왜냐하면 저는 항상 '그건 지나치다.'라는 생각을 스스로 많이 가지고 있기 때문에 자꾸 걸려요. 목에서. 그러다 보니까 그, 늘상 일상적으로 이렇게 좀 깊이 아이들과 만나지 못하는 것 같아요. 어느 정도는 만나지만, 어느 정도까지는 만나지만. 그래서 아직도 저는

이제 ○○의 아이들과 100퍼센트 밀착됐다고 보진 않고, 100
퍼센트 아이들의 삶을 이해했다고 생각하지 않고, 그리고 아이
들이 저를 100퍼센트 신뢰한다고 생각하지도 않지만 이제 정
말 그 일치감을 느끼는 순간이 오지 않을까? 어느 순간에, 그게
수업을 통해서든 일상 삶을 통해서든. 그렇지만 저는 그냥 그
런 과정이 저의 성장이고, 교사로서의 성장이고, 수업의 성장
으로 계속 이어질 것 같다. 그냥 그렇게 기대하고 있는 거죠.

수업 교사의 고민에 머무는 작업에서 수업 친구들이 한 질문
은 수업 교사의 내면적인 갈등이었다. 그리고 수업 교사의 고민
과 수업 친구의 고민이 일치하는 지점에서 대화가 전개된다. 수
업 교사는 학생들에게, 자신을 둘러싼 세상에서 난쟁이로 살아가
는 사람들이 있다는 것을 인지하고, 그 문제를 구체적으로 해결
할 수 있는 방안을 고민하고 대안을 제시해 줬으면 하는 바람이
있었다. 그리고 이렇게 고민하는 과정에서 아이들이 자기의 삶의
문제로 좀 더 깊이 생각할 수 있기를 바랐다. 그래서 교사는 부담
스러운 문제인 줄 알면서도 학생들에게 질문을 던진다. 그 어려
운 질문을 학생들에게 던지는 교사의 마음은 어땠을까? 수업 코
치는 그 마음을 실험하기로 작정하고, 학생들은 어떤 아이들이냐
고 질문을 했다. 그러면서 아이들과의 관계의 문제로 끌고 갔다.
이렇게 어려운 문제를 학생들에게 던질 수 있었던 것은 교사가
아이들을 믿고 있기 때문이라는 마음을 알아차리게 한다. 교사가
모르는 잠재된 고민을 끌어 낸 것이다. 그리하여 교사는 아이들
과의 관계에 대해 이야기를 한다. 왜 그렇게 학생들한테, 오늘 수

업의 주제를 삶과 연계시켜 내면화하려고 하는지 이야기를 꺼낸다. 자신의 성격과 관련이 있다고 밝힌다. 사랑한다는 표현은 과한 표현이고, 그것을 꺼내는 것이 힘들다는 이야기도 한다. 그리고 아직은 완전한 일치는 어렵지만, 교사로서의 성장과 삶에서 성장해야 할 과제임을 담담히 이야기한다. 여기에서 수업 코치는 단서를 알아차린다. 수업 교사가 자신의 감춰진 고민을 드러내고, 그것을 표현할 수 있는 자원이 있다는 것을 알아차리고 다음 단계로 넘어가기로 한다.

6. 함께 깨달음 나누기

- 수업 교사와 수업 코치, 수업 친구가 수업 나눔을 하면서 얻은 깨달음을 나눈다.
- 깨달음을 공유하면서 각자 성찰한 지점을 함께 나눈다.

수업 코치 잠깐 제가 부탁을 좀 드리면, 지금 말씀하신 게 ○○중학교 아이들과 밀착하고 싶은 마음이 있으시고, 그 밀착감이 수업에서 더 일어나길 원하시는 거 같아요. 그런 감정을 잘 표현하지 못하고, 그래서 절제하고 그러는 거 같은데, 한 번 표현할 수 있을까요? 혹시 용기를 내서 여러 선생님이 계시지만 아이들이라고 생각하고 반 아이들한테 한 번. 오늘 동균이도 그렇지만 지민이가 두 번이나 손을 들었어요. 발표하려고. 근데 선생님이 두 번 다 모른 척하셨어요. 그 아이를 제가 일부러 인터뷰했거든요. 마음이 어떤지. 왜냐면 손을 들었는데 오른쪽에 앉은 애를 지목하고, 또 손을 들었는데 이번에는 앞쪽에 있는 애한테 기회를 줬어요. 못 보셨나요? 그런데 동균이같이 수업에 들어오기 힘들었던 애들을 향해 박수치고, 선생님 얼굴이 환해지고. 어쩌면 오늘 굉장히 불편했을 아이 같은데, 우리 그 친구에게 얘기 한 번 해 볼까요?

수업 교사 지민이요? 지민이는 제가….
지민아, 네가 아까 수업 시간에 손을 들었는데, 선생님이 미처 못 보고 너의 대답을 듣지 못해서 미안해. 사실 지민이는 선생님이 항상 수업에서 믿는 사람이야. 언제나 성실하잖아. 수업에 항상 깊이 빠져들고 열심히 하려고 하는 걸 선생님이 너무 잘 알고 있거든. 그래서 믿는 마음에 오히려 그동안 손을 안 들었던 아이들에게 좀 더 눈길이 갔던 것 같아. 같이 해 줘서 고마워.
수업 코치 예, 감사합니다. 지민이에게 말씀하고 나니까 어떠세요?
수업 교사 저한테 위로가 되네요.
수업 코치 어떤 위로가 되세요?
수업 교사 제가 평소 잘 말해 주지 못했던 그런, 어떻게 보면 수업에서 다 챙겨야 하는데 어렵죠. 어렵지만 그래도 좀 서운한 마음을 가진 친구한테 제가 속마음을 이야기하면 다 알고 이해해 줄 거 같아요. 제가 말하면 충분히 알 것 같은 아이인데, 말하고 나니까 제가 되려 위로가 되고 고맙고 그러네요.
수업 코치 선생님은 수업 속에서 충분히 아이들에게 선생님의 마음을 표현할 수 있을 거라고 생각되어요. 그때 엄마표라고 말씀하셨나요? 그런 느낌이 드네요. 아이들한테는. 충분히 선생님의 마음을 표현해도 되겠다, 그러면 더욱더 아이들과의 관계가 깊어질 수 있고, 수업도 더 깊은 데까지 내려가고 아이들을 온전히 수용할 수 있을 테니 더 어려운 것들, 더 힘든 수업도 할 수 있는 힘이 생기지 않을까, 이런 생각이 듭니다.

선생님에게 드리려고 선물을 하나 준비해 놨어요. 정 선생님이 저한테는 굉장히 특별한 분이에요. 제가 지난해에 사고가 났어요. 5중 추돌사고가. 영동고속도로에서 났는데, 저를 ○○에서 불렀어요. 사고 난 사람을. 참담한 마음으로 왔는데, 근데 제가 와서 상당히 격려를 받고 갔어요. 왜냐하면 그때 아픈 이야기들을 많이 하셨거든요. 힘든 거, 이런 얘기들을 지금도 많이 하셨잖아요. 그땐 많이. 그래서 제가 물어 봤어요. 선생님, 이런 얘기를 저한테 해 주셔서 너무 감사해요. 이랬더니 저를 너무나 잘 안대요. 연수에서 저를 맨날 본다고 해요. 친근한 거죠. 그래서 제가 위로를 많이 받았어요. 힘을 많이 받았습니다. 그래서 제가 어제께 묵상을 하면서 선생님을 생각하면서 시 한 편을 준비해 봤어요. 제가 사랑하는 사람에게 꼭 주는 선물입니다. 세 번째 주는 분이에요.

진정한 여행

나짐 히크메트

가장 훌륭한 시는 아직 쓰이지 않았다.
가장 아름다운 노래는 아직 불리지 않았다.
최고의 날들은 아직 살지 않은 날들
가장 넓은 바다는 아직 항해되지 않았고
가장 먼 여행은 아직 끝나지 않았다.
불멸의 춤은 아직 추지 않았으며
가장 빛나는 별은 아직 발견되지 않은 것 같다.
무엇을 해야 할지 더 이상 알 수 없을 때

그때 비로소 진정한 무엇인가를 할 수 있다.
어느 길로 가야 할지 더 이상 알 수 없을 때
그때가 비로소 진정한 여행의 시작이 된다.

수업을 향한 간절한 마음이 빛나는 정○○ 선생님에게 드림

〈수업 편지〉

정○○ 선생님 안녕하세요?

수업 나눔 후 저에게도 많은 성찰이 있는 시간이었습니다.

수업 교사의 고민은 무엇이고, 어떻게 함께 그 문제를 해결할까?

언제나 진솔하게 마음을 표현해 주시고, 용기 내어 자신의 고민을 공동체와 함께 풀어 가려는 모습이 귀해 보였습니다.

엄마 같은 모습으로, 수업에서 아이들에게 다가서려는 선생님의 따뜻함에 감동을 받으며, 아이들을 생각하고 배려해서 수업을 디자인하는 그 섬세함에 사랑이란 무엇인가를 느꼈습니다.

지금, 우리 사회의 문제를 해결할 수 없지만, 문학이 가지는 중요한 이 시대의 고민에 대한 진중함이 중3 학생들에게 묻어나는 것은, 훗날 돌아보면 이 아이들이 살아갈 세상에서 자신이 어떻게 살아가야 하는지, 무엇을 배려하고 살아가야 하는지를 알 수 있는 단초가 되었을 것입니다.

그 길을 열어 주신 분은 정○○ 선생님이십니다.

은솔 학생의 말대로 무거운 주제를 가지고 함께 공부할 수 있었다는 것이 귀중한 경험이었다고 이야기했습니다.

오늘 수업을 준비하시며 고민한 선생님의 해답에 답을 준 것은 아닌지 생각합니다.

인생의 무게는 교사나 학생들에게나 동등하게 다가오는 것임을 느꼈습니다.

오히려 어른들이 생각하지 못한 것을 아이들은 알아 내는 놀라운 관찰력과 통찰력이 있다는 것도 발견했습니다.

세 명, 네 명의 대화에서 느낀 것은 주제가 활동과 연결이 되고 다시 공유할 때 모둠 활동의 의미가 되살아난다는 것을 은솔이가 정의를 해 줬습니다. 그리고 그 대화에서 때로는 좌충우돌하지만 아이들이 난관을 극복하고, 본질적인 방향을 찾아서 나아간다는 것도 알아차렸습니다.

지금, 여기에서의 고민이 훗날 다른 상황에서 만날 수 있는 고민의 문제를 해결할 수 있는 생각의 깊이와 통찰력을 키워 주었으리라 믿습니다.

수업을 열어 주시고 초대해 주셔서 감사드립니다.

이제 ○○중학교 아이들이 곁에 두고 싶은, 그래서 가슴이 아리도록 사랑하고 싶은 아이들이 되어서 기쁩니다.

2015년 5월 21일 든든한 선생님의 지지자 이규철 올림

02

수업 동아리에서 수업 나눔

    수업 동아리에서 수업 나눔을 할 때는, 다섯 명 이상에서 열 명 이내 수업 친구와 함께하는 것이 좋다. 수업 동아리에서는 수업 교사와 수업 코치(안내자), 수업 친구의 물리적 거리가 가깝기 때문에 심층적으로 접근할 수 있다. 수업 친구들이 수업 교사와 수업 코치의 대화 내용도 근접 영역에서 들을 수 있고, 수업 코치의 주도성이 두드러져 수업 나눔의 질적인 수준을 상향시킬 수 있는 부분도 있다.

    이번 수업 동아리에서의 수업 나눔은 수업 친구들이 현장에서 수업을 직접 본 것이 아니라, 수업 교사가 촬영해 온 수업을 보고 수업 나눔을 한 것이다. 학교 현장에서도 여러 가지 상황 때문에 수업 친구들이 직접 수업에 참여하기 어려운 경우가 있다. 그런 상황을 고려할 때 직접 참여와 간접 참여에 따른 온도 차이는 날 수 있지만, 수업 나눔에는 여러 가지 변인이 있을 수 있으므로 이번 사례는 간접 참여의 경우로 제시한다. 물론 수업 나눔은 수업 친구들이 직접 수업에 참여하는 것이 바람직하다. 간접 수업 참여와 직접 수업 참여의 논의보다는 수업을 보고 나누는 것이 핵심이기 때문에 수업 나눔 프로세스를 익히고 수업 교사의 내면 세계를 이해하는 관점에서 살펴보도록 한다.

내 안의 수업 신념으로 학생과 함께 빚어 가는 수업

이번 수업 나눔의 수업 교사는 ○○초등학교에서 5학년을 담당하고 있고, 교직 경력은 2년 6개월이다. 이번 수업은 문장 짝 만들기(전차시 학습 복습, 동기 유발), 문장의 호응 관계와 개념 이해하기, 문장의 잘못된 호응 관계를 개인 일기장에서 찾아보는 것이 목표였다.

1. 수업 교사의 시선 속으로: 수업 교사의 수업 보기 전 수업 의도 듣기

- 수업 교사의 시선은 공감적 경청에서 시작한다.
- 수업 교사의 시선에는 수업 교사를 향한 따뜻한 온기를 포함한다.
- 수업 교사의 가르침의 의도에 집중해서 수업을 이해한다.

수업 교사 고민을 했던 게, '어떤 것을 해야 할까' 하고 수업하기 전날까지, 아침에라도 파워포인트를 만들까 말까 하다가 전반적으로 이런 기회가 없잖아요. 학교에서 공개수업, 보여 주

기 수업이 좀 되는 형식이 있고 해서, 솔직하게 제가 하는 스타일로 하자 생각을 했고요. 그래서 정말 평소 하던 대로 학습목표도 잡지 않고 수업을 했습니다. 그냥 제가 평소에 수업하는 식으로요. 100퍼센트 진짜로 평소보다 지도서 한 번 더 봤습니다. 딱 한 번. 5분 더 봤고요. 그래서 제가 항상 공개수업이나 이런 것들을 하면 아이들이 초등학교에서는 발표하기 좋은 수업, 보여 주기 좋은 차시들을 선택해서 진도를 바꾸기도 하는데, 이론적인 부분으로 들어가면 어떻게 해야 할까가 어렵더라고요. 이론적으로 가르쳐야 할 부분은 지루할 수도 있지만 한번 해 보자라고 생각했어요. 저게 어떻게 보면 나의 날것 그대로의 모습인데 이런 부분에 대해서 선생님들이랑, 저보다 경험이 많으신 선배님들이랑 이야기를 나누고 정말로 도움을 얻고 싶다는 생각이 들었거든요. 제가 조금 늦게 왔는데 따뜻하게 봐 주시면 더 감사하고요. 또 제가 정말 상식적인 부분인데도 모르는 것이 꽤 있어요. 이론적으로 배우는 것을 좋아하지도 않고 몸으로 부딪히는 것을 좋아해서 책 같은 것도 그렇게 깊게 읽히진 않더라고요. 나한테 어떻게 적용해야 할지를 생각하다 보니까 막히는 부분이 많았거든요. 그래서 선배님들 입장에서 가감 없이 말씀해 주셔도 괜찮을 것 같아요. "이런 부분을 개선했으면 좋겠다."라든가 저는 오늘 그것을 듣기 위해 수업을 공개하기로 했고, 어떻게 보면 제가 변할 수 있는 좋은 기회니까 편하게 말씀해 주셔도 될 것 같아요. 그래서 제가 많이 좀 배우고, 혹여나 이 수업을 통해 선배님들도 뭔가 느낀 점이 있고 좀 더 배운 점이 있다면 더 좋을 것 같고요, 그렇게 봐 주셨으면 좋겠습니다.

수업 코치 평소 본인이 고민한 문제, 그것들이 담긴 것 같군요. 오늘 선생님의 수업에 대해서 설명을 해 주셨으면 좋겠어요.

수업 교사 아, 수업에 대해서요? 수업은 문장의 호응 관계를 알아보는 내용으로 이뤄집니다. 5학년 국어 수업이고, 전 차시가 아이들이 주어, 서술서, 목적어, 이런 것들을 좀 배웠고 이번 차시에서는 주어, 서술어, 목적어 이런 것들 사이의 호응 관계를 알아보는 시간이에요. 근데 제가 조금 예상을 못 했던 부분이, 미리 말씀드리는 것이 맞는지 모르겠지만 지도서랑 이런 것만 보고, 아니면 교과서만 보고 제 머릿속에서 이 정도 반응을 기대했는데 그것을 뛰어넘는 반응들이 나오더라고요. 교과서나 지도서에서는 주어랑 서술어가 안 맞는 것을 고치는 거였어요. 주어를 바꾸거나 서술어를 바꾸거나. 그런데 아이들이 문장 자체를 바꿔 버리는 거예요. 완전히 새로운 문장을 만들어서 호응이 맞게 만든다거나 하는 부분이 있어서 좀 당황하기도 했고요. 깊이 있게 이해하지 못했구나 하는 생각도 들었거든요. 그래서 마지막 활동으로 첫 번째 한 게 복습 겸 앞 시간에 했던 것을 했고 두 번째가 호응 알아보기, 세 번째가 아이들 일기를 가지고 '너희가 쓴 것 중에 호응이 안 맞는 것을 알아봐라', 이게 세 번째 활동이었는데 생각보다 그게 안 됐어요. 아이들이 자기들이 쓴 문장에서 호응 관계를 찾는다는 게 쉬운 일은 아니다라는 생각도 들긴 했지만, 틀렸다고 해도 이게 호응이 틀렸다는 것을 잘 이해를 못 한다는 생각도 들더라고요. 그런 게 있습니다. 저희반 아이들 같은 경우는 발표는 즐겁게 잘 하는 편인데 남자아이들을 보시면 계속 엉뚱한 발표를 하는 친구들이 있거든요. 남자아이들 중에 수업에 집중을 못 하는 친구들, 엉뚱하게 하는 친구들, 이런 친구들도 좀 있고. 여자아이들 중에는 발표 잘 하는 친구들이 몇 명 있어요. 그 아이들이 분위기를 이끌어 가는 편이에요. 전체가 다 잘 한다기보다는 그 아이들이 앞에서 으쌰으쌰하니까 다른 아이들이 따라가는 거죠.

나름 화목한 반이라고 생각하고요. 즐겁게 보내고 있습니다.

수업 코치 이 수업에서 이 부분을 좀 봐 줬으면 좋겠다, 선생님 입장에서 수업 친구들이 깊이 봐 줬으면 하는 부분이 있나요?

수업 교사 '이 정도면 이 선생님이 알겠지?' 하는 부분도 말씀해 주셔도 좋을 것 같아요. 왜냐면 잘 모르거든요. 잘 모르고…. 제가 항상 고민인 게 책상을 디귿자로 했잖아요? 발표나 모둠 활동 같은 경우는 제가 중점을 두고 하려는 것인데, 항상 생기는 게 무임 승차 문제, 그리고 발표하는 애들만 하는 부분, 그 다음에 뭘 해도 집중을 힘들어하는 아이들이 있어요. 그런 아이들을 어떻게 수업 안으로 끌어올 수 있는가. 또 경력이 많으신 분들은 발문을 되게 잘하시잖아요. 유도하는 발문이라 해야 될까요? 아이들이 자연스럽게 어떤 결론에 이르도록 발문을 잘하시는 걸 봤는데, 내가 답을 말해 주는 게 아니라 이렇게 말하면 아이들이 이렇게 자연스럽게 따라오는 거죠. 그런 것들을 어떻게 하는지 좀 궁금하거든요. 그런 부분을 배우고 싶다는 생각이 들고요. 아까도 말씀드렸다시피 정말 배우고 싶은 게 많습니다. 많이 가르쳐 주십시오.

수업 코치 예, 감사합니다. 세 가지 고민을 말씀하셨네요. 무임 승차 문제, 집중하지 못하는 아이들, 그다음에 발문의 정교함이 수업에서 어떻게 일어나는지를 중심으로 봐 주셨으면 좋겠다는 말씀을 드리겠습니다. 그러면 지금부터 수업을 보도록 하겠습니다. 아, 선생님, 혹시 수업 친구들이 수업을 보면서 깊이 관심 있게 보고 가야 하는 아이가 있나요?

수업 교사 저기, 아! 지금 여기 화면에 제일 가까이 보이는 남자아이 왼쪽에 있는 아이가 많이 느려요. 5학년인데 구구단을 잘 못하거든요. 저희 학교에 학력이 조금 떨어지는 친구들이 꽤 있어요. 농산어촌이라. 저 아이가 엉뚱한 발표를 많이 하는

데, 그래도 저는 발표하는 것 때문에 항상 예뻐하긴 하거든요. 엉뚱하긴 해도. 그런데 아이들의 시선은 약간 '아, 왜 또 엉뚱한 소리를 해?' 하고 중간에 보면 동영상도 하나 있습니다. 옆에 남자아이가 눈총 주는 그런 것도 있는데, 그래서 저 아이가 좀 마음이 쓰여요. 수업에 집중을 못 하는 아이도 있는데, 저기 뒤쪽 디근자로 봤을 때 제일 뒤쪽, 제일 왼쪽의 남자아이 보이시나요? 줄무늬 티인데, 저 친구가 대표적으로 집중력 장애가 있는 친구예요. 집중력이 굉장히 많이 부족한 친구인데, 지금도 허공을 보고 있잖아요. 저렇게 집중을 잘 못해요. 저런 친구들이 항상 마음이 쓰여요.

수업을 보기 전 수업의 의도를 듣는 것은 수업 교사의 시선으로 다가가는 첫 번째 단추이다. 이번 수업은 여러 가지 장치가 준비된 수업이 아니라, 우리가 늘 겪는 일상의 수업이다. 사실 수업 나눔을 할 때의 고민은 연극적 수업이나 여러 가지 준비된 수업보다 일상적인 수업, 즉 날것의 수업에서 드러난다.

그런 점에서 살핀다면 이런 형식의 수업은 교사를 온전히 만날수 있는 기회가 된다. 수업 교사는 이번 수업에 앞서 교사가 예상했던 것보다 학생들의 배움이 높게 일어났지만 세 번째 단계에서는 수업 교사의 기대만큼 학습자들이 이해하지 못한 듯한 느낌을 받았는데, 그 부분이 학습자들에게 어렵기 때문이라는 성찰을 했다. 그러면서 수업의 발문이 보다 정교해졌으면 하는 게 고민이라는 점도 이야기했다.

그리고 집중해서 봐야 하는 학생도 언급했다. 수업 교사가 지속적으로 신경을 쓰는 아이는 잘 볼 필요가 있다. 교사의 마음이 기울어 있다는 것은 교사의 숨겨진 고민, 잠재된 고민이 될 수도 있기 때문이다. 이렇게 수업을 보기 전 교사가 보는 지점을 알면 고민이 무엇인지, 어떻게 고민이 나타나는지를 알아차릴 수 있다. 수업 코치는 수업 교사의 평소의 수업 고민과 오늘의 수업 고민, 그리고 주의해서 봐야 하는 학습자들에 대해 질문하며 수업 친구들이 교사의 시선으로 머물도록 한다.

2. 수업 교사의 시선 속으로: 수업 교사의 수업 후 소감 듣기
- 수업 교사의 시선은 공감적 경청에서 시작한다.
- 수업 교사의 시선에는 수업 교사를 향한 따뜻한 온기를 포함한다.
- 수업 교사의 가르침의 의도에 집중해서 수업을 이해한다.

수업 교사 조금 반성을 했던 게 사실 여러 가지가 있는데, 하나만 딱 말씀드리면 아이들 중에 제가 한두 명 정도 주의 깊게 봐 달라고 했잖아요? 사실 그 아이들 말고도 수업에 잘 안 들어오는 친구들이 꽤 있어요. 아, 제가 반성을 했던 게, 어느새 그 친구들을 잊었나 하는 생각 때문인데요. 초반에는 어떻게든 수업 안에 욱여 넣어서 열심히 좀 해 보자, 그런 의도로 모둠 활동을 했었고요. 저는 항상 "네 활동을 다했다고 쉬는 게 아니고, 옆애들 가르쳐 줘라. 모둠원을 도와줘야 한다."고 모둠 활동을 강조하고 그런 틀을 만들려고 했는데, 결과적으로 다시 동영상을 보니까 연필 잡고 이렇게 계속 멍하니 앉아 있는 애들도 꽤

있어요. 그 아이들의 기본적인 특성이 기초학력이 떨어지기도 하는데, 기본적인 말을 잘 못 알아듣는 부분도 있고요. 어쨌든 '아, 내가 저 아이들을 잊었었나?' 하는 생각도 좀 들고 그냥 모둠 안에서 "얘들아, 너희들이 가르쳐." 하고 조금은 마음을 놓았던 게 아닌가 하는 생각도 좀 들고요.

수업 코치　예, 감사합니다. 선생님이 수업 성찰지에 그런 얘기를 하셨어요. 내가 어느 정도 틀을 잡고 있는데 그 틀이 잘 가고 있는지 궁금하다고. 저는 그 틀이 뭔지 좀 궁금했어요. 근데 오늘 선생님이 말씀하셨던, 서로 도와주려고 하는 것들, 모둠을 통해서 서로 도와주려고 하는 그 틀을 말씀해 주셔서 이해가 됐어요. 아까 얘기했듯이 '내가 너희들을 잊었나.' 하고 활동을 하다 잊었다는 그런 말씀을 하셨고, 또 모둠 활동 시 사각지대에 대한 약간의 미안한 마음도 있고 좀 불편한 마음도 있으신 것 같은 느낌이 들었어요. 선생님의 마지막 세 번째 욕구가 있는데, 이 수업 나눔을 통해서 어떤 부분을 해결하고 싶은 건가요?

수업 교사　제가 아는 부분들도 있는데 미처 모르는 부분을 많이 얘기해 주시면 좋을 것 같아요. 지적이라고 생각하지 마시고 애정 어린 시선으로 말씀해 주시면…. 어떻게 보면 제가 경력이 얼마 안 됐으니까 지금 바꾸려면 바꿀 수 있는 부분이라고 생각하거든요. 제가 사실 동영상을 보면서도 저 혼자 눈치 챈 부분도 많지만 눈치 못 챈 부분도 많을 것 같아요.

수업 코치　선생님이 알고 있는 부분과 모르고 있는 그 부분을 이야기하고 싶다고 하셨는데, 그러면 선생님이 알고 있는 부분은 어떤 거죠?

수업 교사　걸음걸이가 웃겼어요.

수업 코치　어떤 점에서요?

수업 교사 그러니까 그게 의도가 그런 거였어요. 수업에 힘을 주고 싶지 않았어요. 그래서 자연스럽게 돌아다니면서 수업을 하는 게, 조금 어렵고 딱딱한 내용이니까 편하게 해 보자. 그래서 했는데. 실제로 보니까 터덜터덜 걷더라고요. 힘없이. 그게 좀 신경이 쓰였고요. 또 발문이요. 아까부터 제가 불안했던 부분을 봤는데, 가령 이런 거죠. "이 수업의 포인트는 이거고, 얘들아 여기서 제일 중요한 건 이거고…." 이 말을 계속 반복한단 말이죠. 저 스스로 불안한 것 같아요. '이게 포인트인데. 아휴, 제발 아이들이 좀 알아야 하는데.' 이런 것들. 그다음에 발표하는데 워낙 엉뚱한 소리를 많이 하는 친구들이 있어서 아까 맨마지막 발표에서 먼저 틀린 문장을 말하고 그다음에 고친 문장을 말하는 것을, 제가 방금 새봤더니 세 번인가 네 번 하더군요. 발표가 엉뚱하게 되고, 그것 때문에 수업 분위기가 이상해지고, 그러니까 저 혼자 불안한 거예요. 했던 말을 계속 반복하게 되고 이런 것들이 제가 발견한 부분이고요. 사실 판서도 잘못 해요. 판서를 어떻게 해야 하는지 잘 모르겠습니다. 이런 부분도 좀 있고요. 그다음에 아이들이 발표할 때 잘 안 듣는 것. 아이들이 발표하고 싶은 욕구는 많아요. 엉뚱한 얘기를 하는 아이들이 있지만 그래도 발표는 좀 하려고 하는 편이라고 생각하거든요. 제가 지난해에 맡았던 반이나 다른 반을 보면 발표 자체는 하고 싶어 하는데 남의 말을 안 듣다 보니까 앞에 애가 했던 걸 반복한다거나 아니면 제가 물었던 걸 잘못 얘기한다거나, 이렇게 듣기가 굉장히 안 돼요. 이런 부분들이 눈에 많이 들어왔어요.

수업 코치 수업을 공개한 이 선생님이 수업 교사로서 여러 가지 의도와 수업이 끝난 후 본인이 알아차린 것과 알아차리지 못한 것들을 이야기했습니다. 수업을 진행하신 이 선생님이 이런 소감을 이야기해 준 것처럼, 여러 선생님께서 이 수업에서의 의미를 찾아 주는 시간을 갖겠습니다. 저희는 보통 꽃을 달아 준다고 애기를 합니다. 꽃을 달아 주는데, A4 용지 노란색 있죠. 꽃을 달아줄 때 유의점은 구체적인 장면을 뽑아 주셔야 한다는 겁니다. 수업 교사도 마찬가지, 본인이 본인에게 꽃을 달아 줍니다. 이 수업에서 가장 의미 있었던 장면들이 있겠죠? 그 장면들을 기록하면서 찾아 주셨으면 좋겠어요. 어느 부분이 의미가 있었는지, 왜 의미가 있었는지, 그리고 오늘 이 선생님이 의도한 바가 있었잖아요? 그 의도들이 잘 드러난 부분은 어딘지, 찾아 주셨으면 좋겠습니다. 또 학생들에게 배움이 일어났는데, 어느 부분에서 배움이 일어났고 그 의도가 수업에서 어떻게 잘 호응되었는지, 찾아 주셨으면 좋겠습니다.

수업 교사는 〈수업 전 성찰지〉에서 자신이 만든 수업 틀의 방향이 옳은지 궁금하다는 고민을 털어놓았다. 수업 교사는 수업 보기 후 자신만의 수업 틀에 대해 설명해 주었다. 모둠원끼리 협력을 강조했으나 모둠 활동 시 사각지대에 있는 아이들을 돌보지 못한 데 대한 미안함에 대해서도 이야기했다. 동일한 말의 반복, 그로 인한 불안감, 아이들이 발표를 할 때 잘 듣지 않는 것에 대한 불편한 마음은 수업 교사 스스로 알아차렸다. 수업 후 수업 교사의 소감에서 수업 코치는 고민의 지점을 알아차려야 한다. 어떤 불안감이 있는지, 어느 지점에서 미안함이 드러나는지를 살펴봐야 한다. 수업 후 수업 교사의 감정에 집중하는 이유는 수업 교사의 의도대로 수업이 일치하지 않는 경우가 생기기 때문이다. 수업 실행의 온도차에 집중해 질문하는 것이 수업 교사의 근본적인 고민에 다가설 수 있는 지름길이다.

3. 수업 코치와 수업 교사, 작은 수업 대화하기

- 수업 친구들이 수업에서 의미 찾기 작업을 할 때, 동시에 수업 코치는 수업 교사와 수업 대화를 하면서 '수업의 의미'를 찾아 준다.
- 수업 코치는 수업 교사 자신의 수업 소감에서 나온 내용을 다시, 비추기 작업으로 수업 교사에게 의미를 부여한다.
- 수업 대화의 내용은 수업 코치가 수업을 관찰하면서 궁금했던 사항을 기록한 성찰 질문을 중심으로 한다.
- 수업 코치는 수업 교사에게 충분히 질문을 하고, 수업 교사의 잠재적인 고민을 이끌어 낼 수 있는 단서를 찾을 수 있어야 한다.

수업 코치 어떤 것들에 대해 쓰셨나요?

수업 교사 자기 것을 찾으려니까….

수업 코치 어렵죠? 본인이 찾으려면 어려워요. 타인이 찾아 주면… 조금 쉽긴 한데…. 주로 어떤 것을 찾으셨나요?

수업 교사 신뢰 관계를 쌓으려면 이야기를 들어 줘야 될 것 같아서 수업 시간에는 항상 무조건 들어 주려고 노력했어요. 그런 노력이 쌓이다 보니 이제 아이들 역시 틀린 걸 알면서도 발표할 수 있지 않았나 하는 생각이 들고요. 학생들이 항상 "틀려도 되죠?" 하면 "당연히 틀려도 되지."라고 말해 주거든요. 그런 것들이 아이들이 열심히 발표할 수 있도록 해 주는 게 아닌가

하는 생각이 들었어요. 비슷한 맥락인 게, 마지막 일기 공개한 친구들, 틀린 거 공개한 친구들한테 박수 쳐 주고 한 게 나름대로 또 의미가 있는 것 같아요. 아까 슬쩍 봤는데, 그 줄무늬티를 입은 친구가 철수거든요. 결과적으로 마지막에 발표를 성공했잖아요. 저는 그건 캐치를 못 했는데 좀 찡하네요. 계속 못하다가 마지막에 성공한 걸 보니까. 재미있는 게 뭐냐면, 걔만 듣는 게 아니라 옆의 애들도 선생님이 오니까 관심을 가지더라고요. 평소 이걸 느끼면서도 다시 한 번 보니까 명확히 들어오네요.

수업 코치 선생님이 찾은 것들 중 가장 마음에 와 닿은 것은 어떤 거예요?

수업 교사 철수한테 간 것.

수업 코치 저는 그 친구를 잘 몰랐는데 선생님이 유독 많이 가는 친구가 있어서 궁금했죠. '왜 저 친구한테 많이 갈까.' 하는…. 말씀하시니까 이해가 될 것 같아요. 왜 그렇게 가서 해 주고 했는지.

수업 교사 맞아요. 철수는 애가 밝아요. 틀려도 발표하려고 하고. 어쩌다 한 번씩 결과적으로 그렇게 되는데, 뒤에 있는 여자 친구들, 아까 제가 방임한 것 같다는 친구들. 멍한 여자 친구가 있는데, 그 친구가 대표적으로 또 멍한 친구 중 한 명입니다.

수업 코치 발표할 때 침묵하는 장면이…. 그 친구에서 한 5초간 머물렀는데 긴장이 되더라고요. 애들이 다 긴장한 듯한데 말을 안 하더라고요. '이 친구구나!' 했죠. 애들이 모두 배려심이 깊던데. 치고 나갈 줄 알았어요. 숨죽이듯 5초간 있는데 보는 나도…. 그 아이가 얘기를 했어요. 천천히 차근차근히, 조심스럽게 말을 하더라고요. 그게 참 와 닿더군요. 어떤 아이들도 비난하지 않더라고요.

수업 교사 적어도 대놓고 비난하는 아이들은 없는 것 같아요. 그건 진짜 감사하죠.

수업 코치 그게 비난과 비판의 문화보다는 그 친구들이 들어 주려고 하는…, 어른도 어려운데 들어 주려고 시간을 참아 주더군요. 아이들 시선이 그 친구를 향해 다 가더라고요. 저 친구 뭐라고 할까, 듣고 싶은 게 있어서. 그런 문화가 어떻게 만들어졌을까요? 아까 선생님께서는 좋은 아이들이 왔다고 하셨는데….

수업 교사 아마 이게 클 것 같아요. 학기 초 3월부터 계속 얘기했던 건 "선생님은 무조건 너희 얘기를 들어 줄 거고, 혼내더라도 얘기는 들어 주고 혼낼 거고. 너희가 잘못한 만큼만 혼을 내고 더 이상은 하지 않을게. 약속할게." 올해 담임을 맡기 전에 학교 폭력과 관련한 책을 엄청 읽었어요. 보니까 선생님이 먼저 그렇게 해야 아이들이 그렇게 된다고 해서 평화적으로 분위기를 만들려고 노력했고, "일단 우리가 들어 주자. 얘기는 그다음이다."라는 것을 강조했는데, 아무래도 그 영향이 아예 없진 않았던 것 같아요, 그런 부분들이. '일단 들어 주자, 그다음에 얘기하자.'

수업 코치 오늘 수업에서 그런 지점이 있으셨나요? 본인이 보셨을 때 들어 주는 부분이 있었다라고 하면?

수업 교사 친구들이 발표하면 열심히 들으려고 한 것 같아요. 제가 불안한 게 그 지점이었던 것 같아요. 아까도 말했는데 발표를 듣고 나서 제가 꼭 다시 발문을 했죠. 아이들이 말한 걸 보고. '나는 들었는데 아이들이 잘 들었을까?' 발표한 아이가 혹여나 친구들이 자기 발표를 듣지 않는다고 생각해 자신감을 잃으면 어떡하지? 하는 생각이 드니까 불안한 마음에 "애들아, ○○가 이렇게 얘기했어." 하면 "맞아요, 좋아요." 하고 수업 코치 그래서 그렇게 얘기를 하셨군요. 궁금했어요. 왜 그러나 하고. 애들이 잘 들어 주길 바라는 마음으로 그러셨군요.

수업 교사 어쨌든 용기를 낸 거니까. 못 하는 애들이 많고 방임된 애들도 있는데 하루에 한 번, 이틀에 한 번 정도 손을 들어요. 그런 친구들은 꼭 시켜 주거든요. 시켜 주고 "되게 잘했어." 라고 해 주면 그러면 조금씩 변하는 게 느껴지니까. 그런 것들에 대해서 꼭 잊지 않으려 하고 있습니다.

수업 코치 오늘도 평소에 손을 안 들던 애들이 손을 들어서 잘한 경우가 있나요?

수업 교사 철수는 흔하지 않은 경우고요. 그 외에는 평소에 잘하는 친구들이에요. 맨 뒤에 있던 평화라는 친구는 손을 들지 않았던 것 같고, 희망이라는 친구는 평소에 손을 잘 안 드는데 들었고요. 그런 것들. 노력은 좀 하는데 계속 고민이 되는 부분이지 않을까….

수업 코치 그래도 선생님 마음속에는 불안함이 있는 거네요. 그래서 말이 반복적으로 나오는 거고요. 잘 들어 줬으면 좋겠고, 나는 잘 듣는데 애들은 잘 듣고 있을까. 모처럼 손을 들어서 얘기한 건데, 용기 낸 거에 대해 다른 아이들이 격려해 줬으면 좋겠다, 하는 그런 마음으로….

저는 이 선생님이 수업이 뒤처진다는 줄무늬 티 입은 친구, 특히 그 친구에게 다가갔잖아요. 저는 그게 너무 멋져 보였어요. 이 선생님이 맨 마지막에 뭐라고 하셨는지 아세요? "이 수업에서 중요한 건 호응이다." 그래서 저는 애들이 주어, 서술어, 목적어를 호응하는 수업을 하는 데, 이 선생님은 과연 수업에서 아이들하고 호응하고 있을까, 궁금했어요. 저는 이번 수업의 주제어를 '호응이 물든 수업'이라고 꽃을 달아드리고 싶어요. 선생님도 뒤처진 아이들, 그 아이들에게 다가가서 만져 주고, 반 아이들도 서너 명이 철수한테 머물러 있고, 다가서려는 모습이 보였어요. 또 선생님이 연결 짓기를 잘하시더라고요. 주어를 놓고 서술어를 받치는 작업을 하듯이 그렇게 하시더군요.

수업 교사 전날 친구 한 명이 점심시간에 그렇게 놀더라고요.

수업 코치 아이들이 힌트를 끌어와서 하니까 아이들이 친구 이야기를 듣고 싶어하고….

수업 교사 주어를 친구 이름으로 하면 되게 재미있어 하더라고요.

수업 코치 만약 선생님이 주어를 채워 넣고 했으면 재미없었을 텐데 주어를 바꾸는 순간 내가 주인공이 되는 거죠. 아이들이 서술어를 채워야 하니까. 한 친구가 주어를 불러 주면 다른 친구들이 채워 가더라고요. 연결 짓기를 잘 하시더군요. 힌트를 가지고 아이들과 아이들을 연결 짓는게…. 저도 한 단어를 찾았는데, 바로 '도움'이었어요. 누군가를 주제화시켜 주면 그다음은 아이들이 채우는 거죠. 주제화가 중요한 것 같아요. 누가 주제가 되는가. 근데 아이들은 주인공이 되고 싶어 하거든요. 아이들이 주인공이 되니까 그걸 채워 가는 거죠. 혼자 채워 가는 게 아니라 다른 친구들이 채워 가더라고요. 그게 바로 선생님의 탁월함이에요.

그러니까 아이들에게 수업의 주인공이 되고 싶고 호응을 얻고 싶으면 연결을 잘 시켜라, 하고 일기로 끌어 왔어요. 이건 너무 탁월한 선택이었어요. 내가 쓴 그 지점에서 찾아가는 것. 그 작업을 하셨는데 되게 어려운 작업이에요. 그리고 그것을 바로바로 올라오게 하는 것, 연결 짓기를 잘 하셨고 뒤처진 아이들, 그런 아이들에게 머물렀다는 단어가 생각나네요. 호응이 물든 수업이었어요.

수업 나눔에서는 수업 코치와 수업 교사가 깊게 만날 수 있는 공간이 필요하다. 이 공간은 교사와 수업 코치가 온전히 만나는 제3의 공간이다. 격식 없이, 자연스럽게, 심리적 안전지대로 만나는 것이다. 그래서 이 공간에 천천히, 깊이 머무는 연습이 수업 코치나 수업 교사에게 필요하다. 수업 교사에게는 자신의 수업을 돌아볼 수 있는 성찰의 시간이다. 수업을 본 직후라서 더 깊이 자기 자신과 만날 수 있도록 배려를 한다. 그리고 이런 성찰의 과정을 정리할 수 있도록 여백의 종이를 준다.

수업 코치와 수업 교사의 작은 수업 대화하기에서는 수업 교사가 먼저 자신의 수업에서 의미 찾기를 해야 한다. 타인의 시선이 아니라 수업 교사의 시선으로 자신의 수업에 머물면서 어떤 지점에서 무엇이 의미가 있었는지 성찰하며 찾는 작업을 한다. 수업 교사는 학기 초부터 '수업 시간에도 항상 무조건 듣는다'는 자신의 신념을 학생들에게 말하고, 이것을 지켜려고 의지적인 실천을 기울였다.

학생들이 틀려도 발표를 한 이유는 교사가 이미 만들어 놓은 수업문화가 있었기 때문에 가능한 것이었다. '일단 우리가 들어 주자. 얘기는 그다음이다.'라는 신념을 잘 지키고 있는 자신을 봐 주고 있다. 특히 교사의 마음에 남아 있는 철수라는 아이가 발표를 했을 때, 주변의 아이들이 철수가 말을 할 때까지 5초 이상 침묵을 참아 내고, 누구도 비난하지 않고 들어 주는 그 모습을 대견하게 생각했다. 그러면서 수업 교사의 내면에 있는 불안감을 이야기했다. 교사는 아이들의 이야기를 잘 듣고 있는데, 정작 아이들은 친구들의 이야기를 잘 들을까에 대한 불안감이었다.

그래서 반복적인 질문이 자꾸 나오고, 그런 자신의 모습을 보면서 불편한 감정이 생긴다고 스스로 성찰했다. 수업 코치는 이때 수업 교사의 잠재적인 고민이 부각되고 있는 것을 알아차려야 한다. 수업 코치는 교사가 '왜 아이들이 서로의 이야기를 잘 들어 줘야 하는가'에 대해 궁금함을 가지고 있으며, 그것을 수업 코치의 '궁금함의 주머니'에 집어넣고 수업 교사에게 이번 수업의 의미를 비추었다.

4. 수업 친구들이 수업의 의미 찾아 주기

- 수업 동아리 선생님들과 수업 나눔회를 할 때는 수업 코치의 수업 나눔 안내가 필요하다.
- 수업에서 의미란 '글쓴이나 화자가 드러내는 바, 또는 읽은 이나 듣는 이에게 나타내는 바'를 말하는 것으로 수업 교사를 수업을 위하여 고민하는 자, 노력하는 자로 보고 격려, 지지의 관점으로 보는 것이다.
- 수업 친구 모둠에서 수업의 의미 찾기는 수업 참관 교사들이 충분히 수업 교사의 수업에 머무르면서 구체적인 장면을 언급하여 긍정적인 피드백을 하는 것을 말한다.
- 수업 동아리에서 수업 나눔을 할 때는 모둠별 또는 개인별로 큰 수업 나눔을 하고, 수업 코치는 수업 교사와 동일한 시간에 작은 수업 나눔을 한다.

- 수업의 의미 찾기를 할 때는 일반적으로 세 가지 이내에서 찾을 수 있도록 하며, 구체적인 장면을 적도록 안내한다.
- 수업 친구들은 수업 교사를 향하여 진심 어린 격려와 지지로 수업에 꽃을 달아 준다.
- 수업 친구들의 충분한 격려와 지지는 수업 교사의 내면에 안전지대를 형성시키며, 수업 교사의 고민을 수업 공동체에 꺼내 놓을 수 있는 내면의 힘을 키워 주는 촉매제 역할을 한다.
- 수업 친구 모둠에서 피상적인 의미 찾기를 하지 않도록 유의한다.

수업 친구 1 저는 의미 있었던 장면과 배움이 일어난 부분을 찾다 보니까 두 개가 같다는 생각이 들었어요. 아이들 생활 속의 일기를 활용한 장면이 나왔어요. 자기가 쓴 문장에서 어색한 부분을 찾아내고 고쳐서 발표하는 부분인데 이 부분이 의미가 있었어요. 아이들이 일기를 쓰다가도 '이 부분은 어색한 문장이구나.' 하고 지식을 생활 속에 투입하는 장면인 것 같아요. 배움이 일어나는 장면인 것 같아서. 또 하나 의미 있는 부분은 선생님이 의도를 하고 계셨다고 하는데, 아이들이 개별 활동이 끝난 다음 아직 못 한 친구들을 도와주는 장면 자체가 의미 있다는 생각을 했습니다. 개별 활동을 다한 친구가 자기는 다했다고 떠들면 옆 친구한테 방해도 되고, 못 한 친구한테는 그 부분이 또 더 집중을 못 하게 하는 그런 상황이 될 수 있는데, 다한 친구가 도와줌으로써 집중을 못 하는 친구에게 집중할 수 있는 기회를 부여하는 것 같고, 다한 친구는 설명을 해 줌으로써 또 다른 내용을 가질 수 있는 부분인 것 같아서 이 두 가지

부분에 꽃을 달아 드리고 싶습니다. 선생님께서도 집중 못 하는 친구가 고민이었을 텐데, 사실 저도 그런 부분이 고민이에요.

수업 친구 2 주어와 서술어를 만들기 위해 학생들이 먼저 친구이름을 불렀잖아요? 이름을 불러 주면 또 다른 학생들이 이어받아서 서술어를 만드는 그 활동이 '얼음땡' 놀이 같다는 느낌을 받았어요. '은비가'라고 했을 때 그 아이는 아직 얼음인데 서술어를 말해 줌으로써 친구가 땡! 해 주는 듯한 동작을 주는 거니까 마치 얼음땡 놀이와 같다는 느낌을 받았어요. 그러면서 아이들이 서로 긍정적인 상호작용을 하면서 굉장히 즐겁게 그다음으로 넘어갈 수 있도록, 그게 전 차시 상기도 되면서 동기유발도 되는 즐거운 활동이라는 생각이 들어서, 선생님께서 이렇게 수업을 하기 위해 좋은 워밍업을 닦으신 점에서 상당히 돋보였어요. 저는 지금 6학년을 맡고 있는데, 6학년에는 이런 수업은 없지만 한 번 이렇게 해 봐도 아이들이 긍정적으로 상호작용할 수 있겠다 싶어서 학급 다모임 때 이런 활동을 하면 좋겠다 싶어서 선생님께 꽃을 달아 드리고 싶어요. 그다음이 꾸미는 말과 서술어 호응 관계를 알아보는 활동인데, 이 부분은 선생님하고 저하고 같은 느낌을 받은 부분인데, 개별 활동을 하고 그게 맞는지 틀리는지 짝하고 비교해 보라고 하셨잖아요. 그 과정에서 어느새 자연스럽게 배움 짝이 이루어져 있더라고요. 카메라로 비추는 부분에서는 여러 곳에서 그런 배움짝 활동이 이루어지고 있어서 서로 가르치고 배우는 것에 아이들이 거부감이 없는 학급이구나, 선생님께서 평상시에 어떤 점을 강조해 오셨는지 느껴져서 서로 그것에 대해 함께 성장하는 학급 분위기가 이뤄져 있는 게, 선생님이 어떤 전략을 가지고 있는지 느껴져서 그 부분이 정말 보기 좋았습니다. 큰 꽃 하나 달아 드리겠습니다.

수업 친구 3 선생님께서 아이들을 좋은 에너지와 열정으로 이끌어 가시더군요. 굉장히 열정이 많으신 선생님이세요. 주어를 다루고 목적어를 다루고 서술어를 다루는데 아이들이 부담 없이 수업에 빨려 들어가는 장면을 봤어요. 선생님은 발문을 걱정하셨지만, 끊임없는 질문에 아이들이 사고하고 대답하는 모습도 인상적이었어요. 즉각 반응하는 아이들도 있고 멍한 아이들도 있었지만 아이들이 굉장히 흥미롭게 수업에 임하는 것 같았어요. 무엇보다 선생님이 아이들과 접촉하려는 노력이 보였어요. 학생 속으로 자꾸 들어가려고 하는 게 계속 보였어요. 선생님과 아이들의 활발한 상호작용을 느꼈고요. 그리고 아이들에게 공정하게 기회를 부여하려고 하고, 차별 없이 누구나 참여시키려는 선생님의 의도가 느껴졌는데, 교사로서 참 어려운 부분이에요. 평소에 따뜻한 학급 분위기를 알 수 있었어요. 앞서 말하셨듯이 일찍 활동을 끝낸 친구가 아직 끝내지 못한 친구를 즐겁게 가르쳐 주고, 또 배우는 아이들도 그것에 대해 거부감이 없는 것, 어디서든지 가르치고 배우는 것이 가능한 학급 문화가 인상적이었어요. 마지막 장면이 정말 감동적이었는데, 끝종이 쳤어요. 그럼 아이들이 일어나서 나가야 돼요. 그런데 아이들이 일기장을 꺼내서 읽어 보고 거기에서 호응이 맞지 않거나 어색한 부분을 찾는 활동에 몰입을 해요. 끝종이 쳤는데도 동요하지 않고, 아이들이 끝까지 몰입하는 부분에서 정말 감동받았습니다. 선생님, 정말 열정적이세요.

수업 코치 끝종이 쳐도 일어나지 않는 수업!

수업 친구 4 저는 꽃을 달아 드리기 전에, 저하고 수업 스타일이 비슷해서 인상적이었다는 점을 말씀드릴게요. 제가 아이들에게 신경 쓰는 부분과 선생님이 신경 쓰는 부분이 굉장히 많이 겹치는 느낌, 제가 수업을 하고 있는 듯한 그런 느낌을 받았어요. 공개수업에 대한 생각도 저하고 비슷했어요. 솔직히 공개수업이 예고되면 선생님들은 평상시에 안 하던 것을 보여 주기 식으로 하게 되는데, 그게 아이들에게는 위선적으로 보일 수 있어요. '선생님이 왜 저러시지?' 이런 느낌이 들게 만드는 건 아니라고 생각해요. 그렇게 해서 만든 수업을 다음에 활용을 하고 수업에 적용을 하면 그나마 괜찮은데 그렇게 하지도 않고 끝내는 그런 수업은 굉장히 안 좋다고 생각합니다. 사실 이번에 저도 영어 공개수업을 했어요. 내가 평상시에 하는 걸 보여 주고 싶어서 이 선생님이 하신 방법대로 했어요. 그래서 굉장히 반갑고 그렇습니다. 저는 크게 세 가지 관점으로 봤는데 첫 번째는 선생님과 학생, 학생과 학생 사이의 관계. 정말 관계 맺기가 잘 이루어져 있다는 생각이 들었어요. 그게 잘 드러나 있는 부분이 처음부터 끝까지 선생님 표정이었어요. 아까 시선 얘기하셨잖아요. 정말 따뜻한 시선으로 아이들을 바라보시더군요. 선생님께서는 중간에 놓친 아이들 때문에 자책을 하셨지만, 제가 봤을 때는 계속 한 아이도 놓치지 않으려고, 어떻게 보면, 저도 사실 굉장히 움직임이 많아서 정신없다고 말할지도 모르겠어요. 저는 그게 나쁘지 않다고 보거든요. 제 관점에서는. 그게 그런 의도의 표현이라고 생각해요. 아이들과 가까이 접하려고 그런 의도로 그랬다고 생각을 하고. 아이들의 말을 계속 경청을 하시는데, 정말 이 수업 때문이 아니고 평상시에도 경청을 잘 하신다는 느낌을 받았어요. 아이들의 말을 놓치지 않고 경청하고 또 반응을 해 주고, 그래서 아이들이 선생님을 믿고 '선생님은 우리들 말을 다 들어 주셔. 내 대답이 좋든 안 좋든.' 하는, 가치가 따로 있는 게 아니고 뭐든지 소중하고 가치가 있다는 느낌의 메시지를 계속 아이들에게 주시는 것 같앗어요. 두 번째는 교실 문화. 선생님의 어떤 가치가 제일 드러난 부분이라 생각을 하는데, 선생님 수업을 보고 세 가지 반응을 떠올렸어요. 존중, 배려, 그리고 협력과 협동인데, 오늘 수업은 일제식 수업이라고…. 물론 중간에 모둠 활동이 있었지만 전체적으로 강의식 수업이라 생각을 했는데, 그 안에서도 협력이 정말 중요하고 소중하다라는 것을 평상시에 아이들에게 선생님이 전해 주고 있다는 게 잠깐잠깐의 모둠 활동을 하면서도 개별 활동을 하고 나서 옆의 친구를 계속, 친구가 잘 못 하고 있으면 도와주고 이런 과정을 계속 봤어요. 특히 여자아이들이 잘한다고 했잖아요. 줄무늬 학생(철수), 그 옆에 있는 여자 친구가 정말 이해가 됐던 게, 설명해 주다가 안 되니까 '아휴!' 하는 그런 상황을 보여 줬는데 정말 이해됐어요. 웃음도 나왔는데, 저희 반에도 그런 애들이 있거든요. 정말 그 아이가 가르쳐 주다가 나중에는 제가 또 가르쳐 주고. 저도 화가 올라올 때가 많은데, 선생님 반의 아이들은 그런 상황이 어쨌든 몸에 배어 있었어요. 저는 여기 제목을 '최고의 선생님은 친구다.' 협력을 통해서, 친구를 통해서, 그리고 설명을 해 주는 과정에서 그 친구는 자기가 알고 있는 것을 한 번 더 다지고 확인할 수 있으니까 그런 부분이고, 마지막으로 선생님이 발문을 많이 걱정하셨는데, 저는 솔직히 선생님 발문 굉장히 잘 하셨다고 생각을 해요. 수업에 맞는 발문을 잘 하셨다고 생각하는데, 굉장히 세심하게 신경을 쓰시는 것 같아요. 아이들 수준이 높지는 않잖아요. 그렇기 때문에 선생님이 질문이나 그런 걸 던졌을 때 바로 답이 안 나오더라고요. 그래서 어떤 답을 이끌어 내는, 아이들이 편안하게 다가갈 수 있게, 대답할 수 있게 이거, 이거, 이거라고 선생님이 앞부분을 제시하고 아이들이 뒷부분을 마무리지을 수 있게. 사실 아이들이 잘 모를 때는 '이걸까? 저걸까?'

약간 미끼 던지듯이 아이들이 딱 물 수 있게, 그런 과정이 계속 되풀이되면 선생님께서 나중에 조금 높은 사고를 요하는 질문을 던져도 따라올 거라고 생각을 해요. 이런 훈련이 계속되면. 입을 여는 게 제일 중요하다고 생각을 하는데, 그 입을 계속 질문, 발문을 통해서 참여하게 하고, 그래서 이 수업이 맞는 수업이었다고 생각을 하고요. 저는 선생님께서 정말 세심하고 따뜻한 교사라는, 수업 전체를 통해서 그런 느낌을 받아서 정말 꽃을 많이 달아 주고 싶습니다.

수업 코치 (수업 친구 4) 선생님 감사합니다. 선생님 말씀이 좀 와 닿는 건 '내가 수업을 하고 있구나.' 해서 꽃을 엄청 달아 드리고 싶다고, 거의 빙의되었어요. 너무 감사합니다. 선생님, 발문 중에 기억나는 게 있으세요? 구체적으로 혹시.

수업 친구 4 구체적으로는, 가령 긍정적인 말로는 '멋있었다.' 이런 식으로 긍정적인 말이에요, 부정적인 말이에요 하면서 양자택일을 하게 한다든지, 그리고 앞부분을 선생님이 얘기하면 뒷부분은 애들이 하게 기다려 주시는 거, 그런 것들이 굉장히 많았어요. 신경을 쓰고 하시는 것 같아요. 선생님이 앞부분을 하면서 말이 느려지면 아이들이 들어와서 맺음을 해 주거든요.

수업 친구 5 선생님의 수업 중에 가장 꽃인 것은, 제가 볼 때는 정말 세밀하고 따뜻한 보살핌이에요. 신규 선생님들이나 어떤 선생님들, 저일 수 있지만 잘 하는 실수가 뭐냐면, 아이들에게 모둠 활동이나 짝 활동 시켜 놓고 수박 겉핥기식으로 이렇게 보고 지나가는 선생님 많으세요. 그런데 선생님은 일일이 하나하나 다가가서 그 모둠 안에서 무슨 일이 이루어지나 살펴보고 듣고 그러셨거든요. 그 자체가 의미 있고 좋았고요. 선생님 발음이 굉장히 명료하세요. 저는 교사의 발음이 명료한 것도 굉장한 장점이라고 생각해요. 그래서 아나운서만큼 명료하다는 점이 좋았고. 선생님께서 일기를 들여 오셨어요. 앎과 삶을 많이 언급하는데, 아이들 일상생활과 연결 짓게 하는 시도가 좋았다고 생각되고요. 그리고 초반에는 번호를 뽑아서 발표를 시키고, 후에는 누구야, 누구야 지명해서 발표를 많이 시키셨잖아요. 그것도 필요하지만 수업에도 의외성이란 게 필요해서 의외성, 예외성이 있어야 아이들도 살짝살짝 긴장감을 놓지 않거든요. 근데 그 발표가 그런 거잖아요. 그 부분도 좋았고, 이 수업에서는 도입 부분에 활용했지만 다른 수업에서는 필요하면 중간 전개나 끝부분에 활용할 수도 있겠다는 생각이 들고요. 전체적인 구조가 다양했어요. 전체, 모둠, 짝 그리고 개별 발표, 이런 식으로 구조를 다양하게 하려는 게 이미 몸에 배었다는 생각이 들었습니다.

수업 코치 감사합니다. 이 선생님! 수업 친구들이 꽃을 많이 달아 줬는데요. 많은 꽃이 있지만 특히 마음에 와 닿는 꽃이 있을 것 같아요. 어떠세요?

수업 교사 네, 잠깐 그 전에 말씀을 드리자면, 제 수업을 보면서 MSG 같다는 생각을 했어요. 라면 스프 같다고요. 어디 배움 공동체에서 들은 거 한 스푼, 또 어디서 들은 거 한 스푼, 한 스푼씩 섞어서 틀을 만든 것 같아요. 소장님께서는 수업이 곧 자기라고 하셨잖아요. 자기 삶이라고 말씀하셨는데, 제가 감명 깊게 봤던 영화에서도 한 스푼, 이렇게 한 스푼씩 들어간 수업 같거든요. 국어 수업에서는 조금 부끄러운 부분이긴 한데, 저한테는 롤모델 비슷한 게 영화 〈죽은 시인의 사회〉예요. 존 키팅 선생님한테 받은 영향도 아마 은연중에 녹아 있을 거예요. 그런 MSG에 너무 많은 꽃을 달아 주신 것 같아서 어떤 느낌이냐면, 라면 스프를 하나하나 쪼개서 코팅시켜 주는 그런 느낌이에요. 이걸 발전시켜서 천연 조미료로 만들어야 하지 않나 하는 생각을 해 봤고요. 사실은 하나를 말씀하라고 하셨는데, 어려운 것 같고 그렇게 말씀해 주셔서 감사합니다. 제가 불확실하게 생각했던 것들, 특히 아이들과의 관계도 좋게 봐 주셨는데, 저도 지금처럼 날씨가 좀 덥고 할 때는 짜증도 부리거든요. 그래도 아이들과의 관계가 그렇게 나쁜 것은 아니었나 보다. 나름대로 노력도 하고 평소에 즐거워야 수업도 즐거운 것 같은데, 그런 생각을 가지고 하려고는 하거든요. 그런 것들을 세심하게 체크해 주셔서 정말 감사하고. 중간에 울컥했는데….

수업 코치 어떤 부분이 울컥했나요?

수업 교사 선생님께서 본인 스타일과 비슷하다고 하시면서 공통적으로 아이들과의 관계를 말씀해 주실 때 울컥했어요. 평소에 그래도 아이들 얘기를 들어 주려고 했던 게, 솔직히 말하면 저는 회피 동기라고 해야 할까요. 제가 어릴 때 어른들이든 선생님이든 누구도 제 얘기를 안 들어줬어요. 혼내더라도 얘기를 들어 줬으면 좋겠는데, 아버지도 엄격하시고 소통이 안 되는 느낌? 그래서 하나의 약속은 '얘기를 듣자.'였거든요. 혼을 내든 칭찬을 하든…. 그런 부분을 말씀해 주시고 그런 것 때문에 관계가 형성된 것 같다고 말씀해 주시니까 뭔가 보상받은 느낌도 들고요. 정말 진심으로 감사드립니다.

수업 코치 저도 꽃을 달아 드렸어요. 수업에 뒤처져 있던 아이가 있잖아요. 줄무늬 티 입은 아이라고 썼는데, 나중에 이름을 물어 보니까 철수라고요. 수업 첫 장면을 보는데 계속 그 친구에게 다가서시더라고요. 궁금했어요. 유독 그 친구에게 다가서는 거예요. 그래서 아까 선생님한테 "철수에게 몇 번 다가가신지 아세요?" 하니까 "네 번 정도" 되셨다고….제가 체크해 보니까 세 번 가더라구요. 거기서 머물러 있더군요. 이 수업이 전반적으로 아이들한테 다가섰던 수업이에요. 사실은 배움에서 도주한 아이들, 연약한 아이들, 잘못하면 비난받을 수 있는 아이들한테 머물러 있었던 게 제 눈에 들어왔어요. 발표를 많이 한 애들보다 오늘은 그 아이들에게 시선이 같이 머물더군요. 그러면서 선생님이 그 아이들과 반 아이들을 잘 연결시켜 주었어요. 선생님이 특별히 아이들 이름을 주어로 썼잖아요. 국어 시간에. 그걸 주제화라고 하죠. 주어라는 건 주제화가 되는 겁니다. 아이들이 수업에서 주제가 될 때 수업이 들어오는 거죠. 이 수업의 핵심은 아이들을 주인공으로 초대를 하는 거예요. 그다음에 주인공으로 초대된 아이들이 다른 것들을 완성해 주는 거죠. 꽃을 달아 주는 것을 하셨어요. 선생님이 말했듯이 학습이 끝난 애들이 다른 애들을 배척하는 게 아니라 도와주려고 한다라는 것에서 '도움'이라는 단어를 생각했고, 아이들의 이야기를 수업으로 끌고 오는 장면들이 참 인상적이었어요. 어제 누가 힌트를 줬는데, 실제로 그것들을 수업으로 끌고 오니까 아이들이 '아, 내가 아는 것들을 선생님이 수용하고 계시는구나. 내가 얘기하면 선생님이 수업으로 연결시켜 주는구나.' 그래서 제가 그걸 연결 짓기라고 했어요. 전체적으로 한 문장을 뽑았어요. 이 수업은 맨 마지막에 제가 선생님한테 "뭐가 중요한 수업이에요?" 하니까 "호응이 중요한 수업이었다."고 하셨어요. 그러면 본인은 정말 호응을 했을까? 주어, 서술어, 목적어가 호응하는 게 중요한 게 아니라 이 시간에 정말 호응이 들어 있는 수업이었을까 해서 '호응이 물든 수업'을 카피로 뽑아 냈죠. 선생님이 그렇게 중요했던 아이들과의 호응, 아이들과 아이들과의 호응이 일어난 수업이었다라고 얘기를 했고. 그렇다면 꽃을 달았을 때 선생님 마음에 가장 와 닿았던 부분은 어느 부분인가요?

수업 교사 느낀 것은 비슷한 것 같네요. 제일 와 닿았던 것은 역시 아이들한테 다가섰던 거예요. 아이들한테 들어가서 가르친 거였는데, 아까 철수한테 제가 세 번 갔다고 했는데 결과적으로 지운이가 마지막에 발표를 했거든요. 제대로. 그때 되게 감동을 받았어요. 저도 가끔은 잘 안 되는데, 확실히 아이들은 제가 들어간 만큼 나오는 게 있더라고요. 그래서 감동이 더 큰 것 같고. 앞으로도 많이 들어가야겠다는 생각이 드네요. 들어간 만큼 아이들이 나오니까, 거짓말하지 않으니까 그게 참 고마운 것 같습니다.

수업 코치 그 부분이 본인한테도…. 선생님들이 말씀하셨던 부분하고 연결이 되니까 그게 좀 일치되는 느낌이 있었던 것 같아요. 선생님이 이런 얘기를 하셨잖아요. 어릴 때 엄격한 아버지 밑에서 자랐고, 항상 어른들은 내 얘기를 잘 들어 주지 않았다. 그래서 그것이 마음에 남아서 수업 시간에도 아이들과 시선을 맞춘다고요. 또 항상 다시 한 번 확인하잖아요. 아이들이 질문하고 답변하면 "이건 이런 거야."라고. 제가 여쭤 봤죠. "선생님, 왜 그렇게 자꾸 재질문을 하는 이유가 있나요?" 하고요. 그랬더니, 나는 이 친구 얘기를 잘 듣는데, 용기를 내서 한 발표인데 친구들이 잘 들어 줬으면 좋겠는데, 아이들이 잘 듣지 않으면 어떡하나 하는 두려움이 있다고 하시더라고요. 애들이 잘 듣고 있는 장면들이 있거든요. 선생님 마음속에 있는 어른들은 내 이야기를 잘 들어 주지 않는다. 그래서 나는 잘 들어 주려고 노력을 한다와 같은 다짐을 의지적으로 실천하는 거죠. 아이들도 친구들의 얘기를 잘 들어 줘야 한다는 생각을 하시는 것 같고. 그랬던 것 같아요.

몇 가지 꽃을 의미적으로 보면, 아까 얘기했듯이 선생님이 아이들의 이야기를 잘 들어 주려고 하는 모습이고, 또 아이들과 아이들이 서로 도와주려고 하는 모습들이 인상적이고 의미가 있다고 생각해요. 그러면서 아까 선생님이 인지적으로 정리를 잘해 주셨는데, 문장 호응 관계를 정리한다는 게 사실 쉽지 않거든요. 문법에서도 난이도가 높죠. 고등학교 학생들도 주어와 서술어의 호응 관계를 어려워해요. 수능에도 나오잖아요. 그런데 그 어려운 것을 어떻게 풀어 갈까 했는데, 선생님이 너무 정리를 잘해 주셨어요. 아이들을 주제화해 주체로 끌어온 다음 서술어와 목적어로 가는 작업을 하고 다시 한 번 되새김질해서 가져가는 장면, 마지막에 자기가 배운 것들을 자신의 일기장으로 확인했다는 것은 굉장히 탁월한 수업 기술이에요. 만약 그냥 학습지를 줬으면 평가에 머물렀을 텐데 자기 언어를 다시 찾아보도록 함으로써 생활과 연관을 짓게 했어요. 수업의 구조화가 잘 이루어진 거죠. 세 가지 의미를 찾아 드릴 수 있는 것 같아요. 그럼에도 이 선생님께서는 아쉬움이 남았을 것 같아요. 어떠세요? 우리 같이 나누면서 좀 더 해결받고 싶고 좀 더 함께 고민하고 싶은 이야기가 있다면 어떤 걸까요?

수업 나눔에서 수업의 의미 찾기는 수업 교사의 마음의 빗장을 여는 마스터키다. 수업 교사의 입장에서 수업의 의도를 알아차리고, 수업 교사의 시선으로 수업의 의미를 찾는 것이 필요하다. 수업 코치는 이 부분에서 명료함을 지니고 있어야 한다. 수업을 비추는 작업은 수업 교사의 시선으로 수업 친구들이 머물면서, 수업 교사가 알아차린 부분과 알아차리지 못한 부분까지 탐색하여 수업의 의미를 함께 찾는 것이다. 이 부분을 '격려'의 단계라고 부르는 이유는 수업 친구의 내면 깊은 곳에 있는 사랑의 마음이 수업 교사의 외피에 있는 두려움을 깨뜨리고, 내면 깊이 존재하는 두려움의 마음에 닿을 때 격려의 내재적인 동기가 생기기 때문이다. 그럴 때 수업 교사는 온전한 격려를 받는다.

수업 친구들로부터 격려를 받은 수업 교사의 소감을 보자. "MSG에 너무 많은 꽃을 달아 주신 것 같아서 어떤 느낌이냐면, 라면 스프를 하나하나 쪼개서 코팅시켜 주는 느낌이었어요. 그래서 이걸 발전시켜서 천연 조미료로 만들어야 하지 않나 하는 생각을 해 봤고요." 수업자는 자신의 수업을 MSG 같다고 했다. 여기에서 한 숟갈, 저기에서 한 숟갈 얻어 와 라면 스프처럼 만든 수업이라고. 그런데 우리의 수업도 어쩌면 수업 교사와 같은 수업이 아닐까? 어디에선가 들은 것을 이리저리 적용시켜 보고, 또 다른 것은 없나 찾아봐서 적용한 수업. 하지만 수업 친구들은 그 수업을 함께 고민하면서 의미를 부여해 준다.

그리고 자신이 격려를 받았던 지점을 이야기한다. "아이들과의 관계를 말씀해 주실 때 다 울컥했어요.", "제가 불확실하게 생각했던 것들에 대해서 아이들과의 관계 이런 것도 좋게 봐 주셨어요." 수업 교사는 '울컥'이라는 단어를 사용해서 자신의 그동안 아이들과 소통하면서 관계를 맺으려고 했던 노력이 보상 받은 느낌이었다고 고백했다. 그러면서 왜 그렇게 소통이 자신에게 중요했는지, 숨겨 둔 이야기를 꺼냈다. 가까이 다가가 돌아봐 주고 챙겨 두었던 아이가 두려움을 무릅쓰고 발표를 하는 모습에, 그동안 기울인 노력이 빛을 발하는 것 같아 스스로 격려를 했다고 고백한 것이다.

이렇게 수업에서 의미 찾기를 하면서 수업 교사는 자기 격려의 힘을 얻는다. 그 힘을 얻어야 자신의 고민과 마주할 수 있는 내적인 에너지가 생긴다. 충분한 격려와 지지, 진심어린 격려와 지지, 자신의 고민을 만날 수 있는 동력이 생기는 것이다. 그리고 수업 친구들과의 관계성도 형성된다. 수업의 타자성을 극복하고, 너의 수업이 아니라 우리의 수업이라는 것을 확인하는 것이다. 그래서 함께 고민의 지점까지 갈 수 있는 심리적 안전지대가 형성된 것이다.

이 장면에서 수업 코치는 수업 친구들에게 수업 교사의 고민이 무엇인지 충분히 알 수 있게 머무는 시간을 확보해 줘야 한다. 주도성을 갖고 수업 나눔을 해야 한다.

5. 수업 교사의 고민에 머무르기

- 수업 교사의 고민을 잘 듣고 문제를 직면하도록 돕는다.
- 수업 교사의 고민을 들으면서 처방을 바로 내리려 하지 말고, 수업 교사의 고민에 충분히 머무른다.
- 수업 교사가 알아차리지 못했던 지점이 있다면, 수업 장면을 구체적으로 제시하며, 질문을 통해 수업 교사가 그 상황을 스스로 이야기하면서 문제 상황과 직면하도록 도와준다.
- 수업 교사가 자신의 고민을 솔직히 이야기할 수 있는 정서적인 안전지대를 만들어 놓는 것이 중요하다.
- 수업 교사의 고민에 수업 친구들이 렌즈의 초점을 맞추게 한다.

- 수업 교사의 고민과 수업 코치가 보는 고민이 일치하는 지점부터 수업 대화의 출발점으로 삼는다.
- 수업 코치는 수업 대화를 하면서 수업 교사의 고민이 변화할 수 있음을 인지해야 한다.

수업 교사 아이들이 발표할 때 잘 들어 주는 분위기라고 하셨잖아요. 제 욕심일까요. 저는 좀 더 잘 듣고 싶다라는 마음이 있어서요. 어떻게 하면 아이들이 서로 발표하는데 좀 더 잘 들을 수 있게 할지 방법론적으로도 좋고 알고 싶다는 생각이 있습니다.

수업 코치 그러면 선생님에게 아이들이 충분히 잘 들어 준다는 것은 어떤 걸 의미하나요?

수업 교사 '눈으로 본다.'라고 표현을 하던데요. 정말 그 친구가 말할 때는 선생님이 말하듯이 그 친구에게 빠져드는 거죠. 내 생각을 적고 그 친구의 생각을 듣고 마음을 여는 건데, 어느 정도 현실적인 부분에서 어렵다는 것을 알면서도 '좀 들었으면 좋겠다'는 생각이 많이 들어요. 다른 것과 연관시켜서 얘기를 하자면 저희 학교 아이들은 학력이 많이 낮은 편이긴 한데요, 아이들이 말을 잘 이해하지 못해요. 시험 문제를 내거나 이렇게 해도 이해를 못 하고요. 국어 교과서에 이런 것들이 있잖아요, 이야기를 읽고 나서 그 밑에 질문에 답변하는 게 있잖아요. '주인공은 왜 이런 말을 했을까요, 무엇무엇은 뭘까요, 이것은 무엇일까요?' 그런데 그 말을 이해하지 못하더라고요. 처음에는 충격이었어요. 왜 이걸 이해 못 하지? 왜 이해를 못 할까? 계속 생각을 하다가 찾은 답이 두 가지인데, 하나는 독서를 안 하는 것 같고요. 두 번째는 기본적으로 얘기를 안 듣는 것 같아요.

글도 어떻게 보면 얘기라고 볼 수 있잖아요. 마음을 열고 그 속으로 쑥 들어가야 하는데 그런 연습 자체가 안 되어 있는 게 아닌가…. 사실 동학년 선생님들이랑 수업 친구는 아니지만, 생활 지도 측면에서 얘기를 듣는 건 농어촌 지역이라서 부모님들과의 관계가 좀…. 부모님들도 일용직 노동자가 많아서 아이들이 집에 가면 이야기할 데가 없어요. 그래서 그런지 방과 후에 학교에 남아 있는 애들이 굉장히 많아요. 아이들이 얘기하는 것 자체가 굉장히 안 돼 있는 것 같아요. 남이 내 얘기를 들어 주고 나도 남의 이야기를 들어 주고 하는…. 집에 가서 엄마 아빠랑 얘기를 잘 못 하니까…. 부모님이 안 계신 경우도 많고요. 근본적으로 변화시키는 부분부터 가야 할 텐데 이런 부분에서 노하우가 있다면 듣고 싶고…. 지난해 6학년 가르치면서 생활 지도와 연관된 부분이기도 한데 좌절을 맛봤어요. 작년 제 생일이었는데요. 어떤 아이가 겉으로는 선생님 하면서 잘하고 싹싹한 친구였는데 뒤에서는 친구들 돈도 뺏고 그랬던 거죠. 충격을 받아서…. 피해자라고 하면 좀 그렇지만 피해자의 학부모도 온다고 했는데 그애 부모님께 연락했는데 "죄송하지만 못 가겠다."고 하시더라고요. 너무 충격을 받은 상태에서 아이와 제가 둘이 있고, 피해자 학부모께서 오셔서 책상을 발로 차고 그런 것을 눈앞에서 봤어요. 그때 정말 큰 좌절감을 느꼈죠. 이 문제를 어떻게 해결해야 할지 막막하기만 했어요. 이건 정말 구조적인 문제라는 생각이 드는 거죠. 제가 수업 전에 어떤 성찰지에도 적었는데 '과연 교사는 어디까지 할 수 있는가. 어디까지 아이들을 변화시킬 수 있고, 어디까지 영향을 미칠 수 있고, 얼마만큼 할 수 있을까?' 솔직히 지친다는 마음도 들었어요. 이런 이야기도 나누고 싶네요. 이게 사실 연관된 이야기인 것 같아요.

수업 코치 선생님이랑 함께 많은 이야기를 나누었는데, 선생님이 많이 했던 말이 "얘기를 듣지 않는다."인 것 같아요. 아이들이 다른 아이들의 이야기를 듣지 않고, 학부모님도 이야기를 듣지 않는다는 거죠. 선생님의 이야기를 듣지 않고, 이야기를 듣지 않으니까 결국 내가 책임져야 된다는 거죠. 어디까지 책임져야 하나 하는 고민이 있는 것 같아요. 이 문제를 다시 수업으로 끌고 와서, 선생님이 봤을 때 오늘은 선생님이 어디까지 책임을 졌다고 생각하세요.

수업 교사 솔직히 말씀드리면 수업까지만 책임을 졌다는 생각이 들어요. 그 이상의 아이들과의 소통의 모습, 이건 평소 모습이라 수업에 안 나온 모습인데 방과 후에는 저도 일이 있다 보니 솔직히 아이들이 버거울 때가 있거든요. 여자아이들의 경우 아까 말씀드렸다시피 집에서 조금 그런 친구들은 학교에 남고 싶어 해요. 한마디라도 더 하고 싶어 하고 그러는데 저도 일이 있다 보니까 선생님 일해야 한다면서 밀어낼 때도 있고. 결국 수업 내에서의 관심이었던 것 같아요.

수업 코치 선생님 말씀은, 수업 안에서도 충분히 들어 주어야 할 뿐만 아니라 수업 밖에서도 그 아이들의 삶을 책임져야 하는 게 아닌가, 고민하는 거군요?

수업 교사 네, 그리고 싶은데, 과연 그럴 수 있을까 고민도 되고요. 저도 사람이니까 에너지라는 게 있는데 그렇게 하고 나면 집에 가서 뻗더라고요. 어디까지 나를 지킬 수 있는 부분인지. 그게 너무 심해지면 제 에너지가 고갈되니까 오히려 다음 날 아이들에게 짜증을 낼 때도 있고요. 그 조절점이 힘든 것 같아요.

수업 코치 수업 친구 분들 중에 이 부분에 대해서 선생님께 해 주실 말씀은?

수업 친구 4 제가 6학년 담임할 때였는데, 너무 힘들어서 내 마음을 몰라 주는 교장 선생님이 야속했던 기억이 나네요. 수석 교사의 위치에서 보니까 이해가 되네요. 관리자로서, 엄마로서, 아이로서. 아까 그 이야기를 안 들어 준다고 하는 말을 들으면서 얼마 전 나를 찾아왔던 아이들이 생각났어요. 2학년하고 3학년 학생 둘이 와서 한 시간을 울면서 하소연을 해요. 요지가 뭐냐면 한 아이는 딸만 다섯인데 "우리 엄마가 내 말을 너무 안 들어 줘요. 너무 슬프고 죽고 싶다."고. 자기가 이런 얘기를 3년 만에 얘기한다고. 한 시간 동안 들어 줬어요. 들어 주기만 해도 좋아해요. 나중에 운동회 날 아이한테 가서 "어머니 오셨니?" 하고 물어 보니까 "선생님, 우리 엄마한테는 비밀로 해 주세요." 하더라고요. 그 어린아이들도 부모와의 애착 관계가 형성되지 않아서 대화가 되지 않는 거예요. 요즘 엄마들은 너무 힘들어해요. 저도 그래요. 집에 들어가면 우리 아이들에게 정말 미안한데 피곤하니까 "엄마 놀아 줘." 하는데 못 놀아 줘요. 그럴 때마다 마음이 참 아프죠. 수업도 마찬가지예요. 그 아이들이 다 역반응으로 떠들고 주의를 끌기 위해서 싸우는 거예요. 제가 일 주일에 한 번씩 만나면 칭찬해 주면서 이야기를 들어 보면 하나같이 정말 똑똑하고 말도 너무 잘 해요. 제가 수업 시간에 토의·토론을 하게 하거든요. 입을 열고 마음을 열게 하는 가장 좋은 방법은 경청이에요. 맨 처음에는 서로 얘기를 들어 주게 하고 1분 대화를 하는 거예요. 아무 이야기나 하게 해요. 아까 일기장 얘기 하셨는데 저학년, 고학년도 마찬가지예요. "오늘 기분은 어때?" 그 한마디, 주말 보내고 월요일에 다른 수업하기 전 "오늘 기분은 어때?" 하면 2학년 아이도 "오늘은 비가 오니까 너무 좋아요, 슬퍼요." 해요. 독서 활동 하면서 《아낌없이 주는 나무》를 다 들려주고 5분짜리 동영상을 보여 주고 나서 "어때?" 하면 남자아이들이 "슬프고, 눈물 나고,

울고 싶어요." 그 감정이라는 게 어른이나 아이들이나 인간으로서 누구나 마음을 열고 싶은데 들어 주는 사람이 없기 때문에 아이들이 그 마음으로 울고 있는 거예요. 사실 어른이나 아이들이나 다 똑같아요. 선생님들도 연수 가면 싫어해요. 왜냐면 강의식이 싫거든요. 자기를 내놓고 수다 떨고 그러면서 자신을 위로받아야 하는 그런 식으로 하는 거예요. 인간은 공통적으로 자기 얘기를 하고 싶어 해요. 그 이야기를 잘 들어 줄 때 고마운 거죠. 수업 친구도 그래서 좋고. 선생님이나 아이들이나 똑같이 내 얘기를 들어 주고 눈을 마주치고 가까이서 같이 이야기할 때 너무 고마운 거예요. 수업하고 나서 아이들한테 "어땠어?" 하면 "너무 좋아요." 해요. 그래서 "왜?" 하면 이유가 다 내 이야기를 할 수 있어서 좋다고 해요. 선생님이 고민하는 부분은 모든 선생님이 공통적으로 고민하는 부분이에요. 제일 좋은 방법은 교육과정을 재구성해서 아이들 이야기를 많이 듣고, 아이들에게 독서와 독서 토론을 하게 하는 거예요. 지금 세 가지잖아요. 토의·토론, 협력 학습, 프로젝트 학습. 그 안에서 아이들이 다 자기 역할을 할 수 있고 자기 삶을 나눌 수 있고요. 저도 수업 속에서의 목표가 내 삶을 돌이켜보고 행복하게 느끼는 거예요. 아이들의 순수한 마음을 저도 듣고, 배우고, 나누고, 그래서 그 아이들이 행복하니까 저도 행복하고 그런 것들. 교사와 아이들이기 때문에 어찌 보면 순수하고 물들지 않고. 30년 이상을 해 왔음에도 필요하지 않다는 교사는 없었어요. 그리고 그 아이들을 통해서 내 과거도 생각하고 감사하게 되죠. 그리고 앞으로 이 아이들을 어떻게 인도해 줄까 항상 생각해요. "좋을 거야."라고 말만 해 줘도 좋잖아요. 아이들은 생각 이상으로 잘 크더라고요.

수업 코치 선생님 얘기를 들으면서 어떠세요?

수업 교사 많은 것을 느낀 것 같아요. 일단 듣기라는 것에 대해서 수업 안에서만 했다라고 했잖아요. 반성을 했던 부분들이 일상생활에서는 어땠나 하는 생각이 들고요. 문제가 있었을 때 "누가 때렸니? 어땠어?" 하는 부분에서는 잘 들어 주는데 "오늘 기분이 어때? 어땠어?" 하며 왜 좀 더 살갑게 다가가지 않았을까 하는 반성도 되고요. 정말로 재확인되는 기분이 좋았어요. 결국은 아이들이 즐겁고 좋으려면 아이들과 관련 있는 부분이어야 하고 아이들이 즐겁게 참여할 수 있어야 하고, 무엇보다 아이들이 그 안에서 존중을 받아야 하는구나, 그런 분위기나 이런 것들을 만들어 주는 것이 좋겠구나, 수업 시간에 뭔가를 쓰고 뭔가 화려해 보이는 것보다 그것이 더 소중할 수 있겠구나, 잊을 뻔했던 것들을 다시 말씀해 주셔서 감사해요.

수업 친구 4 진실하잖아요. 선생님의 마음을 너무 잘 알아서 선생님은 앞으로 정말 훌륭한 선생님이 되실 거예요.

수업 코치 선생님의 말씀 중에 와 닿았던 게 수업 중에는 경청하고 잘 들어 주는데 일상에서, 항상 부딪히는 일상에서 내가 아이들의 이야기를 잘 들어 줬는가, 나는 이야기를 정말 다 들어 줬는가 하는 성찰이 일어나신 것 같아요. 수업 외적인 것, 어떤 사건이 터지지 않은 평범한 일상에서 아이들과 눈을 마주하고 들어 주지 않았다는 성찰이 일어나신 것 같아요.

수업 교사 재미있는 에피소드가 하나 생각났는데, 여리여리한 여자아이가 있어요. 자기가 병아리를 키운다며 "병아리 사진을 보여 드릴까요?" 하길래 일하고 있는데 "어, 그래 보여 줘." 했더니 어제 문자가 왔어요. "선생님, 병아리 사진 못 보여 드릴 것 같아요. 죽을 것 같아요."라기에 뭐라고 해야 할지 모르겠어서 "잘 돌봐 주세요." 하고 말았는데, '마음이 많이 아팠겠구나.' 왜 이 한마디를 안 했을까…. 한 마디 해 줄 걸 마음이 걸리네요.

수업 코치 평소에도 너무 바쁘다 보니까 그 아이에게 해 주고 싶었는데 못한 거예요. 지금 한 번 해 보세요.

수업 교사 병아리가 아파서 미정이가 마음이 많이 아플 것 같은데 어떡하니. 선생님이 참 많이 보고 싶었는데 아쉽다, 미정아. 병아리 잘 돌봐 줘….

수업 코치 그렇게 말하고 나니까 어떠세요?

수업 교사 용기를 낸 것 같은 기분이 드네요. 제가 그렇게 말을 했던 건, 너무 아이들 삶 속으로 들어갔다가 내 삶이 얽힐 것 같다는 생각도 좀 있었던 것 같거든요.

수업 코치 아이들에게 관심이 지나치면, 내 사생활도 있는데 사적인 영역에 자꾸 들어와서 책임져야 하는 부분도 생길 것 같고 해서 불편해지신 거네요.

수업 친구 5 그러기도 하고, 교사로서 뭔가를 들으면 내가 해결해 줘야 할 것 같다는 부담감이 있어서 내가 계속 들어도 되는가, 하고 주춤할 때가 생겨요. 지나고 나면, 선배님들 얘기를 듣다 보면 아, 내가 꼭 답을 줘야 하는 부분이 아닐 수도 있는데, 그 아이는 힘들어서 누군가 '내 얘기를 들어 주세요.' 하고 말하는 걸 수도 있는데 내가 꼭 정답을 말해 줘야 한다는 압박감 때문에 내가 이 아이를 힘들어했구나 하는 생각이 들 때가 있거든요. 선생님 얘기를 들으면서 내가 꼭 해결해 주지 않아도, 사실 그 아이의 가정적인 부분을 내가 해결해 줄 수 있는 것은 아니지만 그 아이가 나에게 와서 무언가를 말하려고 한다는 건 어쨌든 하고 싶은데 여러 가지 조건을 상의해서 그나마 선생님을 마음 편히 생각한 거잖아요. 그래서 그냥 들어 주는 것만으로도 이미 선생님 역할을 충분히 잘 하고 계신 거니까, 그렇게 더 들어 주셨으면 좋겠다는 생각을 했어요.

수업 코치 그럼 선생님께서 일인칭으로 '이 선생님' 하고 부르면서 한 번 해 주세요.

수업 친구 5 이 선생님! 아이가 원하는 건 그저 선생님이 들어 주는 거, 고개를 끄덕거려 주는 거, 눈을 마주쳐 주는 거, 그거 하나를 바라보는 거예요. 부담을 내려놓고 그냥 그렇게 들어 주는 것만으로도 충분히 할 수 있는 일을 다하고 있다고 생각하셨으면 좋겠어요.

수업 교사 감동적인 말씀이네요. 일단 부담을 덜어 주셔서 너무 감사하다는 말씀을 드리고 싶어요. 제가 할 수 있는 최선이라는 것을 공감해 주신 것도 감사드려요, 강박관념! 말씀하자마자 아! 했잖아요. 반드시 해결하지 않아도 된다는 거. 사람 대 사람으로 받아들여지면 된다는 말씀, 정말 감사합니다.

수업 코치 말씀하시고 나니 어떠세요?

수업 교사 마음이 많이 가벼워졌어요. 지난해부터 계속 고민했던 부분 중 하나였는데, 결국 정답이 있는 건 아니겠지만 제가 할 수 있는 최선을 다하면서…. 사실 그런 변명도 생겼어요. 어떻게 내가 이걸 다해 하면서 거시적으로 보다 보니까 손을 떼고 싶다는 마음이 생겼는데, 사실 그런 조그마한 행위가 결코 의미 없는 게 아니잖아요. 그래서 아, 이렇게 내가 할 수 있는 것을 조금씩 하면 되겠구나,라는 용기가 생기네요.

수업 코치 선생님이 아까랑 마음이 좀 달라졌어요. 아까는 내가 다 책임져야 하고 그러다 보니 내 생활 속으로 아이들이 하나씩 하나씩 들어오는 게 부담스럽고 밀어내고 싶고, 다 책임져야 하나 했는데 약간 가벼워지고 명료해졌다라는 말씀이신 것 같은데, 구체적으로 어떤 부분이 가볍고 명료해진 거죠?

수업 교사 일단 제 역할에 대해서 너무 가볍게 생각할 필요도 없지만 무겁게 생각할 필요도 없겠다,라는 생각을 했어요. 조금 더 용기를 내도 되겠다. 조금 더 다가간다고 해서 별일이 생기겠나 하는 생각도 들고요. 소장님께서 처음 말씀하셨던 것부터 제가 계속 마음속에서 재확인하고 이 말이 맞아,라고 생각한 건, 교사라는 자체가 삶인 것 같아요. 직업적인 측면보다 나라는 사람이 부딪히는 과정이고 나라는 사람이 성장해야 또 그 안에서 성장할 수 있는 거고, 이런 과정이라 생각되어요. 이런 것들에 대해 너무 힘을 주지 않아도 되겠다, 나라는 사람을 좀 더 믿고 좀 더 성장을 해 나가도 되겠다, 하는 생각을 합니다.

수업 코치 선생님이 명료화됐다는 게, 나라는 사람을 믿어도 되겠다, 내가 용기를 내도 되겠다, 아이들이 다가오면 부담스럽고 불편하고 책임져야 하는데…. 별일이 생기겠는가, 조금 더 용기를 내게 되었다,라는 말씀이 저한테 와 닿네요. 내가 좀 더 용기를 내서 가도 되겠다는 마음이 드신 것 같아요. 그렇게 용기 있는 마음을 갖는 것도 중요한 것 같아요. 근데 이 용기는 혼자 하면 안 되는 것 같거든요.

수업 교사의 고민에 머물기 작업은 수업 친구들이 교사의 고민에 몰드는 것과 같다. 내가 생각하고 있는 고민과 수업 교사가 고민하고 있는 부분이 일치한다면, 바로 그 부분이 출발점이다. 또한 수업 교사는 어떤 고민을 하고 있을까, 그 고민이 이번 수업에서 어떻게 나타났는가 하는 의문으로 고민을 연결해야 한다. 지금, 여기로 초대를 해야 고민의 초점화 작업을 할 수 있다. 이런 흐름을 따라가다 보면 수업 교사의 잠재된 고민을 만나게 된다.

이 선생님은 아이들이 수업에서 발표할 때 잘 들어 주기 위해서 어떤 방법을 사용하면 좋을지 고민이 많았다. 표면적으로 나타난 고민은 학생들이 수업에서 서로 잘 들어 주는 방법을 익히는 것이었다. 여기에서 수업 코치가 궁금한 것은 잘 들어 주는 것이 어떤 것인가, 왜 잘 들어 줘야 하는가다. 그 본질적인 질문에 다가서야 한다.

그래서 수업 코치가 어떤 것이 충분히 들어 주는 것인가를 질문하자, 수업 교사의 고민은 학교 주변의 문화적인 환경, 그리고 아이들을 교사가 어디까지 책임을 져야 하는가로 바뀌었다. 수업 코치는 이러한 고민이 수업에서 어떻게 나타났는가와 연결시켰다. 수업 교사는 수업에서 아이들의 이야기를 잘 들어 주는 선생님, 또한 삶에서도 아이들의 삶을 책임지고 싶은 선생님이 되고 싶은 고민을 이야기했다.

수업 친구 4의 이야기는 자신이 일상생활에서 아이들과 어떤 듣기 생활을 했는가를 성찰하는 계기가 됐다. 이렇게 수업 코치는 수업 친구들이 수업 나눔에 들어올 수 있는 대화의 여백을 마련해 줘야 한다. 수업 코치는 꼬인 고민의 실타래를 푸는 결정적 기회를 수업 친구들에게 주는 통찰력이 필요하다. 수업 교사는 일상생활에서 자신이 아이들의 이야기를 잘 듣지 않았던 경험을 꺼낸다. 이러한 경험은 수업 친구들이 알지 못했던 것이다. 수업 교사의 마음에 담아 둔 아픈 경험이다. 물론 수업 교사는 그렇게 생각하지 않을 수 있다. 그런데 그런 경험들이 수업 교사가 고민에 직면할 수 있는 기회를 주기도 한다. 수업 교사는 미정이의 이야기를 했다. 아이가 듣고 싶어 했을 이야기를 하지 못했다는 안타까움, 미안함의 감정을 꺼냈다.

이때 수업 코치는 자신의 선택을 믿고, 실험을 감행한다. 수업 교사가 직접 하지 못했던 이야기를 하도록 한 것이다. 지금 그 당사자는 없지만 자리에 있는 것처럼 자신의 언어로 이야기를 하게 한다. 그러면 수업 교사는 자신의 감정과 만나고, 왜 그런 말을 꺼냈는지 스스로 성찰을 하게 된다. 수업 교사는 아이들과 자신의 삶이 얽힐 것에 대한 두려움이 있었다. 아이들의 이야기를 듣는다는 건 곧 책임을 의미했기에 그 압박감이 컸던 것이다.

이런 수업 교사의 내면에 자리한 부담감을 수업 코치는 수업 친구 5와 일대일 대화를 실시하여 해소시켰다. 반드시 해결하지 않아도 된다. 자신이 그래도 최선을 다하면서 가고 있구나 하고 격려를 받았다. 아이들이 다가오는 것이 힘들었고, 모두 자신이 책임을 져야 한다는 압박감으로부터 자신을 놓아 주는 성찰을 한 것이다. 수업 교사는 자신을 믿어도 되고, 이러한 과정이 한 사람으로서 성장을 해 가는 과정이라고 알아차린다. 이러한 신념은 수업 교사가 수업 나눔 후 작성한 성찰지에서도 잘 드러났다. "우선은 제 신념. 그러니까 할 것인지 안 할 것인지 고민될 때는 무조건 해야 한다는 저의 신념을 재확인받는 것 같아 기분이 좋았습니다. 이런 '수업 나눔'이 있다는 것을 알게 된 것도 큰 기쁨입니다. 하지만 가장 큰 기쁨은 바로 저에 대한 자신감이 예전보다 조금 더 생긴 것이 아닐까 합니다. 지금처럼 고민하고 노력하다 보면 조금씩 앞으로 나아가지 않을까 하는. 작은 발걸음 하나하나를 신뢰할 수 있는 믿음이 생긴 것 같아 기쁩니다."

6. 함께 깨달음 나누기

● 수업 교사와 수업 코치, 수업 친구가 수업 나눔을 하면서 얻은 깨달음을 서로 나눈다.
● 깨달음을 공유하면서 각자 성찰한 지점을 함께 나눈다.

수업 코치 선생님의 마음속에 이해된 것은 어떤 거죠? 한두 문장으로 뽑으시면?

수업 교사 사실 여기 있던 여러 가지, 궁금했던 것들의 가장 큰 본질은 마음속에 있는 게 아닌가, 나 스스로 용기를 내서 개인의 답을 찾는 거지, 그것을 남의 이야기를 듣고 하는 것은 어떻게 보면 속편한 생각일 수도 있겠다는 생각이 들었어요. 남의 의견은 이런데 거기서 저울질하면서 이렇게 하고 싶어하는 마음이 있지 않았을까,라는 생각이 들고. 가만히 다시 보니까 저 스스로 못 찾을 고민은 아닌 것 같네요.

수업 코치 마지막에 정말 감동적인 이야기 해 주셨어요. 답은 내 안에 있구나, 내가 못 찾을 답은 아니었는데 찾았구나. 사실 그렇게 찾게 한 건 수업 친구들의 도움이 컸기 때문이고, 혼자 고민했던 건 아닌 것 같아요. 잠깐 소감을 나누고 마지막으로 수업을 하신 선생님의 얘기를 듣겠습니다.

수업 친구2 저는 개인적으로 수업에 관심이 많아요. 수업을 공개하면 항상 뭔가를 얻고 싶고 배우고 싶다는 관점으로 접근을 하는데, 신규 때부터 그랬거든요. 그런 관점에서 저도 선배가 되었을 때 후배들을 도와주고 싶은 의미로 접근해 왔어요. 배움의 공동체나 우리가 흔히 하던 수업 컨설팅 관점의 그런 것들, 친숙한데 수업을 성찰한다는 건 새롭잖아요. 그런데 내내 궁금했어요. 이게 어떻게 진행되는지, 수업 교사는 어떤 느낌을 갖게 될지…. 지금 이 자리 자체가 꽃인 거잖아요. 그래서 수업을 하신 선생님의 느낌도 굉장히 궁금했고, 질문하시는 수업 코치의 질문이나 멘트도 유익하게 들었어요. 수업 성찰을 조금 더 이해하게 됐고요.

수업 친구 3 수업 코칭의 의미가 새롭게 다가왔어요. 질문인 수업처럼 질문이 있는 수업 협의회에서 선생님만의 명작을 그려라! 코칭을 통해서 자신만의 장점과 끼를 살려라! 그런 말을 해 주고 싶어요.

수업 친구 4 저는 거의 마지막에 하신 말씀이 본질이구나라고 느꼈는데, 이게 수업 나눔이고, 답은 메아리다. 저도 수많은 수업을 거치면서 남들이 말하는 내 것이라는 게, 내가 모르는 게 아니에요. 내가 알아요. 아는 얘기를 다 해 주고, 사실 그게 내 것이 아니라는 것을 느꼈거든요. 그 핵심은 정말 답은 내 안에 있고, 그리고 나의 수업의 의미를 찾아 주는 명작이라고 하셨는데 그것이 가치가 있는 것이 아닌가. 그것이 나에게 용기를 주고 계속해서 내 수업을 성찰해 갈 수 있도록 힘을 주는 것이 아닌가 해서 감사하게 생각해요.

수업 친구 5 선생님의 수업을 좀 보면서 내가 가지고 있는 고민과 기술적인 것보다는 수업에서 아이들이 선생님과 이야기하고 싶구나, 어떤 관계가 있구나, 서로 공감하는구나, 하면 그게 바로 수업이지 않을까…. 저는 수업을 본질적인 측면에서 절도 있게 따다다닥. 이런 부분에서의 어떤 느낌, 부족한 것 채우는 부분, 그동안 공개 활동하면서 많이 들어 봤지만 그게 저를 바꾸지는 못했거든요. 그래서 저는 계속 제 패턴대로 수업을 했었고. 오늘 선생님께서 끌고 가는 수업을 보면서 나를 만나는 시간이었다고 느꼈어요. 나를 만나면 내가 만날 수 있는…. 어떤 터닝포인트가 될 수 있거든요.

수업 코치 나를 만나는 시간이었다가 와 닿았어요.

수업 친구 6 저도 이 수업 성찰이라는 게 이해가 안 된 상태에서 선생님의 고민은 무엇인지, 선생님이 듣고 싶어 하는 말이 무엇인가에 대해 답을 적어 놓고 조금이나마 도움이 됐으면 좋겠다는 생각이 들어서 그 부분에 집중적으로 생각을 하고 있었거든요. 중간에 저도 같이 답답한 마음도 있었어요. 심리 상담 같은 부분으로 가지, 했는데 듣다 보니까 저도 '늘 잘 들어야지' 하던, 6학년 담임할 때 제가 했던 약속이 생각났어요. "선생님이 잘 듣겠다. 듣기 전까지 판단하지 않겠다." 그래서 지금까지 쭉 오는 게 그런 거거든요. 아이들을 미리 판단하지 않고 계속 들으면서 함께 하고 있어요. 저를 계속 죽이면서. 그런데 여기서 내가 선생님이 듣고 싶어 하는 말을 해 줘야지 이런 생각으로 계속 임했던 것 같아요. 말씀하신 것처럼, 선생님이 공감하신 것처럼 '내 수업이다가 아니라 저 사람의 수업이다.' 해서 이렇게 했는데 결국은 선생님 고민과 내 고민이 같다는. 듣는 거에 대해서도, 듣는 게 무엇보다 힘들다, 과정이 진행되면서 뭔가를 해결해 줘야지 여기서, 그리고 아 답답하다, 지금은 결국 선생님 고민이 나의 고민과 같다. 선생님의 수업이 결국 내 수업과 같구나 하는 감정 변화가 쭉 온 것 같아요.

수업 코치 놀라우십니다. 그렇게 되기가 싶지 않은데, 그런 것을 겪길 바랐거든요. 그랬는데 이 수업이 내 수업 같구나,라고 해 주시니 감사해요.

수업 친구 7 저는 온라인에서 연수를 들으면서 거기 나오는 수업 선생님들이 다 같이 자신의 수업에 대해서 얘기하고 울기도 하고 반성도 하는 장면을 보면서, 정말 내가 수업을 공개하고 수업 나눔을 하게 되면 저렇게 눈물을 흘릴 수 있을까? 고민을 갖고 왔는데 지금 마지막 수업 나눔을 하면서 이 선생님도 그런 말씀을 하시는 거예요. 본질은 나한테 문제가 있는 거고 나도 충분히 해결을 할 수 있는 거고 용기를 내야겠다, 이런 말씀을 하시는데, 선생님이 말씀하신 것처럼 이게 선물이다,라고 하셨는데, 그 선물 나도 한 번 받고 싶다, 그 느낌이 뭘까, 되게 궁금한 거예요. 우리는 익숙해져 있는 게 뭔가 지적을 해 주면 고쳐야겠구나, 그런 협의회를 많이 가졌었는데, 이 선생님이 가지고 있는 지금 그 느낌이 뭘까, 내가 한 번 느껴 보고 싶은 거예요. 선물 한 번 받고 싶다는….

수업 교사 직접 수업 나눔자가 되었을 때 어떤 느낌인지 많이 물어 보셨는데요. 제 경우를 말씀드리자면 예전 수업 협의회는 여러 가지 세부적으로 가르침을 많이 주시잖아요? 발문은 어떻고 뭐는 어떻고 말씀을 많이 해 주시는데, 돌이켜서 다시 한 번 생각해 보면 정말로 그런 것들이 나를 변화시켰나? 그런 생각들이 드네요. 원래 내 스타일대로 돌아온 것 같기도 하고 내 스타일대로 나한테 가장 편한 길을 찾은 것 같은데, 지금 이걸 듣고 나서 아직 수업을 못 해 봐서 앞으로 어떻게 변했다라고 말씀드릴 순 없지만, 느낌을 말씀드리면 문제의 핵심에 닿은 느낌이 들어요. 남이 얘기해 주는 나의 어떤 글귀 같은 것이 아니라 내 속에 들어가서 문제를 봤다는 느낌이 드니까. 사실 세부적으로 정리가 됐다는 느낌은 부족해요, 뭐가 뭐고 움직임은 어떻고 이런 정리는 없는데, 앞으로 내가 내 수업을 보고 혼자 생각하고 정리할 수 있겠다. 열정 같은 것이 다시 생기는 느낌이 들고요. 위에서 많이 격려도 해 주셔서 용기도 나고, '내가 그렇게 잘못한 것이 아니었구나. 잘한 부분도 있었구나.' 하면서 스스로 나를 바꿀 수 있겠다는 용기가 생기는 것 같아요. 선배님들도 기회가 되시면…. 솔직히 죄송한 마음이 있는 게 너무 제 중심이 돼서 큰 선물을 받은 것 같아 다시 한 번 감사드립니다.

수업 교사와 수업 친구들이 함께 수업 나눔 후 깨달음을 나누는 시간을 갖는다. 무엇이 남아 있을까. 내면화의 단계이고, 인지적으로 정리하는 작업이다. 수업 나눔은 90분 정도의 긴 시간이 필요하다. 어떻게 보면 긴 시간일 수 있지만, 한 사람의 수업, 즉 한 사람의 삶을 만나는 데는 부족한 시간이다. 우리는 학교 현장에서 수업을 볼 시간도 없고, 수업을 나눌 시간도 없다고 말한다. 맞는 이야기다. 여러 가지 업무에 시달리다가 수업을 하니까. 그리고 자기만의 수업 고민의 짐을 잔뜩 어깨에 지고 간다. 그래서 이번 수업 나눔이 의미 있는 것은 그 어깨의 짐을 나눌 수 있는 신뢰의 공간이 생겼기 때문이다. 수업 교사는 그동안 많은 수업 협의회에서 가르쳐 줬던 것이 자신의 수업을 바꾸지 못했다고 고백했다. 관성화의 법칙대로, 다시 원상태로 돌아가는 것을 느꼈다고 한다. 그러면서 이번에는 본질적인 것, "내 속에 들어가서 문제를 봤다는 느낌이 드니까."라는 이야기를 했다. 그래서 다음과 같이 "내가 그렇게 잘못한 게 아니었구나. 잘한 부분도 있었구나.' 하면서 "스스로 나를 바꿀 수 있는 용기가 생긴 것 같아요." 라는 깨달음을 수업 친구들에게 말한다. 수업 친구들도 "결국 선생님의 고민이 내 고민과 같다. 선생님의 수업이 결국 내 수업과 같구나."라고 자신들의 소감을 말했다. 수업 나눔은 어느 수업 친구의 말처럼 나를 만나는 시간이었다고 느끼기는 하지만 모든 수업 고민을 해결할 수는 없다. 여러 가지 수업 고민이 산적해 있기 때문이다. 하나의 수업 고민이 해결되면 또 다른 수업 고민이 생기겠지만 전의 수업 고민의 산은 어느 순간 야트막한 야산이 되어 있을 것이다.

다음은 수업 교사의 〈수업 후 성찰지〉이다. 수업 후에 쓰는 성찰지는 보통 72시간 안에 작성하는 것이 좋다. 수업 나눔에 충분히 물들어 있으면서 어떤 지점을 성찰하고, 무엇을 깨달았는지 돌아볼 수 있기 때문이다.

〈수업 후 성찰지〉

1. 수업 코칭을 받으면서 의미 있었던 지점은?

  — '의미 있었던 지점'에 대해 제가 제대로 이해했는지 모르겠습니다만, 제가 '의미 있었던 지점'은 선생님들이 저에게 꽃을 달아 주던 시점이었습니다. 수업을 잘 하고는 있는지, 잘못 된 것은 아닌지 고민하던 저의 수업을 있는 그대로 인정해 주고 진심어린 칭찬(인정?)을 해 주시던 때, 마음 깊은 곳에서부터 따뜻해졌던 감동스러운 느낌이 아직도 생생합니다.

2. 이번 수업에서 고민은 무엇이었으며, 그 과정과 고민의 해결은 어떤 흐름으로 진행되었는지 말씀해 주세요.

— 주요한 고민은 '내가 제대로 하고 있는가'였고, 사실 이 짧은 시간의 수업 나눔 동안 제 고민이 해결되었다고 생각하지 않습니다. 제가 제대로 의도를 파악했는지 모르겠지만 소장님이 다른 분들이 섣불리 가르침을 주려고 하셨을 때 제지하신 부분은 바로 저를 '고민에 머무르게' 하기 위해서였다고 생각합니다. 예전에는 그 고민 자체를 해결해야 할, 당장 해결하지 않으면 안 될 일종의 병처럼 봤다면, 지금은 그 고민을 껴안고 가야 하는 것이구나,라는 것을 배운 것 같습니다. 또한 고민을 껴안고 간다는 것이 단순히 고민을 포기하는 것과는 다르다는 것을 깨달았습니다. 고민은 내 내면의 힘을 믿고 가야 하는, 일종의 과정으로 봐야 하지 않은가…. 그것이 제가 깨달은 부분입니다.

3. 수업 나눔을 한 후 선생님이 도전하고 싶은 것은?
— 도전이라는 말이 조금 어렵기는 하지만, 제 나름대로 목표를 정한 것이 있다면 '현실에 안주하지 않는 것'입니다. 저를 지나치게 낮출 필요도 없지만 너무 높일 필요도 없다고 생각합니다. 꾸준히 나를 관찰하는 힘을 가지는 것. 다만 이런 부분을 혼자서 계속해서 가지는 것은 힘들다고 생각합니다.

4. 수업 나눔이 기존의 수업 협의회와 다른 점을 말해 주세요.
— 기존의 수업 협의회에 대한 경험이 많지는 않습니다. 요

새 대부분 학교에서 어떤 분위기로 진행되는지도 모르겠고
요. 다만 제가 경험한 기존 수업 협의회는 다들 말하기 어려
워하고 부담스러워하는 것처럼 느꼈습니다. 다른 선생님들
을 배려하는 측면에서 말을 아끼는 것 같습니다만, 과연 이
런 협의회가 얼마나 의미가 있는가에 대해서는 의문점이 생
기는 것도 사실입니다. 이와 구분되는 수업 나눔의 가장 큰
장점은 바로 믿음이 아닐까 생각합니다. 이 구성원들이라면
내 수업에 대해 진심으로 관심을 가지고 무엇인가 말해 줄
것이라는 믿음. 그 믿음이 있기에 용기를 낼 수 있는 것이
아닐까…. 진정한 수업 친구를 만나는 것이 정말 중요하겠
구나,라는 생각을 다시 해 봅니다.

수업 편지는 수업 코치가 자신을 돌아보면서, 수업 교사에게
건네는 마음이다. 수업 기부를 해 준 고마운 마음, 수업 교사에
게 느꼈던 인간적인 냄새, 그리고 시 한 편. 누군가 수업을 기부
해 준다는 것은 자신의 삶에 초대를 해 주는 것과도 같다. 수업
편지는 그 감사의 마음을 담은 선물이다.

〈수업 편지〉

안녕하세요?

수업 나눔을 하고 난 후 지금의 마음은 어떠세요?

수업 기부를 하는 수업자의 마음을 넉넉히 알아차렸는지 궁금

합니다.

용기를 내어 주서서 감사드립니다.

누군가의 용기가 다른 선생님을 살리는 버팀목이 되어 줍니다.

어렵게 결정하시고, 함께 고민하는 자리로 초대를 해 주서서 감사드립니다.

에너지가 높고, 아이들을 사랑하는 선생님의 모습을 봅니다.

아이들의 이야기를 귀담아들어 주려는 그 모습이…. 여전히 잔 상처럼 남아서 마음에 흘러갑니다.

철수에게 다가서는 그 모습에서 교사의 모습을 봅니다. 챙겨 주려고 하는 그 마음이 전해집니다.

그렇게 우리는 교사가 되어 가는 존재인가 봅니다.

농촌의 아이들. 어려운 구조적인 사회적 현실에서 어찌 보면 그 아이들도 힘든 삶을 살아가는 존재인가 봅니다.

모든 것을 책임지고 싶은 마음. 그래서 한 개라도 더 챙겨 주고 싶은 마음. 아비의 마음을 지니고 있는 선생님을 봅니다.

잘 가고 있다고. 그 정도면 선생님의 자리에서 최선을 다하고 있다고 말씀드리고 싶네요.

수업 친구들의 격려와 지지. 그리고 본인의 격려.

그 안에 충분히 머물 수 있는 여유가 우리에게 필요한 마음인 지 모릅니다.

그 속에 머물러 보세요.

고민을 한 만큼 성장합니다.

수업이 삶인데, 고민이 어찌 없을까요?

그리고 수업을 하고 있다면 고민은 생길 것이고, 하나의 고민이 해결되고 나면 또 다른 하나가 생기는 것이 우리의 삶이 아닐까요?

그냥 받아들이면서, 가는 것이 아닐까 합니다.

수업 코칭 후 성찰지를 보내 드립니다.

작성을 하시 후 자신을 찬찬히 돌아보면, 정리되는 단어들이 있을 것입니다.

그럼 정리되는 대로 보내 주시기 바랍니다.

어디서 또 만날 때가 있겠지요.

이규철 드림

선생님에게 선물로 드리는 시 한 편입니다.

다시 피는 꽃

도종환

가장 아름다운 걸 버릴 줄 알아
꽃은 다시 핀다.
제 몸 가장 빛나는 꽃을
저를 키워 준 들판에 거름으로 돌려보낼 줄 알아
꽃은 봄이면 다시 살아난다.

가장 소중한 걸 미련 없이 버릴 줄 알아

나무는 다시 푸른 잎을 낸다.

하늘 아래 가장 자랑스럽던 열매도

저를 있게 한 숲이 원하면 되돌려 줄 줄 알아

나무는 봄이면 다시 생명을 얻는다.

변치 않고 아름답게 있는 것은 없다.

영원히 가진 것을 누릴 수는 없다.

나무도 풀 한 포기도 사람도

그걸 바라는 것은 욕심이다.

바다까지 갔다가 제가 태어난 강으로 돌아와

제 목숨 다 던져 수천의 알을 낳고

조용히 물 밑으로 돌아가는 연어를 보라.

물고기 한 마리도 영원히 살고자 할 때는

저를 버리고 가는 걸 보라.

저를 살게 한 강물의 소리 알아듣고

물 밑 가장 낮은 곳으로 말없이 돌아가는 물고기

제가 뿌리내렸던 대지의 목소리 귀담아듣고

아낌없이 가진 것을 내주는 꽃과 나무

깨끗이 버리지 않고는 영원히 살 수 없다는

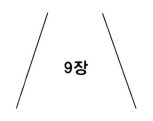

9장

수업 코치의
역할과 태도

수업 코치는 수업 교사를 사람으로서 만난다. 수업 코치와 수업 교사가 신뢰의 관계를 형성하면 수업 코칭을 위한 공감대가 마련된다. 수업 코치는 수업 교사가 능동적인 문제 해결자로서 역할을 할 수 있도록 돕는 자리에 있어야 한다. 이것이 수업 코치의 핵심적인 역할이다. 이를 위해서 수업 코칭 전에 친밀한 관계를 만드는 것이 필요하다.

수업 전에 받는 〈수업 전 성찰지〉의 내용을 파악하고, 수업 교사의 의도가 무엇인지 알아차리고, 어떤 고민을 하고 있는지 수업 교사의 필요를 지각해야 한다.

이런 과정에서 수업 코치는 어떤 역할을 해야 할 것인가, 또 수업 코치는 수업 교사와 어떤 모습으로 만날 것인가, 언제나 자신에게 질문해야 한다.

01

수업 코치의 역할

(1) 안내자

부산을 여행한 적이 있다. 사실 여러 번 갔는데, 부산을 찍고 온 경험만 있고 부산이란 도시를 만나본 경험은 없다. 부산은 익숙한 도시였지만, 여전히 낯설음이 존재하는 도시였다. 부산을 이해한 경험이 생긴 것은 그곳에 살고 있는 동료 선생님 덕분이었다. 지도에 나오지만 입체감도 없고, 여러 가지 상황에 부딪친 경험도 없었기 때문에, 머리에는 정보로 남아 있지만 그것이 이해할 수 있는 근거가 되지는 않았다. 사실 잘 알지 못한 것이다. 그것은 인정하는 데 시간이 걸린 것이다. 나중에 길을 따라 걸으면서, 그 장소에 담긴 사연을 듣고, 사계절이 어떻게 바뀌는지, 아침·점심·저녁에 따라 그 모양새가 어떻게 느껴지는지 들으니, 이해가 되었다.

수업 코칭에서 수업 코치는 수업 교사들이 자신의 수업과 만나도록 돕는 역할을 한다. 다음 장면에서도 그런 부분을 발견할 수 있다.

① 수업 코치 수업하신 영상을 보고 나니까 지금 느낌이 어떠세요?

② 수업 교사 제가 준비되지 않은 수업을 보여 드렸다고 말씀은 드렸지만 평상시 제 수업이 저래요. 어떻게 보면 시작도 없고 끝도 없이 설렁설렁 가는 것 같지만, 기본적으로 깔고 있는 것은 우리나라의 병폐인 대학 입시 체제 교육, 일제히 같은 옷을 입고 똑같은 시간에 똑같은 학습목표를 향해 가는 과정이 아닌, 이 시간만큼은 각자의 개성을 찾아가고 우리 생활 속에 녹아 있는 여러 관점들을 서로 이해하고 받아들이고 비판하고, 그래서 다시 새로운 관점으로 생각하고. 이게 꼭 전형적인 것이 아니어도 좋아요. 그래서 그걸 가지고 다시 소통하고 문제를 해결해 나가고, 그래서 쉬어 가는 시간이 되었으면 하는 마음으로 미술 시간을 운영하고 있어요. 마침 줄 세우기 평가가 필요 없는 과목이기도 하고…. 인문계 고등학교 아이들은 입시에 임하는 자세가 전투적으로 갖추어져 있기 때문에 내가 그렇게 풀어 준 미술 시간을 이용해서 정말 백 퍼센트 쉬기만 하는 아이도 있어요. 그런 면이 안타까워요. 물론 그럴 수는 있지만 또 다른 측면에서는 다른 생각을 해 보고 다른 발상을 해 보도록 의도를 하고 있는데, 그 수업조차도 들어오지 않고 마냥 쉬어 가려는 아이들이 있어서 조금 안타깝기는 해요. 이번 수업에서도 그런 모습들이 속속들이 보이기도 했고요. 그래서 또 고민이 돼요. 인문계 고등학교에서 내 뜻이 제대로 펼쳐졌으면 하는 고민을 하고 있는데, 내 마음이 흡족할 만큼 이루어지고 있다는 생각이 안 들거든요. 그걸 이루어 봤으면 좋겠다는 생

각을 하고 있어요.

③ 수업 코치 　입시 때문에 흔들리는 인문계 고등학교 아이들을 이 수업 안에서 충분히 쉬게 해 주고 싶은 마음이 있군요. 그렇지만 그 쉬고 싶은 마음속에서 아이들이 발상의 전환이라는 것을 하고, 기존의 틀을 벗어나 이 안에 머물렀으면 하는 마음이 있으시네요?

④ 수업 교사 　배움이라는 것은 꼭 시험을 목적으로 하는 것만은 아니니까, 진짜 우리가 살아가는 데 필요한 것을 배우는 시간이 이 시간이었으면 좋겠다고 끊임없이 평상시에도 아이들에게 내 수업의 의미를 얘기해요

⑤ 수업 코치 　배움의 의미를 말씀하셨는데, 평가를 위한 배움이 아니라 우리 삶에서 충분히 배울 수 있는 것들이 있고요? 그럼 오늘 수업에서도 그런 지점들이 있으셨나요?

⑥ 수업 교사 　제가 처음에 멘델스존의 이야기를 꺼냈잖아요. 아침에 학교에 오는 길에 차 안에서 FM 라디오를 듣는데 거기서 나온 이야기예요. 들으면서 재미있어지고 제 머릿속에서 결혼식장에서의 꾸밈이 떠올랐어요. 그것과 연결해서 글자 모양 디자인을 찾아서 보여 주면 어떨까, 이런 막연한 생각을 하면서 왔어요. 수업이 시작되고 나서 결혼이라는 글자가 디자인된 것을 보여 주기보다는 이 재미있는 프러포즈 얘기를 들으면서 머릿속에서 상상력을 동원해 낭만적인 글자체를 생각하면서 글자 디자인을 하면 좋겠다는 생각을 하게 됐어요. 우리 삶 속에서 여러 스토리 속에 녹아 있는 이미지. 이것이 글자로도 표현될 수 있다는 것을 알려 주기 위해 멘델스존 이야기를 꺼낸 거예요. 시험공부에 찌들어 있다가 해방된 아이들처럼 내 수업에만 들어오면 먹고, 졸고, 까불고, 노는 아이들이 그 이야기를 꺼내는 순간 집중하는 게 느껴졌어요.

⑦ 수업 코치 저도 그 부분이 마음에 확 와 닿았어요. 결혼이라는 글자에 담겨진 의미가 이런 거였구나! 스토리를 듣다 보니 이런 고귀한 의미도 있구나!라는 걸 느꼈어요. 아이들도 몰입을 하더군요. 저도 그 얘기를 들으면서 원래 하고 싶은 이야기는 조형 예술이고 시각적인 언어인데 스토리로 풀어 내니까 글자의 의미가 쉽게 와 닿으면서 거기에 쏙 빠졌어요. 선생님도 이 부분이 아이들에게 배움이 일어나고 의미가 있는 부분이라고 생각하시네요.

수업 코치는 ①에서 수업 교사와 함께 수업 영상을 본 후 느낌을 질문한다. 수업 코치는 수업 교사가 자신의 수업에서 무엇을 느끼는지 궁금해하면서, 느낌에 주목을 한다. 수업은 감정이다. 그리고 그 감정은 수업 교사의 의도를 알 수 있는 단서다. 교사는 학생들이 자신의 수업에 머물면서 일상을 벗어나 새로운 관점을 발견하는 시간이 되었으면 하는 바람과 함께 학생들이 이 수업 시간에 머물지 못하는 안타까움을 이야기했다. 수업 코치는 ②에서 수업 교사가 진정으로 원하는 배움이 무엇인지 명료화 작업을 하고 있다. 그리고 ⑤에서 수업 교사의 의도를 '지금, 여기의' 수업으로 끌고 들어와서, 만나게 한다. 교사가 평소에 생각한 수업의 의도가 이번 수업에서 어떻게 구현되었는지, 구체적인 장면으로 재생시켜 연결 짓기 작업을 한 것이다. 그리고 그런 작업은 ⑦에서 수업 코치의 공감으로 이어진다. 수업 코치는 안내자로서 수업 교사에게 궁금함을 갖고, 교사를 관찰하면서 질문을 한다. 이러한 방식으로 수업 교사가 자신의 수업과 만나게 도와주는 역할을 하는 것이다.

(2) 탐험가

SBS 예능 프로그램인 〈정글의 법칙〉을 보면 새로운 미개척지로 탐험을 떠나는 사람들의 이야기가 나온다. 국어사전에 탐험이란 '위험을 무릅쓰고 찾아가 잘 알려지지 않은 어떤 곳을 살피고 조사함'이라고 나온다. 탐험을 하려면 위험을 무릅써야 한다. 이것은 예상할 수 없는 저 너머에 무엇이 존재할지, 무슨 일이 일어날지 알 수 없기 때문이다. 잘 알려지지 않은 곳으로의 여행이다. 수업도 수업 코치가 수업 교사와 함께 미지의 영역으로 떠나는 여행이다. 어떻게 생각해 보면 수업 교사도 자신의 수업을 깊이 관찰하거나 경험한 기억은 없는 편이다. 잘 아는 것 같지만 잘 모르는 것이 자신의 수업이다. 그래서 수업 코치는 수업 교사의 내면의 지도 한 장을 들고, 함께 여행을 떠나는 것이다. 한 걸음 내디디는 것이 두렵고 떨리지만, 용기를 내 반걸음 앞장을 선다. 때로는 반걸음 물러서서 걸어온 길을 성찰하고, 이 길일까 저 길일까 딜레마의 상황에서 탐험가의 마음으로 기꺼이 선택을 하는 것이다. 이러한 과정을 거치면서 의외의 내면의 길을 발견하기도 한다. 중요한 것은 보이지 않는 법이다. 사막에서 오아시스를 찾는 것, 그것은 용기를 낸 사람만이 얻을 수 있는 선물이다. 수업 교사의 내면의 오아시스를 발견하도록 돕는 것이 수업 코치가 해야 할 역할이다.

① 수업 코치　사실 인문고에서 미술 교사로서 애들이 수업 시간에 와서 자기도 하고, 수학 문제를 풀기도 하는 환경에 교사는 흔들릴 수밖에 없고 외롭고 소외당할 수밖에 없는 상황에서도 돌파해 가고자 하는 마음이 있는 것 같아요. 끝까지 아이들을 포기하지 않고 이 수업이 중요하다는 메시지. 그 메시지를 전하는 미술 선생님의 마음은 어때요?

② 수업 교사　아까 줄곧 자고 있던 여학생이 전 시간에, "미술 시험을 봐야 하는데 선생님이 우리한테 이론 수업을 한 번도 해 주신 적이 없어서 힘들어요." 이렇게 얘기를 하지 않고 "선생님이 우리한테 가르쳐 주신 게 없는데 시험은 뭘 갖고 봐요? 프린트는 안 주세요?"라고 하더군요. 얘는 시험 보는 걸 목표로 공부하는 아이예요. 그래서 "가르쳐 준 게 없어? 나는 충분히 가르쳐 줬는데. 난 가르친 것만 시험 문제를 내. 따로 이론을 정리해 줄 필요는 없다고 생각해."라고 했어요. 그런데도 줄곧 프린트물로 달라고 하는 거예요. 이런 경우는 제 뜻을 제대로 이해하지 못한 거죠. 그런데 뒤에서 계속 수업에서 이탈하고 놀고 있는 아이들도 마찬가지예요. 내가 자기네들한테 뭘 가르치고 싶어 하는지 항상 설명하는데도 9년씩이나 배운 미술 교육에 젖어서 "난 못 그려요. 난 미술에 소질이 없어요. 그래서 미술이 싫어요. 재미없어요."라고 하죠. 그런 아이들은 아직도 딜레마예요.

③ 수업 코치　그런 아이들을 어떻게 수업에 머무르게 할 건가요?

④ 수업 교사　그런데도 아이들이 이 수업에 의미를 느끼고 자발적으로 성큼성큼 걸어 들어와 주기를 바라며 남은 한 학기도 또 바쳐야겠죠.

⑤ 수업 코치 사실 선생님은 기존에 9년 동안 해 왔던 미술 수업, 고딕체처럼 정형화된 수업에서 벗어나서 미술을 통해 아름다움을 느낄 수 있는 수업으로 가기를 원하는데 아직도 여기에 머물러 있는 아이들을 보면 여전히 힘들고 또….

⑥ 수업 교사 안 됐어요.

⑦ 수업 코치 안 된 마음이 드시네요.

⑧ 수업 교사 이것도 우리가 만들어 놓은 모습인데, 우리가 만들어 놓은 모습을 가지고 "넌 왜 그런 생각을 하고 있니? 넌 왜 그렇게 생겼니?" 하고 이제 와서 나무라는 나도 모순이 있죠?

⑨ 수업 코치 아이들에 대한 마음이 변하신 것 같아요. 여전히 배움에 들어오지 않는 아이들 때문에 불편하고, 힘든 아이들 때문에 딜레마를 겪는다고 하셨는데, 이젠 그런 아이들을 보면 '안 됐잖아.' 이렇게 마음이 바뀌신 것 같아요. 그 아이들을 바라보니까 안 된 마음이 선생님 안에 생기신 것 같네요. 딜레마가 있고 아이들이 여전히 내 수업에 머물러야 되고 끌고 들어와야 되는데, 아이들을 바라보니까 안 됐다는 마음으로, 감정이 바뀌신 것 같아요.

⑩ 수업 교사 얄미웠었는데 사실상 얄밉기만 한 건 아니었네요.

⑪ 수업 코치 얄밉기만 한 건 아니니까, 그 안 된 마음을 표현할 수 있을까요? 아이들에게 표현한다면. 이 수업에 들어오지 못하고 그게 대개 섭섭하고 너희들이 입시에 갇혀 있는데 지금 생각해 보니까 너희들이 안 됐다. 그런 마음이 든다. 얄미웠는데 …. 그런 마음을 표현해 줄 수 있을까요?

⑫ 수업 교사 너희들이 미술이라는 과목에 대해서 지금 당장은 꼭 필요한 과목도 아니고 공부하는 데 걸리적거리는 과목이라고 생각하기까지는 교육 환경, 선생님들, 부모님들의 잘못이 커서 빚어진 결과물인데, 그걸 선생님이 하루아침에 뜯어고치

겠다고 나무라기도 하고 미워하기도 하고 그랬던 것이 지금 생각해 보니까 좀 미안하다. 그렇지만 선생님이 뭘 의도하고 있는지 너희들도 마음을 열고 들어 준다면 미술 시간에, 그동안 너희들이 교육에 대해 갖고 있는 부정적인 생각을 바꾸어서 미술 시간만큼은 나를 풀어 내고 친구들이 더 이상 경쟁자가 아닌, 선생님이 내게 점수를 주는 무서운 무기를 가지고 있는 사람이 아닌, 따뜻한 엄마 같은, 참 친구들이 소중하다는 걸 느끼는 그런 시간이었으면 하는 선생님의 바람이 있다.

수업 코치는 수업 교사가 감추고 있는 마음의 바람을 이끌어 내서 표현하게 한다. ①에서 수업 코치는 교사가 일반 인문고 교사로서 가지고 있는 입시 부담에도 포기하지 말고 미술 수업의 중요성을 가지고 있다는 것을 공감해 주고 있다. 이런 공감의 메시지는 ②에서 교사가 당면한 딜레마를 꺼내는 단초 역할을 한다. 수업 교사는 기존의 미술 수업에서 벗어나지 못하고 배움으로 들어오지 못하는 아이들한테 아쉬움을 지니고 있다. 또 정형화된 수업이 아닌 아름다운 미술을 하고 싶고, 학생들도 충분히 수업에 머물기를 소망한다. 그러면서 수업 교사의 마음이 변한다. 학생들의 입장을 공감한다. 기성세대인 자신들이 만들어 놓은 틀인데, 학생들을 나무라는 자신을 만난다.

수업 교사는 ⑩에서 수업에 머물지 못하는 학생들을 얄미워했는데, 그 속마음은 전혀 다르다는 것을 알아차린다. 그리고 ⑪에서 수업 코치는 수업 교사의 마음으로 탐험을 떠난다. 학생들에게 간접적으로 말하는 도전을 요청한다. 이 부분에서 수업 코치는 여러 가지 딜레마에 처한다. 교사가 지금 여기에서 자신의 마음을 알아차리고 그 마음을 표현할 수 있는 용기가 있을까? 거절하면 어떻게 할 것인가? 복잡한 생각을 하지만, 앞에서 대화를 하면서 수업 교사의 마음을 충분히 탐험했기 때문에 용기를 가지고, 교사에게 도전을 부탁할 수 있었던 것이다. 이렇게 수업 코치는 수업 교사의 내면의 세계를 여행할 수 있는 실험적인 도전의식을 지니고 있어야 한다. 수업 교사의 내면 세계를 탐험할 작은 용기, 그것이 수업 코칭이다.

(3) 동행자

수업 코치는 수업 교사의 길동무다. 히말라야에는 수많은 등반객이 온다. 그들은 산을 오른다. 산을 오르는 사람들을 살펴보면, 어깨에 짐을 메고 오르는 무리를 발견할 수 있다. 셰르파들이다. 등반하는 길을 누구보다 잘 알고 있고, 어디에 방해물이 있고, 등반객이 산 어디쯤에서 지치는지도 알고 있다. 함께 등반을 하는 사람들이다. 어려움의 순간을 함께 견디면서 묵묵히 길을 간다. 그 길에 담긴 사연도 이야기해 주고, 함께 자연이 준 선물을 향유하기도 한다. 하지만 그들은 산의 최종 목적지에 올라서지 않는다. 베이스캠프에서 함께한 등반대원이 고지에 우뚝 서는 것을 응원한다.

마라톤에서도 이런 사람이 있다. 페이스메이커다. 페이스메이

커는 속도의 기준이 되어 준다. 일정한 속도를 구간별로 유지하게 도와준다. 동행하는 선수가 자신이 달리는 속도를 알아차리게 해 주고, 오버페이스를 하지 않도록 조정해 주는 역할이다. 페이스메이커는 30킬로미터까지만 함께 뛴다. 최종 결승점에는 모습이 보이지 않는다. 과정에서 동행을 할 뿐이다.

수업 코치는 셰르파이고 페이스메이커다. 수업에 대한 고민을 어깨에 잔뜩 메고, 길을 따라 함께 나선다. 그리고 호흡을 맞춰서 함께 걷거나 뛴다. 수업의 욕구를 채우기 위해서, 수업 교사의 당위가 자신을 해하지 않고, 적절한 수준에서 머무를 수 있도록 조정해 준다.

① 수업 친구 선생님이 평소에 내가 가르치는 아이들, 내가 가르치는 우리 반은 어떤 모습으로 되었으면 좋겠다고 생각하세요?

② 수업 교사 밝았으면 좋겠어요. 솔직히 아이들이 활기차고 많이 발표하고 질문하는 것이 제가 원하는 모습이에요.

③ 수업 친구 그래서인지 아이들의 모습이 평소에 선생님이 원하시는 모습이긴 해요. 밝고 굉장히 활기차요. 거침없이 자기하고 싶은 얘기를 막 하더군요. 저도 좋다는 느낌, 밝은 느낌을 많이 받았어요.

④ 수업 친구 저는 어떤 느낌을 받았냐면. 그렇게 밝은 모습을 기대하시면서도 한편으로는 애들이 진지하고 경계를 뚜렷이 해 줬으면 좋겠다는 기대를 갖고 계신 것 같아요. 저도 그런 기대를 하거든요. 내가 가르치는 아이들이 저럴 때는 활발하게, 이럴 때는 진지했으면 하는 기대가 들거든요.

⑤ 수업 코치 방금 말씀하신 기대에 대해서 다른 분들은 어떻게

생각하세요?

⑥ 수업 친구 저는 기대가 없는 건 아닌데… 나만의 바운더리가 있는 거 같아요. 그게 느슨하면 아이들이 튕겨나갈 수 있기 때문에 공개수업이라든지 누군가 들어오는 돌발 상황에서 굉장히 긴장해요.

⑦ 수업 코치 평소에는 애들이 활발하고 그래도 수용하고 인정하고 그랬는데, 누군가 들어와 있으면 애들이 평소답지 않게 조용히 있어야 하고 조곤조곤 얘기해서 합의를 이끌어 내야 편하다는 마음인가요?

⑧ 수업 친구 그게 바로 우리 안의 근본적인 문제가 아닐까 생각해요. '내가 이렇게 수업을 잘 하는데….'라는 생각과, '저 사람이 나를 어떻게 볼까?'라는 두려움이 있는 것 같아요. 여전히 남아 있는 이런 생각에 대해 질문을 해야 될 것 같아요. '내가 수업을 왜 하지?' '좋은 수업이란 뭘까?' 그 고민으로 다시 돌아가는 거죠. 애들은 똑같아요. 그런데 교사가 어떤 바운더리를 갖고 바라보느냐의 문제지요. 교사는 아이들을 품을 수 있는 바운더리를 넓혀야 한다고 봐요. 저는 그것을 위해 애쓰고 있습니다.

⑨ 수업 코치 이제 고민도 좀 얘기하셨고, 그것들이 어느 수준에 있는지도 말씀하셨는데, 나름대로 해결책을 얻으셨나요? 어떠세요?

⑩ 수업 교사 마음이 너무 편해졌어요. 왜 내가 소란스러움에 대해 부담스러워했는지 알게 됐고, 어떻게 보면 당연하다는 것이 인정돼요.

⑪ 수업 코치 아이들이 떠드는 게 당연하다? 그걸 한 번 말로 표현해 보시겠어요? 1인칭으로. "애들아, 너희들이 수업 시간에 떠드는 것은 당연하다." 이렇게 해 보시겠어요.

⑫ 수업 교사 애들아, 오늘은 모둠에서 한 사람을 결정해야 했기 때문에 때로는 싸움이 될 수도 있고, 다툴 수도 있고, 그래서 목소리가 높아질 수도 있어서 선생님이 듣기엔 시끄러울 수도 있지만 그게 당연한 거야. 오히려 적극적으로 얘기해서 한 사람을 잘 찾아내 봐.

⑬ 수업 코치 어떠세요? 말씀하시고 나서 어떤 느낌이 드세요?

⑭ 수업 교사 아이들을 수용하고 인정해 주는 느낌이 들어요.

⑮ 수업 코치 불편했던 마음이 해결이 됐나요?

⑯ 수업 교사 해결됐어요.

⑰ 수업 코치 내가 이제는 아이들을 수용하고… 아까는 좀.

⑱ 수업 교사 아이들을 수용하지 못했다기보다는 솔직히 평가적인 부분이 더 컸던 것 같아요.

⑲ 수업 코치 그런데 이제는?

⑳ 수업 교사 괜찮을 수 있을 거 같아요.

㉑ 수업 코치 괜찮고. 그 정도는 나도 봐줄 수 있다?

㉒ 수업 교사 선생님들이 그런 얘기를 하면 제가 "이런 것 때문에 아이들은 당연히 떠들 수 있어요."라고 말할 수 있을 것 같아요.

㉓ 수업 코치 그 불편함이 혹시 선생님이 교감 선생님이라는 입장 때문에 바운더리를 만들고 더 불편한 마음을 가지셨던 건 아닐까요?

㉔ 수업 교사 제가 일반 교사였으면 그렇게까지는 예민하게 굴지 않았을 것 같긴 해요. 그 부담이 늘 제 안에 있어요. 교감은 이러이러해야 한다는 제 스스로의 기대 수준이 있는 거예요. 당위성이 제 안에 너무 강한 거죠. 그래서 너무 힘들어요. 저를 왜 교감을 시키셔서…. 저는 정말 안 맞는 옷을 입고 있는 거예요. 저는 그냥 담임이면 너무 좋은데, 그냥 아이들하고 행복하

게 지내고 싶은데 그게 너무 힘들었어요. 그래서 대개 많이 고민했었거든요. 이 학교를 그만둬야겠다는 생각까지 했었어요. "이건 너한테 내가 준 권위다. 그냥 교감이지. 그것에 대한 기대감은 내려 놔. 지금 충분히 잘하고 있어."라고 격려해 주시는데, 그래도 순간순간 올라오는 것 같아요.

㉕ 수업 코치 내가 더 잘해야 하고, 다른 사람보다 철저하게 해야 되고?

㉖ 수업 교사 실제로는 제가 그런 사람이 아니거든요. 일을 합리적으로, 결정을 정확하게 잘하는 사람이 절대 아니에요.

㉗ 수업 코치 그런 사람이 아닌데… 수업 속에서 사실은 항상 허용적이면서 애들이 떠드는 게 좋았는데…, 오늘은 내가 교감으로서 수업하기 때문에 탁탁 경계 지으면서 가야 되는 부담감이 수업 안에서 계속 있으셨네요. 근데 아까 말씀하시고 나니까 좀 많이 편해지셨네요?

㉘ 수업 교사 네. 제가 가장 불편했던 부분은 해결됐어요. 격려와 지지만 있었다면 절반은 편안한 마음으로 갔을 거 같아요. 진짜 제가 고민하는 건 이거였는데, 사실 막연했었거든요. 아까 명료화시켰던 게 제 안에 없었던 건 아니었는데 잊어버리고 있었고, 뭔가 막연했고 '그럴까?'라고 생각했는데 이번에 이것이 '맞아! 이럴 수 있어'라고 얘기해 주시니까 너무 편안해지는 거예요. 들으면서도 고민이 되는 것은, 제가 사실 처음엔 막연했거든요. 뭐라고 대답을 해야 할지도 몰랐어요. 그런데 선생님이 계속해서 중요한 질문을 해 주셨기 때문에 '이게 그런 거였구나!'라고 생각하며 대답을 할 수 있었는데, 이게 사실은 너무 어려운 거 같아요.

여기에는 수업 코치, 수업 교사, 수업 친구들이 등장한다. 이들의 관계는 동등한 입장의 동료 교사들이다. 단지 역할만 나눈 것이다. 수업 교사는 수업 코치, 수업 친구들과 수업에 관한 대화를 하면서 이들이 자신과 동일한 고민을 하고 있는 교사이며, 함께 동행하면서 고민을 나누는 공감자임을 알아차린다.

①️ 수업 친구의 질문은 수업 교사에게 아이들에 대한 기대를 직면하게 한다. 기대하는 모습과 현실에서 나타나는 모습이 거리감을 느끼게 하지만 수업 친구는 ①️과 ③️에서 동일한 마음을 나눠 주고 있다. 그러면서 타인이 수업에 들어왔을 때 느끼는 불편함을 공감해 준다. ⑥️에서 수업 친구는 인식적인 측면에서 수업하는 교사가 느끼는 두려움을 말한다. 공동의 두려움은 수업 교사에게 위로를 준다. 나만 그러는 것이 아니다. 아이들이 소란스러운 것은 당연하다. 이때 ⑪️에서 수업 코치는 수업 교사가 당면한 고민을 헤치고 나아갈 수 있도록 곁에서 함께 고민하면서 격려해 준다. 마지막에는 수업 교사가 마주해야 하는 자리에 서 있게 동행해 준다. 그래서 ⑳️에서 수업 교사는 동행했던 동료 선생님이 나눠 준 솔직한 이야기에 자신도 당연히 아이들이 떠들 수 있다는 것을 수용하게 되었다고 표현하고 있다. 그리고 ㉘️에서 수업 교사는 자신이 가장 불편해했던 부분이 무엇인지 명료하게 알 수 있었다. 이렇게 수업 교사가 자신의 고민을 명료화할 수 있도록 수업 코치, 수업 친구는 동행자로서 수업 대화를 하는 것이다.

(4) 상처 입은 치유자[1]

홍콩 영화를 좋아했던 시절이 있었다. 그때 인상 깊었던 것은, 스승이 제자를 선택해서 비법을 전수할 때, 기능적으로 탁월하거나, 무엇을 많이 알고 있던 수련생을 선택하지 않아서 어려움을 겪는다는 이야기이다. 탁월한 고수보다는 여기저기에서 상처를 받았지만, 그 상처에서 새살이 돋아서 타인의 마음을 만져 주는 선한 마음을 지닌 수련생에게 자신의 모든 비법을 담은 책을 전해 준다.

왜 그랬을까? 그것은 사람의 마음을 얻는 게 제일 어려운 일이기 때문이다. 기능적인 고수들은 강호에 넘친다. 그러나 누군가의 마음을 얻을 수 있는 사람은 쉽게 찾을 수 없기 때문이다.

이 이야기는 그대로 수업 코치에 적용된다. 수업 코치는 수업 연구 대회에서 1등급을 받은 사람이 아니어도 된다. 오히려 수업이 무너지는 경험을 하고, 몇 번이고 교사를 그만두는 것이 낫다고 생각한, 절망의 벼랑 끝에 하루에도 몇 번씩 서 있었던 경험이 있는, 마음에 상처를 입은 교사들이 적임자다. 진짜 수업의 아픔에 머물렀던 교사들이 고통 받는 교사의 눈물을 이해하고 닦아 줄 수 있다. 세련되지 않은 거친 모습, 능수능란한 기예가 번득이는 모습보다는 어설프고 순수함이 가득한 마음, 그래서 상대를 향한 진심 있는 마음, 정성을 다하는 마음이 있어야 가능한 것이 수업 코칭이다.

너덜너덜해진 마음을 가져 본 경험이 있는가? 긍휼의 마음. 이 것이 상처 입은 치유자의 모습이다. 나의 상처가 누군가의 상처 를 낫게 해 주는 치유제 역할을 해 준다. 이런 마음을 지닌 수업 코치는 수업 교사를 만날 때, 수업을 하는 사람으로 대상화시키 지 않는다. 있는 그대로 보고, 너의 수업이 아니라 나의 수업으로 수업 교사를 만난다. 수업을 요소별로 분석하지 않는다. 가짜 마 음이 아닌 진짜 마음으로 수업 교사를 만난다. 수업 교사가 아닌 사람으로 만난다. 무엇인가를 하는 행위의 대상이 아닌, 위장을 걷어낸, 있는 그대로, 수업을 위하여 열심히 노력하는 존재. 하지 만 자신의 의도대로 되지 않아서 아픔을 머금은 존재, 그래서 다 시 한 번 더 일어나 도전하고 싶은 마음을 가슴 한쪽에 보석처럼 담고 있다가, 나중에 누군가 자신의 마음을 이해해 주고, 알아차 려 주는, 내 마음의 친구를 만나면 그때 얼어붙었던 마음의 빗장 을 열 수 있는 그런 존재로 봐 준다. 그런 사람의 얼굴에는 진심 이 나타나 있다. 진심은 인위적인 위장으로는 얻을 수 없다.

그런데 이 마음을 유지하기란 어렵다. 타인에게 진심을 다하는 경험이 부족한 것도 이유가 되기는 하지만, 그렇게 애를 쓰면서 하는 것이 무슨 의미가 있는가 하는 생각도 하기 마련이다. 그래 도 누군가의 마음에 담긴 상처를 만져 준 경험이 있다면 그것으 로 당신은 충분히 수업 코치로서 자격을 갖춘 것이다.

에밀리 디킨슨

만약 내가 한 사람의 가슴앓이를
멈추게 할 수 있다면,
나 헛되이 사는 것이 아니리.
만약 내가 누군가의 아픔을
쓰다듬어 줄 수 있다면,
혹은 고통 하나를 가라앉힐 수 있다면,
혹은 기진맥진 지친 한 마리 울새를
둥지로 되돌아가게 할 수 있다면,
나 헛되이 사는 것이 아니리.

수업 코치는 사람의 마음을 만난다. 그러다가 어느 틈엔가 자신에게 회의감이 밀물처럼 찾아올 때, 그리고 어디서부터 시작을 해야 하는지 도무지 생각이 나지 않을 때, 잠시 그 자리에 물러나서 이 시를 읽어 봤으면 한다. 한 사람의 마음을 만지는 평범하고 작지만, 위대한 역할을 한 당신에게 "충분히 잘 했어요."라고 말해줄 것이다.

① 수업 코치 어떠세요? 오늘 수업하면서 선생님 안에 머뭇거렸던… 어려움이나 고민이 있었던 지점이 있었다면?
② 수업 교사 그게 저는 교사로서의 자존감인 거 같아요. 교사

로서의 자존감이라는 것은, 다른 부분들은 수업에 대한, 아이들과 관계 속에서 내가 교사로서 인정받고 있다,라고 하는 거, 그게 어떤, 아이들과 관계가 편안하다는 거, 이런 것들이 됐을 때 자존감이 올라가더라고요. 근데 자존감이라는 부분이 제가 ○○중학교에 오면서 많이 떨어진 거죠. 근데 떨어진 가장 근본적인 것이 아마 세 가지 다 뭔가 제가 만족시키지 못했기 때문에, 아니 그 만족하지 못했던 이유는 수업에서도 별로 제가 잘 하지 못했고, 준비도 성실히 하지 못한 부분도 분명히 있을 거고요. 아이들은 그것에 바로바로 반응하지 않고 집중을 못하고 "재미 없었어요."라고 피드백이 오는 이런 과정….

그런 것이 저에게 상처로 누적되면서 자존감이 많이 떨어진 거죠. 나는 한다고 하는데, 나는 열심히 했는데. 이전 학교보다 더 많은 고민을 하고 있는 거 같은데 아이들과의 거리는 좀 더 멀어진 거 같은 느낌도 들고. 그게 많이 힘들었던 거 같아요. 내가 이전 학교보다 훨씬 열심히 관계를 쌓으려고 수업에 대한 고민도 많이 했는데 애들은 나랑 멀어지는. 긍정적인 피드백도 안 나오고, 내가 봤을 때 좀 불편한 얘기들이 나오니까 힘들고 어렵고, 내가 그렇게 잘 못하니? 하는 회의감도 들고요. 나는 열심히 한다고 했는데 이게 해소되지 않으니까 이만큼 그 마음이 남아 있어요.

③ 수업 코치 근데 그게 아까 피드백을 좀 받으셨다고 그랬잖아요. 수업도 2학년보다 3학년이 더 힘들다고 말씀하셨고. 근데 정말 선생님이 보셨을 때, 선생님에 대해 애들이 그 고민과 어려움에 대해 같이 동의해 주고 공감도 해 주는 그런 아이들은 없었나요?

④ 수업 교사 그런 아이들이 2학년에 많이 있었던 거죠. 2학년들은 제가 준비를 해 가면 해 갈수록 더 많이 수업에 참여해 주

고. 그러다 보니까 2학년 수업을 더 준비하게 되고, 이게 참 그런 악순환이었던 거죠. 3학년 수업을 하고 나오면 기운이 빠지는데, 왜냐하면 나는 오늘 이걸 하고 싶었는데 반도 못 하고 나온 것 같고, 아이들과의 관계는 화를 내거나 짜증을 내서 오히려 더 멀어지게 되는 이런 관계들이 반복이 됐어요. 제가 아이들하고 척을 지고 사는 그런 이미지는 아니고, 다 잘 지내는 것 같은데 이게 수업 속에서만큼은 만족이 안 된 거죠. 개별적인 관계 속에서는 별 문제가 없어요. 수업 안에서도 그렇게 서로 지지받고 그랬으면 좋겠는데. 더군다나 학급 아이들과 그게 잘 안 되니까 수업이 힘들었던 거 같아요.

⑤ 수업 코치 아까 2학년 반들의 수업 준비는 많이 하신다는 얘기를 했고, 우리 반하고는 수업이 좀 어렵다는 얘기도 하셨는데, 한편으로는 또 선생님의 기대 수준이 너무 높은 것은 아닌지. 그건 어떠세요? 이 학교 안에서 이 정도는 해야지 선생님들도 나를 인정하고 애들도 인정해 줄 거야, 혹은 나는 정말 열심히 하는데, 다른 데서보다 열심히 하는 것 같은데도 뭔가 나는 부족한 거 같아… 이런 생각들은 어떠세요?

⑥ 수업자 그게 우리 ○○이 갖고 있는 수준이 높기 때문에 제가 그동안 만족해 왔던 수준으로는 안 됐던 거죠. 긍정적인 지지가. 예, 그러다 보니까 뭐 교사들 간 관계도 마찬가지고 아이들과 저와의 관계도 그렇고. 제가 만족할 만한 지지를 받지 못했던 거죠. 그래서 좀 많이 좌절했어요. 물론 좌절이라고 하기는 좀 그렇지만 그냥 의기소침? 예, 자존감이 떨어지는 학교에 있기 싫다라는 생각이 들 때도 있었죠. 내가 왜 ○○을 선택해서 왔지 하는 생각도 좀 했어요. 근데 ○○을 선택했을 때는 기대 수준이 높았던 거죠. 아이들이 잘 경청해 줄 것이라는 기대감이 좀 많았어요.

수업 코치는 수업 교사의 마음이 어떤 상태인지 알아야 한다. 수업 교사는 혁신학교에 대한 기대감을 품고 학교를 옮긴 케이스 인데, 수업에서 무너졌던 것이다. 열심히 수업 준비를 한다고 했 는데, 학생들의 반응에 자존감이 무너진 것이다.

힘들어지는 3학년 수업, 물러날 곳 없는 교사의 모습…. 이렇게 수업 교사는 나날이 자존감이 떨어져 나갔다. 수업에서 무너진 교사는, 무엇을 어떻게 할지 사실 막막하다. 무엇인가 하려고 하 는데, 인정받지 못하는 마음. 그래서 더욱 상처는 깊어 가고 포기 하려는 마음만 올라오는 상황이 전개된다. 좌절감의 생채기는 수 업 교사의 영혼을 갉아먹을 수도 있다. 그러나 상처는 누군가를 살리는 별이 될 수 있다. 수업 광야에서 수업의 봄, 수업의 여름, 수업의 가을, 수업의 겨울. 이렇게 수업 사계를 거치면서 거친 흙 바람과 짙은 어둠과 사투하여 흘린 아픔의 눈물은, 또 다른 눈물 의 골짜기를 지나는 수업 친구의 길을 비추는 빛이 된다.

왜냐하면 수업 교사는 수업 나눔에서 이런 말을 했다. "아니, 지금은 그냥 이런 과정을 거쳐서 내년에는 올해보다 좀 더 나아 질 것이라는 그런 마음은 생겼어요. 확실히. 오늘을 계기로, 나를 보러 많은 분이 오셔서 꽃을 달아 주시니까 잘할 수 있지 않을까 하는 생각도 조금은 더 생기죠." 수업 교사는 이렇게 다시 일어섰 다. 그리고 다음 해 수업 기부로 동료 교사들에게 자신의 아픔을 내어 보이고, 더 성숙한 모습으로 우리를 맞이해 주었다. 이제는 상처 입은 치유자가 되어서 누군가의 눈물을 닦아 주고 있는 것 이다.

02

수업 코치의 태도

'시선'이란 어떤 대상에 대한 주의와 관심을 두는 것이다. 수업 교사와 수업 나눔을 할 때, 코칭을 하는 수업 코치의 태도에서 '시선'은 수업 코치가 바라보는 관점으로 해석될 수 있다. 그래서 수업 나눔을 하는 수업 코치는 온전히 '수업 교사 시선'으로 수업 교사를 만나야 한다. 물론 시선에는 문화적인 측면이 포함되어 있을 수 있다. 수업 코치의 신념, 고정관념에 따라서 온도 차가 날 수 있다. 그러기 때문에 수업 코치의 시선이 폭력적이지 않고, 평화를 이루는 문화를 형성하려면, 수업 교사의 시선에 머물러야 한다. 그래야만 수업 교사의 잠재적인 능력을 이끌어 낼 수 있는 것이다. 수업 코치는 '지금, 여기에서' 일어난 현상을 중심으로 출발점을 삼아야 한다. 수업 교사의 시선은 수업 교사를 이해하는 시간에 수업 코치가 함께 머물러 주는 것이다. 수업 교사가 당면한 어려움, 즉 딜레마를 곁에서 보고, 들어 주고, 그 안으로 들어가는 것이다. 그렇다면 구체적으로 수업 코치가 훈련해야 하는 태도에는 어떤 것이 있을까?

(1) 있는 그대로 나누기

　수업 코치는 넘치지도 모자람도 없이, 수업 교사의 고민을 들어 주는 자리이다. 수업 코치는 수업 대화를 할 때, 자신의 경험 세계에 남아 있는 편견에서 벗어나야 한다. 자신이 알고 있거나 경험한 내용이 전경으로 등장하면 비교의 잣대가 생긴다. 무엇인가를 비교해야 하는 당위 안에 갇힐 수 있다. 수업 경험이 있는 교사들은 누구나 비교의 잣대가 '나'이다. 이러한 모습은 '학습화된 수업 코치'의 태도이다. 수업 교사와 대화를 할 때는, 있는 그대로 나눠야 한다. 더하거나 덜하지 말고, 수업 교사의 수업한 그대로의 모습을 받아들이는 마음 자세가 필요하다. 그래야 솔직하고, 위장하지 않고 대화를 할 수 있다.

(2) '지금, 여기에서'

　수업 교사와 수업 코치가 대화를 할 때 난감한 것은 어디서부터, 무엇을 나눌 것인가를 인식하지 못하는 데 있다. 바로 수업 대화의 '출발점'이다. 어떤 이야기를 소재로 대화를 해야 하는지 어렵다. 이럴 때, 수업 코치는 '지금, 여기에서' 일어난 현상을 '출발점'으로 설정해야 한다. 수업 코칭에서 사용하는 '지금, 여기에서'는 글자 하나하나 뜻을 해석하기보다는 지금, 여기에 영향을 주는 과거의 경험, 상처, 흔적들이 현재에도 계속해서 영향을 미치기 때문에 그 관점에서 살펴봐야 하는 의미로 재개념화한다.

게슈탈트 치료는 언어적 · 해석적 치료라기보다는 경험적 치료라고 할 수 있다. 우리는 상처와 문제를 단지 말로만 표현하라고 하지 않는다. 지금-여기에서 상처와 문제를 재경험(re-experience)하여 미해결 과제를 완성해야 한다. 내담자가 과거 문제에 대한 책을 덮었다면, 그는 이것을 현재에도 덮어 놓아야 한다. 진정으로 과거는 과거일 뿐임을 내담자는 깨달아야 한다. 과거는 현재에 없기에 더 이상 문제가 되지 않는다.[2]

게슈탈트 심리 치료에서 '지금, 여기'라는 것은 문자 그대로 지금 여기를 뜻하는 것이 아니라 내담자가 덮어 두었거나 숨겨 두었지만 '지금 여기에서'도 계속되고 있는 과거의 경험과 기억, 상처를 드러내고 그것을 명료히 정리해야 한다는 의미로 사용되고 있다. 그러므로 지금, 여기에서 일어난 수업 교사의 행동, 그리고 감정의 변화 등을 가지고 수업 대화를 해야 한다. 수업한 후에 무엇을 느꼈는지, 어디에서 어려움을 겪고, 자신이 의미 있다고 생각한 지점은 어디였는지, 왜 그렇게 생각하는지를 질문한다. 그리고 그렇게 이야기하고 나니 지금의 마음은 어떤지 궁금함을 가지고 수업 대화를 한다. 수업 교사가 과거로 회귀하려고 할 때, 다시 그때 그 순간을 지금 여기의 수업 상황과 연결하여 초대한다. 그래서 지금 여기에서 한 수업 장면에서 구체적으로 무엇을 느꼈고, 그것이 어떻게 이번 수업에 나타났는지에 대해 수업 대화를 한다. 수업 교사의 고민은 지금, 여기에서 실마리를 찾을 수 있는 것이고, 그 문제를 해결받고 싶은 것이다. 그러므로 수업 코치는 수업 코칭을 할 때, 언제나 주파수를 현재화시켜서 '지금, 여기에' 맞춰서 초대해야 한다.

(3) 공감적 이해

수업 코치는 수업 교사의 감정, 생각, 의견, 판단, 질문 속으로 들어가야 한다. 수업 교사의 외면적인 행동뿐 아니라, 내면적인 마음까지 충분히 이해하는 태도를 지니고 있어야 한다. 수업 교사를 위한, 수업 교사에 의한, 수업 교사의 수업으로 다가서야 한다. 그렇다고 해서 수업 교사와 동일시하려는 태도는 버려야 한다. 공감적 이해는 동일시와 다르며, 동감하고도 차이가 있다. 동일시는 수업 코치가 수업 교사의 감정, 생각, 마음과 같아지려는 태도로서 수업 코치의 생각, 감정 등을 버리고, 수업 교사와 완전 일치의 모습을 지향한다. 이렇게 되면 수업 코치는 없고, 수업 교사의 존재만 남게 된다. 마찬가지로 동감은 수업 코치가 수업 교사와 의견의 일치를 보는 것이다. "나도 당신의 생각에 동의하는 수준입니다."라고 말할 수 있는 것이다. 생각의 일치는 할 수 있지만, 그밖에 다른 사항에 대해서는 불일치로 다가갈 수 있다는 여지를 남긴다. 이때 수업 코치는 이런 생각을 할 수 있다. '수업 교사의 수업은 수업 교사의 것이지만, 그것은 나의 수업이 될 수 없기 때문에 평가의 장면으로 이끌고 와도 괜찮은 것이다.' 이와 같은 생각의 결과에 이르는 것이 '동감'이다.

그러나 이와 반대로 공감적 이해는 수업 교사의 내·외면적인 모습을 수업 코치가 수용하는 것이다. 지금의 수업 교사를, 이런 수업 교사를, 누구보다도 내가 다가서 주고, 안아 주고 아껴 주는 태도. 이런 모습이 수업 교사를 공감적으로 이해하는 수업 코치다. 수업을 분석해 주고, 수업 교사를 평가해 줄 수 있는 전문가들은 어디에서든지 만날 가능성이 있다. 하지만 수업을 이해해 주고, 수업 교사를 공감적 이해로 만날 수 있는 전문가는 그리 많지 않다. 그러기 때문에 수업 코치에게 공감적 이해의 태도는 필수조건이다. 수업 교사가 왜 수업 코칭을 요청했을까 생각해 보면, 그 질문에 해답을 찾을 수 있다.

(4) 안으로

수업 코치가 수업을 코칭하면서 겪는 딜레마가 있는데, 그것은 지금 수업 대화를 하고 있는 수업 교사가 문제의 핵심을 비켜 나가거나, 자신의 문제가 무엇인지 알아차리지 못하고 본질을 피해 가는 경우이다. 이런 경우에 부닥치면 수업 코치는 당황해하고, 어찌 할 바를 모르는 순간을 직면할 수 있다. 또한 수업 교사와 수업 대화가 어려움을 겪으면서 다양한 방해 요소를 만날 수도 있다.

어떤 길을 선택해야 하는가? 마음에서 내면의 갈등이 일어날 때 생길 수 있는 반응으로 수동 공격을 하거나, 회피 전략을 사용하여 뒤로 물러나는 상황을 선택할 수 있다. 또는 수업 교사에게 가르침을 강요하는 상황으로 나아갈 수도 있다. 수업 코치로서 이와 같은 상황에 놓인다면 어떻게 해야 할까. 이런 경우 수업 코치는 문제의 상황에서 반걸음 떨어져서, 자신을 성찰해야 한다. 수업 대화의 상황에서 벗어나서, 자신에게 초점을 맞춰서 수업 교사와 대화를 하면서 어떤 지점에서 불일치가 일어났는지, 그 상황을 일어나게 한 '선행 대화'는 무엇인지를 '복기'해야 한다. '수업 대화를 복기'하면서 스스로를 성찰할 수 있어야 한다. 시선을 외부에서 자신의 내부로 돌려야 한다. 밖으로 시선을 향하는 것이 아니라 '안으로' 시선을 돌려서 '수업 나눔'을 다시 돌아볼 수 있는 성찰 역량을 지니고 있어야 한다. "나는 지금, 제대로 길을 가고 있는가?" 그 질문을 자기한테 던지면서, 물음에 대한 해답을 찾아야 한다.

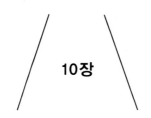

10장

수업 코칭의
11가지 난제

'수업 코칭', 왠지 운동선수를 지도하는 코치의 느낌도 있고, '수업 컨설팅'이 있는데 굳이 새로운 개념을 가지고 현장을 어지럽히는 것은 아니냐는 소리도 나온다. 수업 코칭을 하는 장면을 보니 상담하고 비슷한데, 상담을 받는 것이 오히려 수업 코칭을 받는 것보다 더 나은 것은 아닌지 회의적인 시각도 있다.

프로세스를 익혀서 적용을 해야 수업 코칭을 하는 것인가? 프로세스 없이 직관적인 관찰과 느낌으로 수업 교사를 만나고 이야기하는 건 왜 안 되나? 외부 전문가보다는 내부에서 수업을 나눌 수 있는 수업 친구를 의도적으로 맺으라고 하는데, 인위적으로 친구를 맺는 것이 필요한가? 어떻게 해야 수업 친구와 오래 지속될 수 있는 수업 나눔을 할 수 있을까? 수업 코칭도 결국 수업 성찰을 하기 위한 것이라면 수업 성찰에서 교사가 학생들이 선호하는 수업은 어떤 것인지 알려 줘야 하는 것은 아닌가? 이번 장에서는 이런 질문들에 대하여 짚고 넘어간다.

1. 감정선이 약한 교사에게 수업 코칭을 한다면?

수업 나눔을 하다 당혹스러운 상황에 직면한 적이 있습니다. 동료 선생님을 수업 코칭하는데 감정을 다루는 것을 어려워하시고, 당위적인 면이 많아서 어려움을 겪었습니다. 감정선이 뚜렷하지 않은 동료 교사를 만났을 때 수업 코칭을 어떻게 해야 하는지 난감했습니다.

고민 나누기　이런 경향을 지닌 분들은 자기 정당성이 정확하고 당위성이 매우 강한 편입니다. 자기 인정 욕구가 강하기 때문에 수업 구조에 대한 비평을 하기보다는 구조를 사용할 수밖에 없는 근원적인 이유에 대한 두려움을 공감해 주고 지지하는 것이 좋습니다. 정당성이 뚜렷하지만 자신의 마음을 열지 못하며 문제 상황에 대한 직면을 회피하는 경우입니다. 가르침의 의미를 정확히 알고 있지만 그 가르침이 배움으로 이어질 때 나타나는 분리성에 대해 회피를 합니다. 자기 방어적인 면을 갖추게 되는데, 문제의 원인을 자신보다 타인에게 돌리며, 자신이 처한 상황에서 어쩔 수 없는 선택이었음을 내세우면서 자신은 물러납니다. 이런 경우 가르침에 대한 의미를 살펴 주고 그 고민의 깊이와 넓이에 대한 지지를 해 주어야만 수업 코칭의 진입로를 확보할 수 있습니다. 인정 욕구를 충족시켜 주지 않으면 코칭 자체에 대하여 방어적 입장을 내세웁니다. 밀당을 하지 말고 먼저 지지를 선언해 수업 친구의 마음을 열게 해야 코칭의 흐름을 자연스럽게 이을 수 있습니다.

2. 수업 코치가 주목해야 하는 단계는?

> 수업 코치가 코칭을 할 때는 일정한 절차가 있던데요. 수업 전, 중, 후로 수업 코칭을 해야 한다는데, 이 모든 과정이 의미가 있지만, 수업 코치가 주목해서 봐야 하는 지점이 어디인지 궁금합니다.

고민 나누기 수업 코치와 수업 교사의 관계는 친밀성이 우선입니다. 수업 코칭의 절차는 수업 전, 수업 중, 수업 후로 나눠지는데요. 학교 현장에서는 수업 후를 중요시 합니다. 수업을 보고 함께 나누는 문화가 중요하기 때문입니다. 그런데 수업 나눔에 앞서 수업 전 수업 코치와 수업 교사가 만나는 지점을 주목해야 합니다. 수업 코칭은 사람과 사람이 만나는 존재적 모습인데, 수업 교사의 고민을 깊이 만나고, 수업 교사와 관계를 돈독히 하려면 수업 전 친밀한 관계가 형성되도록 노력을 해야 합니다. 수업 코치는 수업 교사와 빈번한 접촉이 필요합니다. 우리는 형식적인 관계에서 만납니다. 그러다 보니 만남의 단절이 생기고, 수업 교사도 적절한 거리를 두고, 적당하게 성찰하고 관계적 피상성에 머무는 경우가 있지요. 누군가 내 수업에 들어온다는 것은 매우 불편한 일이거든요. 이런 심리적인 불편함을 덜어 내는 선행 작업이 있어야 합니다. 수업을 참관하러 가기 전에 수업 교사와 사전 전화 대화는 필수적입니다. 사전 전화 대화는 수업 코치와 수업 교사가 존재로 만나기 위한 최소한의 노력입니다. 그리고 수업 교사와 수업 전에 1시간 정도 수업 대화를 나누어야 합니다. 물론 수업 코칭 성찰지를 중심으로 이야기를 진행하도록 합니다. 수업 교사의 시선으로 머문다는 의미는, 모든 것을 수업 교사의 입장에서 바라보고, 생각하는 것입니다. 수업 코칭을 하는 동기는 무엇인지, 요즘 수업에서 고민하는 것들은 무엇인지, 오늘 수업에서 수업 교사가 가르치려는 의도는 무엇인지, 학습자들에게 어떤 배움이 일어나기를 기대하는지, 오늘 수업의 흐름은 어떠한지, 수업을 공개하는 반과의 관계는 어떤지, 혹시 불편하게 생각하는 학습자나 주목해서 봐 줘야 하는 학습자는 없는지 등에 대해 함께 이야기를 해야 합니다. 수업 교사의 시선으로 함께 머물며 수업 대화를 충분히 나누는 것이 수업 전 수업 코치가 기억해야 할 작업입니다. 이렇게 수업 교사와의 대화는 수업 교사가 수업 코치를 신뢰하는 결정적인 순간이 될 것입니다. 신뢰의 공간에 함께 머무는 것만으로도 수업 교사에게 수업 코치는 내 편이라는 믿음을 줄 것입니다.

3. 수업 코칭 딜레마에서 빠져나오려면?

학교에서 수업 코치 역할을 하다 보니, 여러 가지 상황과 마주서는 경우가 있습니다. 그중에서 수업 교사의 고민을 탐색할 때, 무엇이 고민인지, 이것을 어떻게 다뤄야 하는지 딜레마에 빠집니다. 딜레마에서 빠져 나오려면 어떻게 해야 하나요?

고민 나누기 여러 가지 상황에서는 선택의 딜레마에 빠질 수 있습니다. 나와 수업 나눔을 하고 있는 수업 교사의 내면을 정밀하게 탐색하기 위해서는 실험을 감행해야 합니다. 이때 수업 코치가 실행한 실험은 도전적인 요소가 있습니다. 위험 부담을 갖고 있는 것입니다. 그러기 때문에 수업 코치는 수업 교사와 대화를 하면서 무작정 수업 교사의 고민에 파문을 던지면 안 됩니다. 수업 나눔을 할 때는 다양한 시그널을 포착해야 합니다. 수업 교사는 자신의 고민을 이야기하면서도 그것이 '진짜 고민'인지 '가짜 고민'인지 정확하게 알아차리지 못하는 경우가 있습니다. 그래서 무심코 던진 말 한마디에 집중하고, 그것이 나온 배경은 무엇인지 탐색하고, 이해를 하는 시간이 필요합니다. 수업 코치는 수업 교사와 대화를 하면서 내가 정말 잘하고 있는 것인가, 어떻게 돕는 것이 지금 내 앞에 있는 수업 교사 스스로 그 고민을 만나고 수용하여 자기와 평화를 이루게 할 것인가를 끊임없이 탐색해야 합니다. 수업 코칭을 하다 보면, 자신의 당위와 내적인 전투를 합니다. 자신과 고독한 내적인 전투에서 선택을 해야 하는 것입니다. 이것이 과연 나와 수업 나눔을 하고 있는 수업 교사의 고민 실타래인가? 그 실타래를 풀기 위해서는 어떤 질문들을 던져야 하는가? 자기 안에 있는 수업의 경험이나 판단과 수업 교사의 수업을 비교하려는 욕구를 어떻게 조정하며, 나의 궁금함을 수업 교사의 궁금함으로 어떻게 변화시킬 수 있는가? 수업 코치는 수업 교사와 기 싸움을 해서는 안 됩니다. 그런데 수업 나눔을 하다 보면, 무의식에서 올라오는 비교 본능, 가르침 등이 부지불식간에 나타날 수 있습니다. 그리고 자신을 거부하는 수업 교사에 대한 감정을 어떻게 표현해야 하는지 당혹스러울 때가 있습니다. 수업 코치 역시 거절을 당하면 상처를 받을 수 있습니다. 무엇인가 도와주려는 마음이 왜곡되어 수업 교사를 힘들게 할 수도 있습니다. 그래서 수업 코치는 스스로를 성찰하며, 자신과 혼자 대화하는 시간을 갖는 것이 필요합니다. 스스로에게 질문을 던질 수 있어야 합니다. 고독의 시간에 머무는 것입니다. 고독하면 선택할 수 있는 힘이 생깁니다. 딜레마의 순간에 자신의 선택을 확신할 수 있는 내면의 힘이 나옵니다. 수업 코치는 딜레마를 피할 수 없습니다. 수업 코칭을 하는 순간 딜레마에 놓이는 것입니다. 그러므로 가지 못한 길에 대한 아쉬움보다는 지금 가고 있는 길에 대한 확신과 수용이 필요합니다. '내가 잘 가고 있구나!',' 내가 선택한 이 상황이 작은 창조자의 길이구나!' 이렇게 스스로에게 격려와 지지를 해 주세요.

4. 수업 나눔 중에 수업 교사를 가르치려는 수업 친구를 만나면 어떻게 하죠?

> 수업 동아리에서 수업 나눔을 하거든요. 그런데 수업 나눔을 할 때 불편한 적이 있었습니다. 제가 수업 코치(안내자)를 할 때, '수업 교사의 고민에 머무르기' 지점에 오면, 수업 참관을 했던 수업 친구들이 자신들의 고민을 풀기 위해 수업 교사에게 문제 해결식 질문을 하거나, 자신들의 경험으로 가르치는 경우가 종종 생겨요. 이럴 때는 정말 난감합니다. 수업 친구들의 욕구를 들어 주다 보면 수업 교사의 고민에 머무르지 못하고 자꾸 미궁에 빠져듭니다.

고민 나누기 수업 나눔을 할 때 흔히 겪을 수 있는 경험담이군요. 수업 교사의 고민에 머무르기는 수업 교사의 시선으로 온전히 머물러야 하는데, 이게 말처럼 쉽지 않습니다. 수업 교사가 자신의 고민을 잔뜩 안고 씨름하는 모습을 보면, 수업 친구들은 대뜸 이런저런 충고를 하고 싶은 욕구가 올라옵니다. 수업 친구들의 궁금함에 대한 해결 욕구가 강하게 올라오는 경우도 있지요. 이런 일이 생기면, 수업 나눔 안내자는 당혹스러울 텐데요. 먼저 질문을 바꾸어서 말해 보세요. 예컨대 "수업 친구의 질문이 어떻게 들리나요?" " 그 느낌을 말해 보세요." 이렇게 질문을 수업 교사에게 돌리면, 수업 교사는 자신의 느낌을 이야기할 것입니다. 이렇게 해도 수업 친구가 신념을 굽히지 않고 계속해서 수업 교사를 가르치려고 한다면, 수업 나눔 안내자가 지혜로운 결단을 내려

합니다. 수업 나눔 안내자의 주도성이 필요한 부분입니다. 만약 수업 나눔 안내자가 '사회자' 역할을 한다고 생각하면 어려움에 봉착할 수 있기 때문에 수업 나눔 안내자는 주도성을 갖고 선언을 할 필요가 있습니다. "죄송하지만 지금부터 수업 나눔의 상황에서 빠져 나와서 '수업 나눔 밖'의 제3의 관찰자 입장이 되어 보겠습니다." 그리고 지금 일어나고 있는 상황을 설명해 줄 필요가 있습니다. 왜 이런 문제가 발생했는지, 수업 나눔에서 가르치려는 수업 친구의 의도가 수업 교사에게 어떤 마음으로 다가오는지를 알려 줄 필요가 있습니다. 그런 다음 수업 나눔 안내자는 다시 수업 나눔 안으로 들어와야 합니다. 그리고 자꾸 가르치려고 하는 수업 친구의 마음을 이해할 필요가 있습니다. 선한 의도를 가지고 수업 교사에게 다가서려는 의도 자체는 귀하게 봐 줘야 합니다. 그래서 수업 친구도 상처를 입지 않도록 배려를 하되, 자기 성찰을 하도록 수업 나눔 안내자는 친절한 동행자가 되어야 합니다.

5. 수업 나눔에서 '안내자'는 어떤 역할을 하나요?

> 우리 학교에서도 수업 친구 동아리를 운영합니다. 수업 친구들하고 함께 수업도 해 보고, 수업 나눔도 합니다. 그런데 저한테 수업 나눔을 이끌어 보라고 하셔서 난감합니다. 어떻게 해야 하나요? 사회자 같기도 하고, 그렇다고 딱히 매뉴얼이 있는 것 같지도 않아서요. 좋은교사 수업코칭연구소 선생님들이 오시면 잘 되는 것 같은데. 저와 같은 교사들을 위해서 따로 가르쳐 주는 게 있나요?

고민 나누기 수업 나눔에서 안내자는 수업 교사의 마음을 읽어 주고, 수업 교사와 동행하면서 진심이 있는 또 하나의 친구가 되어 주는 것입니다. 친구는 버틸 수 있는 힘이 되어 주는 존재입니다. 이런 마음이 있어야 수업 나눔 안내자가 될 수 있습니다. 수업 교사는 안내자를 따라서 가면 자신을 만날 수 있고, 결국 내 편이라는 신뢰 관계를 형성했다고 믿으면 자신을 온전히 수업 나눔 안내자에게 맡기지요. 수업 나눔 안내자는, 수업 나눔 전 수업 나눔 10가지 약속을 읽으면서 수업 나눔의 철학을 공유하는 작업을 해야 수업 친구들의 마음의 근육에서 공격과 비난, 비판의 힘을 뺄 수 있습니다. 그리고 수업 교사의 시선에 대한 설명을 하셔서 수업 친구들의 마음이 온전히 수업 교사에게 향할 수 있도록 마음을 모으는 작업도 필요합니다. 여기에서 안내자는 사회자, 진행자와 다른 지점을 발견할 수 있습니다. 이걸 '주도성'이란 단어로 설명합니다. 안내자는 수업 나눔의 주도성을 지니고 있어야 합니다. 수업 친구와 수업 교사 사이에게 오가는 대화의 내용을 잘 포착해야 합니다. 그 내용을 때로는 요약하기도 하고, 더 알고 싶은 내용을 구체적으로 다시 질문하는 흐름의 주도권을 지니고 있어야 합니다. 어떤 질문을 하겠다는 생각보다는 자신 안에 있는 궁금함을 가지고, 자신이 선택한 흐름을 따라서 갈 수 있는 용기도 있어야 합니다. 물론 실패할 수 있습니다. 자신의 생각과 다르게 흐름이 전개되거나, 이것은 아닌데 하는 생각도 들 수 있지만, 그때는 그 의문을 질문으로 만들어서 수업 교사나 수업 친구들에게 돌리는 융통성 있는 자세가 필요하죠. 안내자가 모두 능수능란할 필요가 있을까요. 전통 있는 맛집에는 각자의 레시피가 있다고 합니다. 그런데 레시피만 가지고 있다고 해서 깊은 전통의 맛을 동일하게 내지는 않는다고 합니다. 그것은 결국 레시피 너머에 있는 자기다움의 맛을 가지고 있어야 한다는 뜻이겠죠? 수업 나눔 안내자도 자기다움을 가지고 있으면 됩니다.

6. 수업 나눔 프로세스에서 '수업의 의미 찾기'는 인위적인 장치가 아닌가요?

우리 학교에서 수업 나눔을 할 때 궁금한 것이 있어요. '격려' 단계에서 수업의 의미 찾기를 하잖아요? 왜 수업 교사는 격려를 받아야 합니까? 수업 코칭은 주체성이 중요하다고 말하면서 외부자(수업 친구)에 의한 의미 찾기를 해서 불편합니다. 또한 의미 찾기도 억지로 하는 것 같고요. 문제가 많은 수업인데 어떻게 의미를 찾을 수 있나요? 오히려 잘못된 부분을 찾아서 고쳐 주고, 수업 교사가 수정할 부분을 수업 친구가 알려 주는 것이 수업을 개선하는 운동 취지에도 맞지 않나요?

고민 나누기 이런 질문이 나온 배경이 궁금합니다. 아마도 이것은 수업을 어떻게 바라보고 있는가, 교사를 어떻게 생각하고 있는가와 연결되어 있다고 생각합니다. 그리고 수업 교사를 격려하는 행위가 자발적인 것이 아니라 외재적인 동기에 의해서 일어나는 격려이기 때문에 수업 교사의 자존이나 자기 격려를 오히려 방해하는 요소로 볼 수도 있다는 전제가 깔려 있네요. 외부자의 격려가 수업 교사로 하여금 '격려 의존형'으로 만들 수 있다는 생각에는 동의를 합니다. 그러기 때문에 수업 나눔을 하는 수업 관찰자들은 불편할 수도 있습니다. 그리고 문제가 많은 수업, 여기서 문제라고 하는 것은 수업 관찰자의 시선으로 본 관점입니다. 이러한 문제의식에는 앞서 이야기했듯이, 교사를 어떻게 생각하는가를 먼저 질문하고 가야 합니다. 수업 코칭에서 교사는 수업을 위해서 노력하는 자, 고민하는 자로 생각합니다. 그러므로 교사의 고민이 들어가 있는 수업을 본다는 것은 수업에서 교사를 만나는 것이고, 교사의 삶을 만나는 것이기 때문에 충분히 격려받을 만한 존재라고 생각합니다. 모든 사람의 삶이 동일하지 않고, 각기 고유성이 있는 존재로 가치가 있기 때문입니다. 그렇기 때문에 수업은 분석이나 비판, 평가의 대상이 아니라 이해하는 것이라고 생각합니다. 이해는 공감하고 오해를 풀어야 가능하지요. 그렇게 되면 격려할 수 있게 됩니다. 잘 이해하지 못할 때 편견이 생기고, 자기 판단에 따른 해석이 생기지요. 충분히 격려받고 지지받을 때 교사는 수업에서 자신을 만날 수 있는 자원이 생깁니다. 물론 자기를 격려하는 지점도 있어야 합니다. 이렇게 '줄탁동시'의 관점에서 외부적인 시선에서의 격려와 내부적인 수업자 자신의 내면에 격려가 동시에 일어날 때, 자신이 그동안 가져왔던 패러다임의 '껍질'을 깰 수 있는 것입니다. 인습과 편견, 낙망, 도피의 껍질을 깰 수 있는 힘은 균형적인 안과 밖의 충분한 격려가 있을 때 가능한 것입니다. 수업 교사의 고민에 충분히 머무르지 못하는 것은 선행 작업인 '수업의 의미 찾기'에서 진정한 격려가 없었기 때문입니다. 격려란 수업 친구의 내면 깊은 곳에 있는 '사랑'의 힘이 수업 교사의 외피에 쌓인 두려움을 뚫고 들어가 깊은 내면에 가 닿을 때 일어납니다. 이렇게 격려를 받은 수업 교사는 스스로 수업의 문제점에 직면할 용기가 생깁니다. 수업의 바닥까지 가 본 사람들은 누군가 바닥을 딛고 일어설 힘만 주어도 다시 시작할 수 있는 용기가 생기는 것입니다. 수업 나눔에서 '수업의 의미 찾기'는 다시 시작할 수 있는 용기를 주는 버팀목입니다.

버팀목에 대하여

복효근

태풍에 쓰러진 나무를 고쳐 심고
각목으로 버팀목을 세웠습니다.
산 나무가 죽은 나무에 기대어 섰습니다.
그렇듯 얼마간 죽음에 빚진 채 삶은
싹이 트고 다시
잔뿌리를 내립니다.
꽃을 피우고 꽃잎 몇 개
뿌려 주기도 하지만
버팀목은 이윽고 삭아 없어지고
큰바람 불어와도 나무는 눕지 않습니다.
이제는
사라진 것이 나무를 버티고 있기 때문입니다.
내가 허위허위 길 가다가
만져 보면 죽은 아버지가 버팀목으로 만져지고

사라진 이웃들도 만져집니다.

언젠가 누군가의 버팀목이 되기 위하여

나는 싹틔우고 꽃피우며

살아가는지도 모릅니다

7. 수업 코칭은 결국 자기 성찰을 통해 수업을 개선하는 운동인데요. 어떻게 하면 자기 수업을 성찰할 수 있을까요?

저는 인문계 고등학교에서 근무하고 있는 교사입니다. 아시다시피 고등학교에서 수업 성찰을 하는 것은 학교의 상황을 모르는 탁상행정일 수 있어요. 자기 스스로 수업을 성찰할 수 있게 해 줄 수는 있나요?

고민 나누기   다음에 제시된 '내 수업 낯설게 보기'를 중심으로 자기 수업을 성찰해 봅니다. 나의 수업과 마주 서 보는 경험을 해 보는 것입니다. 먼저 내 수업에서 덜어 내야 하는 것들 중 3개를 씁니다. 그리고 내 수업에서 더해야 하는 것들 중 3개 정도에 대해 생각해 봅니다. 물론, 이 밖에도 선생님이 생각하는 것을 써 넣으셔도 됩니다. 그리고 왜 나는 그것들을 덜어 내야 한다고 생각하는가? 무엇을 더하는 것이 나의 수업을 나답게 하는 것일까를 생각해 봅니다. 누군가의 수업을 흉내 내는 것이 아니라 나의 몸에 맞는 수업의 옷을 찾는 것입니다. 그것이 기성복이어도 좋고, 아니면 내 몸에 딱 맞는 맞춤복이어도 좋습니다. 그리고 내가 수업에서 덜어 내기 위하여 어떤 노력을 어떻게 할 것인가를 성찰하고, 그 의지를 적은 것을 선생님의 책상에 써 놓는 것도 필요하지 않을까 합니다. 좀 더 내가 의지적으로 실천을 하고 싶다면 수업에서 학생들과 '수업 협약서'를 작성해 보는 것도 좋겠지요. 선생님의 수업 친구는 학생들도 될 수 있기 때문입니다.

선생님은 어떠세요?

〈수업에서 덜어 내야 하는 것〉

1. 수업 시간에 늦기
2. 학생에게 진도 물어 보기
3. 수업에 늦은 아이에게 다짜고짜 화내기
4. 수업 시간에 엉뚱한 질문을 한 아이 윽박지르기
5. 한 번도 질문하지 않는 수업하기
6. 업무를 핑계로 준비 없이 수업에 들어가기
7. 자기 말 듣지 않는다고 짜증내기
8. 아이들과 눈 맞추지 않기
9. 판서 지저분하게 하기
10. 자기만의 지식 자랑하기
11. 내 수업을 다른 선생님에게 공개하지 않기

12. 모든 반의 수업이 동일한 반응을 나타낼 것이라는 착각

13. 싫어하는 아이와 반에서 농담하지 않고 수업만 하기

14. 교과 내용보다 자기 일상사로 수업을 끝마치기

15. 수업에서 약속한 내용 지키지 않기

16. 협동 학습으로 구조를 만든 후 그냥 내버려 두기

17. 수업 시간에 아이들 이름 한 번도 부르지 않기

18. 계획 없이 수업 들어가기

19. 인강 강사 따라 하기

20. 수업을 자기 언어로 하지 않고 인터넷 자료 전달하기

〈수업에서 더해야 하는 것 〉

1. 아이들 이름 불러 주기

2. 교과와 세상의 이야기 연결 짓기

3. 학생들의 질문을 연결 짓고 되돌려서 이야기하기

4. 교사의 삶을 교과 속에 녹여서 전하기

5. 수업에서 힘 빼기

6. 닫힌 질문보다 열린 질문하기

7. 자세히 오래 아이들 보아 주기

8. 수업 디자인을 창조적으로 구성하기

9. 수업 시간에 칭찬해 주기

10. 책을 많이 읽고 이야기해 주기

11. 아이들이 관계를 회복할 수 있도록 도와주기

12. 매체 활용으로 아이들의 동기 유발하기

13. 외적 보상이 아닌 내적 동기 유발을 일으키는 방법 생각하기

14. 설명할 때 삼천포로 빠지지 않고 논리적으로 끝맺음 하기

15. 적절한 예시, 비교와 대조의 방법으로 설명해 주기

16. 수업이 지루하지 않게 중간에 스폿(돌발 퀴즈) 활용해 수업 분위기 띄우기

17. 수업 시간에 수능 이야기하며 몰입시키기 않고 내용으로 진검 승부하기

18. 차가운 시선으로 아이들을 보는 것이 아니라 따뜻한 시선으로 관심 보내기

19. 내가 수업하는 것이 아니라 아이들과 함께 수업 빚어 가기

20. 오늘도 아이들을 사랑하고 교사의 직분을 기쁜 마음으로 감당하기

8. 수업 친구를 어떻게 찾을 수 있나요?

저는 수업을 할 때마다 외롭습니다. 수업을 빼고 나머지 모든 것은 괜찮습니다. 업무도 잘 하고, 아이들하고 관계도 좋습니다. 그런데 수업은 힘듭니다. 자신의 수업을 함께 보고 나눌 수 있는 수업 친구가 생겼으면 좋겠다고 생각하고 있습니다. 수업 친구는 어떻게 해야 찾을 수 있나요?

고민 나누기   수업 친구와 수업 나누기 해법 속으로 들어가세요.

수업은 교사에게 날마다 넘어야 할 산입니다. 교직 경력이 많아도, 적어도 수업은 큰 부담입니다. 더구나 새내기 교사에게 수업은 '두려움의 대상'이 되기 십상입니다. 그렇기 때문에 SBS 방송 〈생활의 달인〉에 등장하는 '달인'들이 교사의 세계에서는 존재하지 않습니다. 수업의 달인은 없습니다. "달인이 없습니다"는 말로 자신이 갖고 있는 수업에 대한 부담감을 덜 수도 있을 것입니다. 하지만 "달인이 없습니다"는 문장은, 교사는 수업을 통해 '끊임없이' 자신의 정체성을 찾아야 하는 존재라는 말로 바꾸어 이해될 수 있습니다. 이것은 시대적인 요구인 동시에, 교사가 '수업'이라는 전문적인 일에 종사하는 전문가라는 사회적인 합의를 이끌어 낼 수 있는 전제가 됩니다. 결국 교사는 수업으로 자신을 말할 수 있어야 합니다. 교사에게 수업은 선택이 아니라 필수이고, 당위입니다. 하지만 이러한 문제의식은 동시에 교사에게 수업에 대한 스트레스를 과중시키는 요인이 되기도 합니다. 대한민국 교사는 '수업 우울증'에 시달리고 있습니다. 수업에 대한 정체성이 흔들리고, 교실 속에서 여러 두려움과 마주하기도 하고, 그로 인해 머뭇거리기도 합니다. 이것에 대한 해결 방안이 있을까 하는 문제의식에서 '수업 친구 만들기 운동'이 시작되었지요. '수업 친구 만들기'는 관계성 중심 운동입니다. '나'와 '나', '나'와 '너'의 만남으로 이야기의 실마리를 풀어 갑니다. 따라서 그것의 실천 또한 관계를 중심에 두고 '나부터', '지금 여기에서', '내 주변 선생님과 함께'와 같은 작은 발걸음으로 이루어집니다. 일상의 수업 속에서 자신을 날마다 돌아보고, 반성적인 성찰을 통해 내면의 성숙을 이루어 나가는 것을 지향합니다. 그 과정에서 중요한 것은 수업에 대한 고민과 생각을 나누며 서로를 응원하고 격려할 수 있는 수업 친구를 사귀는 것입니다.

9. 수업 공동체를 지속적으로 만들어 가려면 어떻게 해야 하나요?

> 학교에서 교사들을 연결시켜 수업 나눔을 할 수 있는 수업 공동체를 만들고 싶습니다. 수업 공동체를 어떻게 만들어야 하는지, 지속 가능한 수업 공동체가 되기 위해서 어떻게 해야 하는지 궁금합니다.

고민 나누기 수업 공동체는 같은 뜻과 같은 마음을 가진 교사들의 자발적 모임입니다. 수업에서 아파하고, 수업 때문에 힘들어하는 공동의 경험을 가진, 수업 상처를 지닌 수업 교사들의 협력적 연대 관계입니다. 수업 친구 만들기를 통해 수업이 변화된 선생님은 또 다른 수업 친구를 찾게 됩니다. 이러한 수업 친구의 소중함을 알게 되면 수업 친구 만들기 운동의 전도사가 됩니다. 한 명의 교사를 변화시키는 감동을 느낀다면 다른 교사를 찾아 나서 자신의 겪은 경험을 나눠 주는 관계가 될 것입니다. 어느 중학교에서 수업 코칭을 하면서 선생님에게 제시한 피드백을 소개합니다.

"항상 무언가를 할 때는 딜레마인 거 같아요. 아까 말씀하신 거처럼 경험을 해서 본인이 좋은 경험을 하면 이 모임에 계속 오게 되거든요. 뭔가 얻고 좋으면. 그런데 처음에 이렇게 경험을 하러 오게 만드는 역할이 옆에 있는 선생님이 참 좋으니까 같이 가자해서 데리고 와야 된다고 생각을 해요."

개인적인 차원에서 수업을 나누다 보면, 수업에 대한 성찰을 할 수는 있으나 자칫 한풀이로만 흘러갈 우려가 생깁니다. 이때 수업 공동체를 찾아 활동의 깊이를 더할 수 있습니다. 단위 학교에서는 수업에 대한 연수를 실시하여 이들의 욕구를 해결해 주어야 합니다. 이를 통해 단위 학교, 교과 연구회, 지역 교육청 등 기존의 공동체를 기반으로 한 관계성 있는 수업 공동체를 만들 수 있습니다. 소규모로 이루어지는 공동체일 때에 오랫동안 관계를 유지할 수 있다는 점을 유념해야 합니다. 단위 학교 차원에서 '(가칭) 수업 나눔 연구회'를 설립해서 교사들의 수업 코칭을 도울 수도 있을 것입니다. 하지만 학교 내 수업 공동체는 따뜻한 밥상 공동체가 되어야 합니다. 함께 먹는 즐거움으로부터 시작하고, 형식적인 접촉에서 비형식적인 접촉으로 확대시켜 나가야 합니다. 수업 친구들 사이에 안전지대가 빚어져야 하고, 환대의 경험을 느낄 수 있어야 합니다. 수업 공동체는 고통입니다. 내가 수업 공동체를 선택하는 순간 고통을 받아들여야 합니다. 그렇게 수업 공동체는 고통을 통해서 성장하는 것입니다.

10. 수업 코칭을 할 때, 수업 교사들이 만나는 문제의 유형이 있나요?

학교에서 수업 나눔을 하다 보면, 수업하시는 선생님들이 만나는 문제의 유형이 있을 것 같아요. 혹시 그런 문제의 패턴이 있다면 수업 나눔 할 때 도움을 받지 않을까 합니다.

고민 나누기 수업은 만남입니다. 교사는 학생들과 만나지요. 그러다 보니 '관계의 어려움'을 호소합니다. 사람과 사람으로 만나고, 인격적인 관계를 추구하는 선생님일수록 관계가 뒤틀리면 마음이 불편하고, 수업을 어려워합니다. 수업을 시작한 후 5분 정도까지 교사와 학생들의 관계가 잘 드러날 수 있으니, 결정적인 순간을 잘 포착하면 수업 교사의 어려운 점을 도와줄 수 있을 것입니다.

두려움은 감정입니다. 두려움은 여러 가지 형태로 다가옵니다. 학생들을 어떻게 대해야 하는지, 수업의 공공성, 질서와 경계 세우기, 배움에서 도주하는 학생들, 자신의 수업을 바라보는 외부적인 집단 압력, 그리고 수업을 제대로 하고 있는지에 대한 의구심과 자기 불신의 감정, 자신이 지니고 있는 수업 신념이 과연 옳은지에 대한 확신 부족, 입시의 요구를 받아들여야 하는 현실적 문제 등입니다.

딜레마 상황입니다. 활동 중심의 수업과 설명식 수업에서 자신은 어떤 것을 선택해야 하는가…. 활동 중심 수업을 하자니 옆 반 선생님과 진도를 맞추는 것이 어렵고, 설명식 수업을 하잖니 시대에 뒤떨어진 교사 같고. 학생들이 영혼 없이 쳐다만 보는 것도 싫습니다. 질문 있는 수업을 하려고 하는데 학생들은 수업에서 질문하는 것을 두려워하고, 수업 교사도 어떤 질문을 어느 시점에 해야 배움이 일어나는지 어려워합니다. 그렇다고 교사가 질문하고 바로 답하는 것이 옳은 것인가 하는 회의감도 든다고 합니다. 완벽주의도 있습니다. 교사의 경우, 당위성이 강한 직업군이고, 모든 것을 잘 처리해야 한다는 강박 의식도 존재합니다. 그래서 수업의 경우에도 처음부터 끝까지 쉴 새 없이 작동하고, 틈새가 없이 자신의 의도대로 이뤄져야 불편함이 없지요. 수업 교사가 잘한 부분보다는 못한 조그마한 부분에 집착을 하고, 왜 나는 그 부분을 잘하지 못했는가 자책을 하는 경우가 있습니다. 외부의 시선도 신경을 쓰이지만, 자기 이해가 이루어지지 않으면 마음이 매우 불편합니다. 그래서 수업에서 여백이 없고 숨이 차서 수업 교사 자신도 답답함을 호소합니다.

11. 수업 성찰지의 구체적인 사례가 궁금해요?

수업 친구와 수업 나눔을 하기 위해서는 수업 성찰지를 작성해야 한다고 들었습니다. 수업 성찰지의 목적은 무엇이고, 어떤 흐름으로 작성해야 하는지 구체적인 사례를 통해서 알고 싶습니다.

고민 나누기 수업 성찰지는 수업 교사가 자신의 수업을 돌아보는데 필요합니다. 수업 전 자기 성찰 질문을 통해서 자신의 수업 의도를 찾아보고, 수업 코칭을 원한 동기는 무엇이고, 사전 인터뷰에 대한 느낌 등을 스스로 성찰하는 것입니다. 물론 수업 코칭 후에도 수업 대화에서 의미 있었던 지점, 자신이 앞으로 도전하고 싶은 것들, 미해결 과제는 무엇인지를 성찰합니다. 일정한 틀을 가지고 자기 수업을 성찰하는 것보다는 수업 교사의 상황에 맞게 재구성을 해도 됩니다. 다음은 수업 전과 후에 각각 작성하는 성찰지의 예입니다.

〈표1〉 수업 전 성찰지

교사 경력	8년 4개월	과목	도덕	성명	○○○
학교	○○중학교	수업 반		○학년 ○반	
수업 코칭 받은 횟수	○	수업 코칭 날짜·교시		2014년 ○월 ○일 7교시	

1. 수업 코칭을 신청한 동기는?

지금은 신규는 아니지만 교사가 된 후로 줄곧 수업에 대한 고민이 있었다. 교사가 가장 잘 해야 하는 일이 수업이라면 이대로는 안 되겠다는 생각을 하던 차에, 혁신 부장님께서 제안 수업을 해 보라고 말씀하셔서 성장하고 배울 수 있는 좋은 기회겠다 싶어 깊이 고민하지 않고 수락했다(처음에는 소규모로 동료 교사와 마음을 열고 훈훈하게 대화 나누는 형식이리라고 생각했는데, 학교 구성원들이 수업을 잘 하기를 기대하는 듯하고, 평가받는 듯한 수업 대화와 제안 수업 후 컨설팅을 접하고 나니 지금은 상당히 부담스럽다).

2. 가장 큰 고민은?

(1) 대규모로 사람들과 관계 맺거나 말을 많이 하는 일을 그다지 좋아하지는 않는다. 긴장하면 말이 빨라져 전달력이 좋지 않다는 느낌이 든다. 본인이 너무 진지하고 재미없는 사람인 듯하다. 콤플렉스가 있다. 저는 공부해서 학생들에게 가르쳐 주는 자체가 즐거운데, 수업이나 생활 지도 시 교사에게 사회성을 요구하는 분위기이다 보니 스트레스를 받을 때가 있다.

(2) 대학교 졸업 후 바로 임용이 되었다 보니 신규 시절 학생들이 교사가 아닌 친구처럼 대하려는 모습에 놀라 본인도 권위를 부리게 되었고 지금도 통제하려는 모습이 많이 남아 있다. 학생이 수업에 들어오지 못하거나 버릇없이 행동할 때 무시당하는 듯한 느낌이 들어 분노할 때가 있다. 이러한 내면이 수업에 영향을 미치고 있다고 생각한다.

(3) 여유와 임기응변 부족: 평소 나는 수업을 분 단위로 틀에 맞춰 준비한다. 계획에서 어긋나거나 의외의 길로 빠지거나 시간이 남아서 할 이야기가 없는 상황을 극도로 불안해한다. 이것이 내가 가진 딜레마이다. 학생들은 자유롭게 배우고 싶어하고 나는 준비한 대로 가르쳐 주고 싶어 하는 욕구가 충돌해서 답답하고 힘들 때가 많다. 이번 수업이 철학 수업이라서 정답이 없는 이야기를 하게 되므로, 틀에서 벗어나 상황과 흐름에 맡기는 연습을 하고 싶다는 기대를 가지고 있다.

3. 이번 수업에서 어떤 의도를 가지고 가르칠 것인가?

한 학기 동안 전체 제안 수업을 어떻게 준비할지 고민하다 《오래 슬퍼하지 마라》는 그림책을 보게 되었다. 철학 교과로 진행할 전체 제안 수업의 주제를 '죽음'으로 정해 놓고 한 학기 동안 성찰하면서 했던 생각들을 이 책이 너무 잘 보여 주고 있어서 참 좋았다. 이 책에는 헤겔의 변증법을 연상시키는 반대말이 등장한다. 삶-죽음, 기쁨-슬픔, 웃음-눈물…. 행복과 긍정만을 강요해서 더욱 우울증을 부추기는 현대에 이 그림책 속 이야기는 의미심장하다. 삶의 밝은 면과 어두운 면을 그대로 인정하고 받아들이지 않으면 우리는 오히려 더 고통스러워진다. 세상에는 우리 마음대로 되지 않는 일투성이다. 중학생들은 죽음에 대해 성찰할 수 있을까? 어떤 경험과 생각을 가지고 있을까? 그들의 생각을 들어보고 공유해 보고 싶었다.

우리는 평소 아이들에게 고통이나 죽음과 같은 어두운 주제를 생각해 볼 기회를 잘 주지 않는 듯하다. 그래서 갑자기 어떤 죽음이 닥치면 상실감에 힘들어한다. 현대 한국 사회는 성장병, 긍정병, 행복병에 걸려서 밝은 삶만을 강요한다. 하지만 인간의 삶은 그렇게 즐겁고 재미있고 밝은 부분만 있지 않다. 노력한다고 해서 좋은 일만 생기지도 않는다. 그러한 인생의 특징을 자연스러운 일로 받아들이지 않는다면 갑자기 어려운 일이 닥칠 때마다 준비되지 않은 마음으로 너무나도 크게 좌절하게 된다. 니체의 '운명애'란 잘 되고 있는 운명을 긍정하는 게 아니라 운명 그대로를 긍정하고 사랑하는 일을 가리킨다.

나는 이 수업에서 현란하거나 웃기거나 스펙터클한 수업보다도, '죽음'에 대한 중학교 1학년 아이들의 진지한 이야기를 들으면서, 수업을 보시는 선생님들께 '아이들과 이런 이야기를 나누는 일도 필요하고 중요합니다.'는 메시지를 드리고 싶었다. 수업 교사가 수업에서 중요하게 생각하는 신념은 아이들이 삶에 대해 생각할 수 있게 도와주어야 한다는 믿음이다. 삶을 소중하게 여기도록 도와주려면 삶이 없을 때를 추측해 보아야 한다. 이 주제를 정한 게 세월호 참사 전이었는데, 공교롭게 참사가 터진 후 1학기 내내 죽음에 대해 생각하게 되었다. 유한한 인간은 모든 것을 알 수 없다. '미지의 것'의 극치는 '죽음'일 텐데 학생들과 함께 이 주제에 대해 이야기해 보고 싶었다. 물론 어차피 죽으리라는 생각 때문에 생각 없이 살거나, 쉽게 생명을 포기하지 않도록 강조하고 싶다. 저는 이 수업을 두 번째 애도 수업처럼 진행하려고 한다.

'제안 수업'이라는 타이틀에 맞게 제안하고 싶었던 부분은 수업 시간에 당장 써먹을 수 있는 실용적인 지식 말고도 우리 삶과 관련하여 이런 주제도 다룰 수 있지 않을까 하는 점이다. 특히 경기도교육청 창의지성 교육에서 요구하는 '예술, 철학, 인문학' 등 활용하기를 실천에 옮겨 보고 싶었다. 여러 교과 선생님들께서 봐 주시는 만큼, 음악, 미술, 국어 등 철학이 타 교과와 만날 수 있는 접점도 찾아보고 싶다.

4. 이번에 수업을 하는 학급과 눈여겨볼 학생에 대해

1학년 3반 학생들을 매주 화요일 5교시 진로 시간에 만난다. 이들과 한 학기를 지내면서, 평소 칭찬 들을 일이 별로 없어서 칭찬을 받고 싶어 하고, 우러나오는 칭찬을 해 주면 참 좋아하면서 더 잘 따라온다는 사실을 느끼곤 했다. 다른 교과 선생님들께서 칭찬을 별로 안 해 주신다고 아쉬워하기도 하고, 진로 선생님만 잘 합니다고 말씀해 주셔서 진로 시간에 특별히 열심히 하고 있습니다는 이야기를 종종 한다. 진로 시간에는 차분하게 정리된 분위기 속에서 마음을 열고 잘 따라오는 편이다. 쉬는 시간에는 해맑고 쾌활한 모습을 보이지만, 수업 시간에 경청해 달라고 요구하면 분위기 정리가 잘 된다.

달변인 남학생들이 있다. 승주, 준혁, 장훈 등등. 발문에 대답을 할 때 둥근 마음으로 적극적으로 대답을 잘 해서 다른 친구들의 배움에 도움이 많이 된다. 여학생은 전체적으로 얌전한 편이다. 개인 활동지를 시키면 똘망똘망하게 잘 작성한다. 남학생 중 최유민 학생이 초반에 조금 힘들었다. 집중을 잘 못 하고 학습 부진으로 인해 자존감이 낮은 상태다. 일대일로 만나서 이야기해 보니 좋아하는 과목이 하나도 없다고 했다. 수업에 잘 못 들어와서 교과 선생님이 혼내시면 무기력해져 버리는 학생으로 알고 있다. 마음이 열리면 말을 시켰을 때 곧잘 대답을 한다.

〈표2〉 수업 후 성찰지

교사 경력	8년 8개월	과목	도덕 (철학, 진로)	성명	○○○
학교	○○중학교		수업 반		○학년 ○반
수업 코칭 받은 횟수	○		수업 코칭 날짜· 교시		2014년 ○월 ○일 7교시

1. 수업 전에 인터뷰를 했는데 느낌은?

내가 직관형이라 수업 디자인을 구체적으로 하지 못해 실제 수업 상황에서 빈틈이 생겨 당황하는 경우가 많다. '행복'에 대한 근본적인 의미와 반대 개념인 '불행'에 대해 말로 구체적으로 표현하며 되짚어 보고, 나와 코칭 선생님, 다른 사람들이 소소하게 행복합니 다라고 할 만한 행동들을 이야기해 보았다. 학생들의 반응을 추측하고 수업에 관한 세부 사항들을 명료화할 수 있어서 수업 상황에서 도움이 많이 되었다.

2. 수업 코칭을 받으면서 구체적으로 의미 있었던 것은?

(1) 코칭 선생님이 수업 전 인터뷰에서 '행복'이라는 식상하지만 추상적이고 오히려 멀리 있는 듯 와 닿지 않을 수 있는 개념에 대해 수업 교사가 스스로 미리 구체적으로 생각해 보는 도움을 얻었다. '비폭력대화'를 다룬 지난 수업 때 차가운 개념을 학생들의 눈높이 에서 쉽게 풀어 주지 못했던 고민을 이번 수업에서는 어느 정도 해결할 수 있었다.

(2) 이번 수업 후 대화에 참여하신 선생님들께 내가 '납득'할 수 있는 칭찬과 지지를 해 주 실 수 있도록 수업에 꽃 달아 주기를 부탁하셨다. 특히 나 스스로 내 수업에 대해 비유 해 보라고 말씀하셨을 때 '집'이라고 대답했는데, 코칭 선생님께서 수업을 구조적이고 체계적으로 미리 디자인하는 자세는 매우 이상적이고 좋은 태도라고 말씀해 주셔서 힘이 났다.

(3) 저는 비판적인 사람이라, 타인이 선의로 칭찬해 주셔도 쉽게 받아들이지 못하는 사 람이라 수업 대화 때마다 평가와 지지를 받고 싶으면서도 정작 칭찬을 받을 때 100퍼 센트 납득하지 못하는 모습(지금 생각하면 애써 칭찬 거리를 찾아 칭찬해 주신 선생님 들께 죄송함)을 보였다. 그런데 수업 후 반 학생 4명과의 인터뷰 동영상을 보여 주셨 다. '학생들이 저를 위해 좋은 말을 해 주려고 노력했다는 느낌'이 들었다고 말씀드리 니, 학생들이 갑작스러운 질문에 튀어나오는 그런 대답과 비유들은 근거와 진심이 담 겨 있습니다는 말씀을 해 주셔서 학생들의 말들이 납득이 되면서 다른 어떤 칭찬들보 다도 기분이 좋았다. 수업 상황에서 학생들이 지루해하거나 저를 싫어할까 봐 항상 걱 정되고 초조했는데, 이번에 학생들을 즐겁게 만날 용기를 얻은 듯하다.

3. 수업 코칭 후의 소감에 대해서

이번 수업 코칭을 받고 나니 1, 2, 3회 차 수업 코칭이 연결되어 있었다는 생각이 든다. 수업 코칭 선생님과 수업자, 수업 대화에 지속적으로 참여한 선생님들이 교사 이전에 인 간 대 인간으로 만나서 서로의 삶에 대해 이야기하며 서로를 조금이나마 이해하게 된 듯 하다. 수업 코칭을 연속으로 세 번 만난 후 수업코칭연구소에서 추구하는 수업 친구 만 들기 및 수업 대화의 방향성과 방식에 대해 이해하고 체화할 수 있었고, 앞으로는 관행적으로 작년에 했던 수업을 거의 그대로 다시 하는 수업이 아니라 수업 자체에 대해 성찰하고 학생들의 반응을 추측하며 방향을 잘 잡아 디자인할 수 있도록 훈련을 받을 수 있어서 좋았다.

임기응변 발휘나 수업 시 초조해하지 않고 여유롭게 말하기와 같이 처음에 고치고 싶었던 제 수업 형식에 대한 고민은 여전히 해결되지 않고 남아 있지만, 전체 제안 수업에 내몰려(?) 세 번 장기 기증을 하면서 수업 공개 자체에 대한 두려움은 처음에 비해 많이 사라졌다. 수업 주제를 정하니 몇 개월 동안 지속적으로 그 주제에 대해 삶 속에서 깊이 성찰할 수 있었고, 적절한 긴장 상태 속에서 평소와 달리 강도 있게 노력을 들여 준비할 수 있었으며, 수업 전, 후 보고서를 글로 정리하고 수업 코칭 전문가와 사전, 사후 인터뷰를 하거나 동료 선생님들과 수업 전, 후 대화를 하면서 제 수업들을 깊이 들여다볼 수 있어서 좋았다.

개인적으로는 올해 본교에 처음 와서 이 학교 특유의 권위적이고 비판적이며 끼리끼리인 문화에 많이 부딪치며 고민하고 있었는데, 학교문화를 바꾸는 방식이 꼭 싸움닭처럼 싸우는 방식만이 아니라 이렇게 모든 선생님이 참여하는 행사에 적극적으로 참여하는 가운데 전하고 싶은 메시지를 전하고 학교 문화에 대해 교육 주체들이 고민할 수 있는 장을 마련할 수도 있다는 사실을 배웠다.

4. [미해결 과제] 다음 수업 코칭에서 어떤 이야기를 나누고 싶나 ?

당분간 전체 제안 수업처럼 큰 수업 공개를 할 일은 없을 듯하다. 처음 선생님께서 본교에 수업 코칭 들어오실 때 말씀하셨던 것처럼 전체 제안 수업 형식이 아니라 부담 없이 덜 준비된 정말 일상적인 수업을 연다면 임기응변 발휘나 여유 갖기와 같은 제가 해결하고자 했던 형식적인 고민들에 대해 직시하면서 대안을 찾아갈 수 있지 않을까 생각해 본다.

미주

1장

1. 본 장은 김소현·이규철, 〈관계 중심 수업 코칭의 사례 연구〉, 《한국교원교육연구》 30-2, 한국교원교육학회, 2013, 277∼303쪽 논문을 인용하여 재구성했다.
2. Andy Hargreaves·Michael Fullan. *(2012), Professional Capital; Transforming Teaching in Every School,* Teachers College Press, Columbia University, NY. 《교직과 교사의 전문적 자본-학교를 바꾸는 힘》, 진동섭 옮김, 교육과학사, 2014, 161∼163쪽, 220∼221쪽
3. Law, H. *The Psychology of coaching, mentoring and learning* (2nd ed). Wiley Blackwell, 2013. 손정락 〈코칭에서의 마음 챙김과 수용: 전념 기반 접근법〉, 《한국심리학회지 : 건강》19(2), 한국심리학회, 2014, 453∼467쪽
4. 김태현, 《교사, 수업에서 나를 만나다》, 좋은교사, 2012
5. Showers, B. *Teachers coaching teachers.* educational leadership 42(7), 1985, 43∼48쪽
6. 1990년대 전문적 공동체, 학습 공동체, 전문적 학습 공동체 등과 같은 용어들이 나타난 이래 전문적 학습 공동체들이 확산되었다. 이들은 종종 탐구, 향상, 변화를 위한 교사들의 전반적 능력을 개발하는 수단이 되어 왔다. 원래 전문적 학습 공동체(Professional Learning Community: PLC)의 창시자인 셜리 호드에 의하면, PLC는 교사들이 자신들에게 중요한 영역에서 실행을 향상시키는 방법을 함께 탐구하고, 그들이 학습한 것을 구현하기 위해 실천하는 곳을 의미한다(Hargreaves & Fullan, 2012). 한편, 교사 학습에서 탐구 공동체(Inquiry community)를 강조한 대표적인 연구자는 코크런스미스(Cochran-smith)와 라이틀(Lytle)이다(서경혜, 《교사학습공동체》, 2015). 그들은 교사의 학습을 지식과 실천의 관계로 탐구하면서, 탐구 공동체는 교사 학습이나 교사 교육의 핵심적 네트워크로 기능할 수 있다고 보았다.
7. 좋은교사 수업코칭연구소에서는 '수업 친구'라고 한다. 수업 친구는 정서적인 관계가 깊은 상태에 이르고, 같은 뜻을 지니고 있는 존재이다. 그러므로 수업 친구는 동료 교사뿐 아니라, 교장 선생님이나 교감 선생님, 수업에서 함께 수업을 빚어 가는 학생들도 될 수 있다.
8. 임현정, 〈성찰과 비평의 개념에 기초한 수업보기〉, 《초등교육학연구》17(1), 초등교육학회, 2010, 105∼128쪽
9. 김소현·이규철, 〈관계 중심 수업 코칭의 사례 연구〉, 《한국교원교육연구》30-2, 한국교원교육학회, 2013, 277∼303쪽
10. 김주영, 〈초등교사의 '국어수업 어려움' 인식에 관한 연구〉, 고려대학교 박사학위 논문, 2012
11. Baker R. G., & B. Showers, *The effective of a Coaching Strategy on Teachers' Transfer of Training to Classroom Practice : A Six-Month Follow-Up Study.* Paper

presented at the annual meeting of the America Educational Research Association, New Orieans, La, 1984

12. 김소현·이규철, 〈관계 중심 수업 코칭의 사례 연구〉, 《한국교원교육연구》30-2, 한국교원교육학회, 2013, 277~303쪽

2장

1. 수업자를 독립적 존재로 보며, 이끌고 나아가지 않는다. 수업자의 선택을 돕는 자리에 머물러 있으면서 자신의 실존을 지킨다.
2. 이규철, 《수업딜레마》, 맘에드림, 2013
3. 좋은교사 수업코칭연구소에서는 수업 코칭 활동가 과정을 1박2일로 10회 정도 실시한다. '내면 성찰 과정', '수업 성찰 과정', '수업 나눔 과정'으로 이뤄져 있다.
4. 신희선 〈의사소통 교육에서 코칭의 수사학-'리더십과 의사소통' 교과 운영 사례를 중심으로〉, 《수사학》, 한국수사학회, 2011, 15쪽

5장

1. 게슈탈트 심리학에서 다루는 상담의 핵심적인 요소이다.
2. ○○중학교 14년 차 국어 교사 박○○와의 제1차시 수업 나눔
3. 여기서 수업 코칭을 한 사람은 저자다.
4. 좋은교사 수업코칭연구소 광주수업 코칭연구회 이현희 선생님이 수업 코치와 수업 교사의 대화 내용을 정리해 주셨다.
5. 두레학교 서영미 선생님의 수업(2014년 6월 28일) 나눔 녹취록이다. 수업 친구로는 이규철, 송칠섭, 이수자, 최원경, 양혜선 선생님이 참여했다.

6장

1. 본 절은 김소현·이규철, 〈수업 전문성 신장을 위한 수업 코칭 사례 분석 - 국어과 수업을 중심으로〉, 《새국어교육》103, 한국국어교육학회, 2015, 37~78쪽 논문을 인용하여 재구성했다.
2. '지금 여기'에서는 교사가 가지고 있는 과거의 경험이나 현재 수업 상황에서 일어나는 현상을 지각하는 것이다.
3. 박 선생님의 제1차시 수업 전 성찰지 일부
4. 박 선생님의 제1차시 수업 전 성찰지 일부
5. 박 선생님의 제1차시 수업 전 인터뷰 일부
6. 박 선생님의 제1차시 수업 후 수업 나눔 중 일부분
7. 박 선생님의 제1차시 수업 후 수업 나눔 중 일부분

8. 박 선생님의 제1차시 수업 후 수업 나눔 중 일부분
9. 박 선생님의 제1차시 수업 후 수업 나눔 중 일부분
10. 이규철, ≪수업딜레마≫, 맘에드림, 2013
11. 박 선생님의 제3차시 수업 후 수업 나눔 중 일부분
12. 박 선생님의 제3차시 수업 후 수업 나눔 중 일부분
13. 박 선생님의 제3차시 수업 후 학생 인터뷰(1학년 2반 김수아)
14. 박 선생님의 제1차시 수업 후 수업 나눔 중 일부분
15. 박 선생님의 제3차시 수업 후 수업 나눔 중 일부
16. 박 선생님의 제3차시 수업 후 수업 나눔 중 일부
17. 박 선생님의 제3차시 수업 수업 후 성찰지 일부
18. 박 선생님의 제3차시 수업 수업 후 성찰지 일부

7장

1. 수업 나눔의 필요성과 프로세스는 좋은교사 수업코칭연구소 김효수 부소장이 잡지 《좋은교사》 2015년 12월호, 2016년 1월호, 2월호, 3월호에 연재한 내용이다. 이 내용은 김효수 선생님이 2년간 수업코칭연구소 상근자로 일하면서 80여 명의 교사들을 만나 수업 코칭을 한 경험과 비슷한 경험을 가진 수업코칭연구소 선생님들이 함께 논의한 것임을 밝힌다.
2. 2014년 11월 21일~26일 실시한 설문으로, 550명의 교사들이 참여했다. 전체적인 설문 결과는 http://me2.do/FUDe9wm5로 들어가면 볼 수 있다.
3. 이 용어는 좋은교사 수업코칭연구소 김효수 부소장이 제안했다.
4. 2015 광주 수업 축제 때 수업을 공개한 이○○ 선생님이 실제로 기록한 〈수업 전 성찰지〉다. 좋은교사 수업코칭연구소가 만든 〈수업 전 성찰지〉를 〈수업 공개 지도안〉 양식으로 활용하는 학교가 늘고 있다.
5. 2015 광주 수업 축제에서 김은남 선생님의 강의 내용을 받아서 정리한 것이다.

9장 미주

1. 헨리 나우웬이 쓴 《상처 입은 치유자》에서 인용했다.
2. 프리츠 펄스(Fritz Perls), 《펄스의 게슈탈트 심리치료》, 최한나 · 변상조 옮김, 학지사, 2013, 97쪽

부록

수업 전 성찰지

성명		경력		과목	
학교		수업 학년/ 반			
수업 나눔 안내자		수업 공개 날짜 · 교시			

1. 간략한 수업 흐름은? (개요)

학습 목표		
	단계별 지도 내용	자료 및 유의점
수업 흐름		

2. 수업에 대한 고민은

    1) 이번 수업에서 어떤 의도를 가지고 가르치려고 합니까?

    2) 수업과 관련해 평소에 고민했던 부분은 무엇인가요?

    3) 최근 수업을 하면서 가장 많이 했던 생각은 무엇인가요?

    4) 이번 수업 나눔을 통해서 해결되었으면 하는 부분은 무엇인가요?

3. 교실 상황은?

    1) 이번에 수업하는 학급에 대해서 알려 주세요. 주의 깊게 봐 주었으면 하는 학생이 있으면 소개해 주셔도 됩니다.

    2) 자리 배치표

4. 활동지

수업 후 성찰지

성명		경력		과목	
학교		수업 학년/ 반			
수업나눔 안내자		수업 공개 날짜 · 교시			

1. 수업 코칭을 받으면서 의미 있었던 지점은?

2. 수업 코칭을 받은 후의 소감에 대해서 말해 주세요.

3. [미해결 과제] 다음 수업 코칭에서 어떤 이야기를 나누고 싶으세요?

수업 보기 기록지

★ 수업 교사 :
★ 수업 친구 :

시간	수업 장면	자기 생각과 느낌	성찰적 질문
예) 5분10초	(영상을 보여 준 후 학생에게 질문하는 장면) 교사: 답이 뭐니? 학생: 영국이요. 교사: 영국이 ~~ 하고 ~~~~해서 답이라고 생각한다는 말이지? 학생: 네 교사: 너무 잘 했어요. 박수 쳐 주세요.	·학생이 답을 계속 설명하게 하지 않고 교사가 바로 답에 대한 설명을 하는 걸까? ·선생님은 학생의 대답에 대해 형식적인 칭찬을 해 주신 것 같은 느낌을 받음.	·이 상황에서 선생님은 학생의 발표에 대해 어떻게 생각하셨을까?

수업 나눔 참여지

( )학교 제( )학년 ( )반	수업자		수업 친구	
교 과	주 제	일시		

단계	대상	수업 나눔의 시선	수업 나눔 기록 및 자기 생각 쓰기

이해
 	
수업 교사의
시선 갖기
	수업
	교사에게
		• 수업 교사의 철학과 신념은 무엇인가요?
		• 수업 교사가 의도한 수업목표는 무엇인가
		  요?
		• 수업 교사와 학생들과의 관계는 어떤가요?
		• 수업 교사가 수업 나눔을 통해 해결하고
		  싶은 것이 무엇인가요?	

	나에게	※수업 교사의 시선이 아닌 나의 시선으로 만 수업을 이해하려고 하지 않았는지요?	

격려
 	
수업의
의미 찾기
	수업
	교사에게
		• 수업 교사가 가르치려는 의도가 어디서
		  잘 드러났나요?
		• 이 수업에서 가장 의미 있다고 생각하는
		  장면은 어디인가요?
		• 수업에서 학생들의 배움이 크게 일어난
		  장면은 어디인가요?	

	나에게	※수업 교사의 시선이 아닌 나의 시선에서
		  수업 교사에게 형식적인 칭찬을 한 적이
		  없었는지요?	

직면
 	
수업 교사의
고민에
머무르기
	수업
	교사에게
		• 수업 교사의 의도와 다르게 흘러간 수업
		  장면이 혹시 있나요?
		• 수업에서 학생들과 관계 맺기가 힘들거
		  나 어려운 점은 없었나요?
		• 이 수업에서 수업 교사가 미처 알아차리
		  지 못했지만, 수업 교사가 내면적으로 힘
		  들고 어려워했던 지점은 어디인가요?	

	나에게	※수업 교사의 고민을 깊게 듣지 않고 나의
		  시선으로 수업 교사의 수업에 대해 처방
		  하려고 하지 않았는지요?	

| 도전 | 수업 교사에게 | · 수업을 나누면서 의미 있게 다가왔거나 새롭게 깨닫게 된 것은 무엇인가요?
 · 다음에 수업할 때, 어떻게 하고 싶으세요? | |
| 함께 깨달음 나누기 | 나에게 | ※수업 교사의 이야기를 들으며 나의 수업을 성찰한 지점은 어디인가요? | |

수업 나눔 안내자를 위한 길잡이[※]

1. 이해		성찰을 위한 수업 나눔 안내자의 질문 예시
수업 교사 의 시선 갖기	수업 교사에게	· 수업을 마치고 난 후, 지금 어떤 느낌인가요? · 수업하기 전 어떤 고민을 하셨나요? · 이 수업에서 아이들에게 주고 싶은 배움은 무엇이었나요? · 수업에서 의도하신 수업목표는 무엇인가요? · 수업하기 전에 특별히 관심이 가는 아이들이 있었나요? · 수업을 한 반 학생들과의 관계는 어떤가요? · 교과에 대한 선생님의 신념은 무엇인가요? · 수업 나눔을 통해 해결하고 싶은 것은 무엇인가요?
	수업 친구	· (수업 교사의 이야기를 들으면서) 수업 교사를 이해하기 위해서 더 궁금한 것이 있나요? · 수업 교사의 이야기를 들으면서 수업 교사의 관점에서 충분히 수업이 이해 되었나요?

🗐 이 단계에서는 수업에 대한 나의 틀을 내려놓고 수업 교사의 시선에서 수업을 보려고 노력합니다. 먼저, 안내자는 수업 교사가 제출한 수업 교사의 의도와 고민을 적은 〈수업 전 성찰지〉를 읽습니다. 그리고 안내자는 수업 교사에게 수업 교사의 수업을 이해하기 위한 충분한 성찰적 질문을 합니다. 수업 교사의 이야기를 들으면서 수업 속에서 교사가 가졌던 감정과 생각을 읽어 주고 공감합니다. 안내 교사와 수업 친구는 수업을 보면서 생각했던 지점과 연결되는 지점이 있는지 찾아봅니다. 수업 안내 교사와 수업 친구는 성찰 질문을 통해서 수업 교사의 시선을 이해하려고 노력합니다.

※ 이 길잡이는 수업 나눔 안내자를 위한 참고 자료로 제시하였습니다. 이것이 매뉴얼처럼 꼭 이렇게 진행되는 것은 아님을 밝힙니다. 그리고 수업 나눔 안내자 길잡이 자료를 사용하실 때는 꼭 좋은교사 수업코칭연구소 출처를 밝혀 주시길 바랍니다.

2. 격려		성찰을 위한 수업 나눔 안내자의 질문 예시
수업의 의미 찾기	수업 친구	· 수업 친구는 수업 교사가 가르치고자 하는 의도가 어디서 잘 드러났는지 찾아봐 주세요. · 이 수업에서 가장 의미 있다고 생각하는 장면을 찾아봐 주세요. · 수업에서 학생들의 배움이 일어난 구체적인 장면은 어디인가요?
	수업 교사	(수업 친구의 이야기를 들은 후) · 수업 친구의 이야기 중에서 선생님의 마음을 가장 잘 비춰 주는 이야기는 무엇인가요? · 수업 친구의 이야기 중에서 가장 마음에 와 닿는 이야기는 무엇인가요? · 수업 친구가 선생님에 대한 수업의 의미를 찾아 주었는데, 이 이야기를 들으면서 선생님의 마음은 지금 어떤가요?

🖈 이 단계에서는 수업 교사의 수업에 꽃을 달아 줍니다. 수업 교사의 시선으로 머무르면서 수업에서 의미 있는 지점을 수업 교사와 함께 찾아봅니다. 이때 안내자는 수업 교사보다 수업 친구들의 이야기를 들어 보는 것이 좋습니다. 수업 교사는 자신의 수업을 공개하고 난 후, 심리적으로 위축되어 있어서 수업 친구의 격려와 지지를 받아야 자신의 고민을 표현할 용기가 생깁니다. 하지만 이때 수업 친구는 형식적인 칭찬이 되지 않도록 해 주십시오. 칭찬보다는 과정과 노력에 집중하면서 수업 교사의 시선 속에서 격려하도록 노력합니다. 그리고 수업 친구는 수업의 구체적인 장면을 이야기하면서 그 속에서 수업 교사가 노력했던 지점 등을 이야기해 줍니다.

3. 직면		성찰을 위한 수업 나눔 안내자의 질문 예시
수업 교사의 고민에 머무르기	수업 교사	· 이 수업에서 가장 아쉬웠던 지점은 어디인가요? · 선생님의 의도와 다르게 흘러갔던 수업 장면이 혹시 있었나요? · 수업에서 학생들과 관계 맺기가 힘들거나 어려운 점은 없었나요? · 수업 내용을 전달하면서 아쉬웠던 것은 무엇인가요? · 수업을 진행하면서 아쉬웠던 것은 언제인가요? (수업 친구의 이야기를 들은 후) · 수업 친구가 내면적으로 힘들었던 지점을 찾아 주셨는데, 선생님은 이때 어떤 마음이었나요?
	수업 친구	· 수업 교사의 고민을 들으면서 어떤 마음이 드셨나요? · 수업 교사의 고민 속에서 나의 고민과 일치하는 지점은 없었나요? · 혹시 오늘 수업에서 수업 교사가 미처 알아차리지 못했지만, 수업 교사가 내면적으로 힘들고 어려워했던 지점은 어디라고 생각하나요?

🖹 이 단계는 수업 교사의 고민을 잘 듣고 직면하도록 돕는 단계입니다. 고민을 들으면서 처방을 바로 내리려 하지 말고, 수업 교사의 고민에 충분히 머물러 줍니다. 혹시 수업 교사가 알아차리지 못했던 지점이 있다면, 수업 장면을 구체적으로 제시합니다. 그 후 질문을 통해 수업 교사가 그 상황을 이야기하면서 스스로 직면하도록 도와줍니다. 이때 수업 교사가 자신의 고민을 솔직히 이야기할 수 있는 정서적인 안전지대를 만들어 놓는 것이 중요합니다.

4. 도전	성찰을 위한 수업 나눔 안내자의 질문 예시	
함께 깨달음 나누기	수업 교사	· 수업을 나누면서 의미 있게 다가왔거나 새롭게 깨닫게 된 것 은 무엇인가요? · 수업 속에서 고민은 어느 정도 해결이 되었나요? · 다시 이 수업을 한다면 변화하고 싶은 부분이 있나요? · 다음에 수업할 때, 도전하고 싶은 것이 있나요?
	수업 친구	· 수업 나눔을 하면서 느낀 점은 무엇인가요? · 수업 나눔을 하면서 성찰된 부분이 있다면 말씀해 주세요.

🖅 이 단계는 수업 교사와 안내자, 수업 친구가 수업 나눔을 하면서 얻은 깨달음을 나눕니다. 이 깨달음을 공유하면서 각자 성찰한 지점을 함께 나눕니다.